MORT À VILNIUS

STÉPHANE BOUCHET
FRÉDÉRIC VÉZARD

MORT À VILNIUS

L'affaire Trintignant-Cantat

ÉDITIONS FRANCE LOISIRS

Un livre présenté par Joseph Vebret

Édition du Club France Loisirs,
avec l'autorisation des Éditions de l'Archipel

Éditions France Loisirs,
123, boulevard de Grenelle, Paris
www.franceloisirs.com

N° ISBN : 2-7441-7265-0
N° Éditeur : 40155
Dépôt légal : février 2004

ISBN 2-84187-571-7

Avertissement

En vertu du principe issu de la loi du 15 juin 2000, relative à la présomption d'innocence, « toute personne suspectée ou poursuivie est présumée innocente tant que sa culpabilité n'a pas été établie ». À l'heure où nous mettons sous presse, Bertrand Cantat, tant en Lituanie qu'en France, n'a été ni jugé ni condamné. Il est donc présumé innocent des faits qui lui sont reprochés.

À Olga
À Amélie-Céline

Prologue

C'est l'histoire d'un fait divers pas comme les autres.

Marie Trintignant, comédienne accomplie, mère de quatre garçons, héritière d'une grande famille du cinéma, est morte au cours de l'été 2003. Elle avait quarante et un ans.

Bertrand Cantat, son compagnon, leader charismatique du plus populaire groupe de rock français, père de deux enfants, a fêté ses quarante ans dans une prison d'une petite république de l'ex-URSS.

Depuis leur rencontre, la comédienne et le chanteur formaient un couple hors du commun. Le dimanche 27 juillet 2003, à l'issue d'une nuit de folie dans un appartement de Vilnius, Lituanie, ils sont devenus les acteurs d'un drame intime élevé au rang de tragédie nationale.

Bertrand et Marie se sont disputés. Il l'a frappée. Elle a plongé dans le coma et ne s'est jamais réveillée. L'actrice est aujourd'hui enterrée au cimetière parisien du Père-Lachaise. Lui passera sans doute de longues années derrière les barreaux.

On pourrait s'arrêter là, refermer le dossier, laisser les Trintignant à leur deuil et Cantat à ses remords. Mais ce serait oublier le profond sentiment de malaise suscité par cette affaire. Quand le drame a été rendu public, le lundi 28 juillet au matin, beaucoup ont eu la sensation qu'il ne s'était pas joué dans un lointain pays balte, mais dans l'appartement d'à côté.

Pourquoi cette extraordinaire proximité entre les deux protagonistes et l'opinion publique ? Marie Trintignant n'était pas, à proprement parler, une star. Tout le monde connaissait pourtant son délicat visage de femme-enfant, ses beaux yeux sombres, sa voix grave et troublante. Elle excellait dans les rôles de personnages meurtris par la vie, par les hommes. Elle était aussi cette jolie voisine qui conduisait ses enfants à l'école et trouvait le temps de mener sa carrière. Une femme moderne, à la fois féminine et féministe, qui donnait beaucoup d'elle-même, tant à l'écran que dans sa vie privée. Sans être Isabelle Adjani ou Catherine Deneuve, Marie Trintignant était unanimement considérée comme une grande actrice. Chacune de ses apparitions était saluée par la critique, qui regrettait simplement qu'elle se contente trop souvent de ne travailler qu'avec des proches. Sur la fin de sa vie, la comédienne s'intéressait de plus en plus à l'écriture et s'était investie dans la préparation de *Colette*, insufflant beaucoup de son expérience personnelle dans le scénario de ce téléfilm. Les coups qu'elle a reçus ont résonné largement au-delà des murs de la chambre close, la mort l'a définitivement transformée en icône.

Bertrand Cantat, lui, est bien plus que ce simple chanteur qui venait de connaître la consécration avec le dernier album de Noir Désir, *Des visages des figures*. Il s'engageait de plus en plus sur le terrain politique, en mettant sa popularité au service de la mouvance altermondialiste. Le Bordelais à la gueule d'ange avait su accompagner, en vingt années de scène et de création, les tourments de toute une génération. Avec d'autres, il était la bonne conscience de la génération Mitterrand, celui qui était parvenu, par son intégrité, à protéger ses utopies des réalités cruelles du libéralisme. Cantat était cet ami que l'on pouvait écouter dans les moments difficiles. Il savait trouver les mots justes, les délivrer avec une énergie communicative, entretenir l'espoir d'une vie meilleure. « Les héros du peuple sont immortels », a commenté très justement, à son sujet, l'écrivain et cinéaste rock Virginie Despentes[1].

Faut-il alors s'étonner que ce fait divers tristement banal ait viré au cauchemar collectif ? Marie Trintignant nous manque, Bertrand Cantat nous a déçus. Les images – celles du corps inerte de Marie la tête bandée et les yeux clos sur une civière ; celles de Bertrand, hagard, bourré de médicaments, traqué – ont achevé de donner à l'événement une dimension exceptionnelle. La tragédie de Vilnius est un authentique phénomène de société, parce que ses deux acteurs représentent plus qu'eux-mêmes. Marie était une héritière, indépendante et parisienne, élevée dans les salons de la gauche aisée et cultivée. Bertrand, lui, est un poète autodidacte, issu de la classe moyenne, attaché à ses racines bordelaises, rétif aux mondanités et tenant d'une gauche plus « authentique ». Paris contre Province, France « d'en haut » contre France « d'en bas », fille à papa contre gosse rebelle, cinéma et théâtre contre rock'n roll : on pourrait disserter à

1. « N'ayons l'air de rien », *Rock'n'Folk* n° 433, octobre 2003.

l'infini sur les ingrédients du drame. Mais cette histoire nous renvoie surtout à nous-mêmes, à notre vision du monde, du couple et de l'amour. Plus sèchement, on notera que le livre de Nadine Trintignant, *Ma fille, Marie*, s'est vendu en France à plus de 200 000 exemplaires[2]. Et que chacun des sujets consacrés à l'affaire, dans la presse ou à la télévision, a dopé la diffusion et l'audience du média la mettant en une. Simple voyeurisme malsain ou preuve chiffrée que nous ne sommes pas les seuls à vouloir comprendre ?

Plusieurs mois après les faits, aucune explication définitive n'a été apportée. L'émotion, la surenchère médiatique, puis l'acharnement des familles Trintignant et Cantat à préserver l'image de l'être cher, ont levé une tempête qui a balayé les nuances pour ne laisser place qu'aux clichés. Pour certains, Bertrand Cantat a montré son visage de brute, de lâche soulageant ses propres névroses en s'acharnant sur une femme fragile. Pour d'autres, Marie Trintignant est une sorte de « mante religieuse » qui aurait poussé à bout cet homme qui l'aimait sincèrement. À ces versions extrêmes, évidemment faussées, s'ajoutent celle de Bertrand Cantat lui-même et celle de la justice lituanienne. Le chanteur de Noir Désir assume sa responsabilité mais continue d'affirmer qu'il n'a jamais voulu tuer Marie. Les magistrats baltes l'accusent au contraire d'homicide volontaire, crime passible, chez eux, d'une peine maximale de quinze années de réclusion. Ils entendaient le juger froidement, loin des passions françaises, et sans trop s'attarder sur le passé des deux protagonistes.

---

2. Nadine Trintignant, *Ma fille, Marie*, Fayard, octobre 2003.

Aucune des théories relatives à sa culpabilité n'apparaît satisfaisante. La vérité, comme toujours, est bien plus complexe. Pour tenter de la saisir, il convenait dès lors de reconstituer les faits de la manière la plus minutieuse et la plus neutre possible, en s'appuyant à la fois sur les investigations menées par la police lituanienne, mais aussi sur l'enquête judiciaire confiée à la brigade criminelle de Paris. Afin de reconstituer et de comprendre l'enchaînement fatal.

Pour y parvenir, il fallait enquêter en profondeur sur ce couple hors normes. Les proches de Bertrand Cantat pourront s'insurger contre ces journalistes dont ils ont toujours dénoncé la curiosité « malsaine ». Sollicité pour ce livre, Xavier Cantat, le frère de Bertrand, a refusé de répondre à nos questions, en expliquant que son opinion de la presse se résumait à « cinq lettres ». Nadine Trintignant pourra à nouveau crier sa colère contre ceux qu'elle a qualifiés, un jour à Vilnius, de « chiens ». Nous leur répondrons que Bertrand et Marie nourrissaient l'ambition, lui par ses chansons, elle par ses films, d'entrer dans nos vies. Et qu'ils y ont très souvent réussi. Ils étaient tous deux des artistes qui rêvaient, chacun à sa manière, de faire évoluer la société. Raconter leur histoire sans omettre aucun détail, au plus près de la vérité, est une façon de leur rendre ce qu'ils ont donné. C'est aussi le seul moyen d'appréhender l'impensable.

Seule la fin de leur histoire est sordide. Jusqu'à cette nuit du 26 au 27 juillet 2003, Marie Trintignant et Bertrand Cantat vivaient un amour digne de la littérature romantique qu'ils affectionnaient tous deux depuis l'adolescence. Pour comprendre leur naufrage, il est essentiel de saisir à quel point leur histoire se devait d'être passionnelle.

Marie et Bertrand étaient, vus de l'extérieur, de parfaits exemples de réussite. Tout allait bien pour eux, sauf peut-être sur le plan sentimental. Marie vivait depuis près de huit ans avec le metteur en scène Samuel Benchetrit. Bertrand partageait depuis plus de neuf ans l'existence de Kristina Rady. Tous deux sentaient poindre le spectre de l'ennui conjugal, avec le sentiment qu'ils pouvaient encore faire mieux : au seuil de la quarantaine, ils n'avaient pas renoncé, comme la plupart des gens de leur âge, à atteindre une forme de pureté amoureuse.

De ce point de vue, leur rencontre prenait des allures de dernière chance.

Cantat a quitté son épouse, Kristina Rady, dès qu'il a compris qu'il était follement amoureux de Marie. Il l'a fait sans rien cacher à la mère de ses enfants, tentant de la préserver tant qu'il le pouvait. Marie, elle, avait choisi de ne jamais s'éterniser avec les hommes qu'elle n'aimait plus. Elle refusait d'entrer dans l'hypocrisie des petits compromis conjugaux et considérait que le bonheur de ses quatre fils passait par son propre épanouissement. Les amants partageaient un goût de l'absolu, de l'idéalisme, de l'intransigeance. Autant d'exigences qui caractérisent également leur parcours artistique. Malgré les enfants, les responsabilités, l'influence des parents, des amis et les pressions de leurs milieux professionnels respectifs, ils n'ont jamais renoncé à leurs rêves adolescents. C'est cette forme d'intégrité qu'ils voulaient protéger à tout prix, tant dans leur vie publique que privée. Ils ont tragiquement échoué.

Bertrand Cantat rêvait depuis toujours d'une telle passion. Il la sentait et l'avait déjà racontée dans une chanson, « L'Appartement », qui figure sur l'album *Des visages des figures*. À la lecture des événements de

Vilnius, hormis le rire, qui a été remplacé par les larmes, ce texte apparaît prémonitoire :

Attends-toi à c'que je me traîne
À tes pieds, Laura, j'ai constaté que même
Un silence de toi, pouvait pousser mon rire à mourir

[...]

Attends-moi, toi tu es la reine
Des sommets, l'orage sévit dans les plaines
Tu ne m'entends pas, je suis parasité malgré moi

À croire que le chanteur ait voulu calquer ces mots sur la réalité, faire coïncider son œuvre et sa vie. C'est, peut-être, ce qu'il entend faire lorsqu'il arrive à Vilnius, le 25 mai 2003, dans les bagages de Marie. Depuis ses vingt ans, Bertrand Cantat a tout donné à la musique, à son public. Le 9 juillet suivant, il est interviewé, sur la plateau du tournage de *Colette*, par une télévision lituanienne. L'entretien se déroule en anglais. Les questions sont directes, les réponses aussi :

— Que représente la musique dans votre vie ?

— Cela soigne ma douleur. J'aime le rock, mes amis aussi. C'est un moyen d'expression très direct, très pur. Cela sort de vous comme ça : pff !

— Qu'aimez-vous plus que la musique ?

— Mon amour, la femme que j'aime. Rien, sinon la femme que j'aime. C'est la seule chose que j'aime plus que la musique.

— Pourquoi êtes-vous ici, à Vilnius ?

— Pas pour faire de la musique ou donner un concert. Je suis là à cause du film sur Colette qui se tourne. Je suis venu ici avec... avec... mon amour[3].

---

3. Interview accordée par Bernard Cantat à la télévision lituanienne, 9 juillet 2003.

Le chanteur de Noir Désir est en Lituanie pour ajouter un chapitre à sa biographie intime. La musique lui a tout donné. Avec elle, il n'a jamais connu l'échec. Il ressent la nécessité de tenter une nouvelle aventure, de prendre des risques. Il s'y consacre tout entier. Sans se rendre compte que celle qu'il aime est accaparée par l'un des projets les plus importants de sa carrière. Un projet dans lequel Marie Trintignant a projeté, elle aussi, une grande partie d'elle-même.

Si l'affaire Trintignant-Cantat a connu un tel retentissement, c'est que les événements de Vilnius ont investi un territoire encore inexploré de l'actualité, quelque part entre réalité et fiction. Un cas à peu près unique dans les annales du fait divers. Comme si les informations en provenance de Lituanie, à partir du 28 juillet 2003, semblaient tout droit sorties de l'imagination fertile d'un dramaturge tourmenté. L'amour rattrapé par la tragédie. La déchéance du chanteur d'un groupe dont le nom fait à la fois référence, selon lui, à Éros, le dieu de l'amour, et à Thanatos, le dieu des morts, comme il le dit au cours de cette même interview du 9 juillet. Et puis cette femme passionnée, au parcours amoureux chaotique, que l'on arrache d'un coup à la vie, à sa famille, à son métier.

Cette troublante conjonction entre fiction et réalité se retrouve au cœur même du projet *Colette*. Marie en était l'âme, l'inspiratrice, la principale interprète. Bertrand n'en était que le spectateur passif et impuissant. Comme un élément rapporté, venu d'une lointaine galaxie.

L'idée d'un téléfilm sur l'écrivain, comédienne et journaliste Sidonie-Gabrielle Colette, née en 1873, décédée en 1954, a émergé en 2001 d'une volonté commune de Nadine et Marie Trintignant. L'année précédente, la mère et sa fille avaient cosigné le scénario de *Victoire ou la douleur des femmes*, une fiction romancée sur l'histoire contemporaine des luttes féministes en France. Nadine était derrière la caméra, Marie devant. C'est sur leur complicité que le projet *Colette* repose. Une femme libre, artiste touche-à-tout, féministe avant l'heure, un brin scandaleuse, mais qui n'a jamais su écouter que son cœur. Un personnage sur mesure pour Marie.

En revisitant la vie de Colette, les deux femmes ont pris le parti de romancer une existence déjà très romanesque. Leur scénario a progressivement évolué vers une sorte de manifeste féministe sur fond de fresque historico-littéraire. Une écriture très personnelle, où la frontière entre l'interprète et son personnage ira logiquement s'estompant. En Lituanie, dix jours avant sa mort, Marie Trintignant rendait hommage au destin d'« éternelle amoureuse » de l'écrivain : « Colette a beaucoup aimé mais aussi beaucoup souffert. Je ne comprends pas comment la grande provocatrice qu'elle était est parvenue à supporter ce qui lui est arrivé en amour. Elle a eu une patience… Parler de masochisme serait sans doute abusif. Quoique[4]. » Sa mère continuera d'entretenir cette saisissante confusion : « J'étais heureuse de voir Marie si proche de Colette, confiera-t-elle après son retour de Vilnius. J'étais bouleversée par la fragilité mêlée de force de Marie[5]. » « Elle *est* Colette », dira même la cinéaste, pour qui sa fille aînée et l'écrivain scandaleuse resteront « deux êtres d'exception » réunis par « une même grâce infinie ».

4. Interview donnée par Marie Trintignant à la presse télévisuelle française, Vilnius, 16 juillet 2003.
5. *France 2 hebdo*, hors série n° 9, « La genèse du film selon Nadine Trintignant », janvier 2004.

Marie, Colette : deux « êtres d'exception » dont la vie sentimentale s'est conjuguée au rythme de la passion. Quatre enfants, issus d'autant de pères, pour Marie-la-comédienne. Trois maris et bien d'autres amants, sans compter ses amours saphiques, pour Colette-la-romancière. De sa longue existence, le scénario n'a reconstitué qu'une trentaine d'années de la vie de l'écrivain : entre son mariage avec Willy, un dandy multirécidiviste de l'adultère, et sa séparation d'avec Henry de Jouvenel, ambitieux journaliste à la chair tout aussi faible. La Colette version Trintignant, bafouée par ces figures masculines un brin caricaturées, ne connaîtra le bonheur que dans les bras d'une « garçonne » nommée Missy, puis dans ceux du fils aîné d'Henry de Jouvenel. Le jeune homme avait seize ans à l'époque. Colette quarante-sept. Choquant ? « La morale de Colette était si loin des hommes et si proche de la nôtre, à Marie et à moi », résume Nadine, convaincue que la femme de lettres n'a « été heureuse et sereine en amour qu'avec le jeune Jouvenel[6] ». Un être si différent d'elle, aimé sur le tard et prénommé... Bertrand.

Confusion, encore et toujours, quand on considère la distribution du film. Bertrand, le jeune amant de Colette, est interprété par Roman Kolinka, dix-sept ans, le fils aîné de Marie Trintignant. Le frère cadet de l'actrice, Vincent, sera, lui, premier assistant réalisateur sur le tournage.

Reprenons. Le fils qui joue l'amant de sa mère sous l'œil de sa grand-mère, elle-même épaulée par l'oncle de celui-ci. Et puis, en arrière-plan, cet homme amoureux éperdu qui a tout laissé pour être ici. Ici, dans ce petit pays balte que les producteurs du téléfilm ont choisi pour des raisons financières.

---

6. *Ibid.*

Colette devait être une œuvre de fiction à la fois intimiste et familiale. Elle servira de décor à une authentique tragédie. Celle de deux adultes dont les rêves se sont fracassés sur les récifs de l'existence. Un drame fait d'amour, de mort et de déchéance.

1

L'héritière et le fils prodigue

Jusqu'à leur rencontre, au cours de l'été 2002, Marie Trintignant et Bertrand Cantat avaient suivi des parcours très différents.

Malgré son enfance dorée, elle a connu plusieurs drames intimes. Lui a grandi dans un milieu modeste et sans histoire. Elle a vécu à Paris, à Rome, côtoyant dès son plus jeune âge de grandes stars du cinéma. Il n'a fréquenté que les quartiers populaires de Bordeaux et ses potes de lycée. Marie Trintignant, l'héritière, et Bertrand Cantat, l'enfant prodigue, n'avaient *a priori* rien en commun. À quarante ans, pourtant, ils incarnaient tous les deux une forme d'adolescence éternelle au destin tumultueux. La vie les a fait se croiser, s'aimer, puis s'affronter de manière fulgurante.

Boulogne-Billancourt, clinique du Belvédère, le 21 janvier 1962. Jean-Louis Trintignant, trente-deux ans, jeune espoir du cinéma français, est ivre de bonheur. Son épouse, Nadine Marquand, issue d'une famille de comédiens, vient de donner naissance à une fille. Marie, Joséphine, Innocente Trintignant est le premier enfant de ce jeune couple d'artistes à l'élégance et à la beauté insolentes.

D'un naturel timide, Marie passe ses premières années en France dans un univers préservé, un monde d'amour et de tendresse. Malgré les succès, son père passe beaucoup de temps auprès d'elle. Sa mère la fait tourner à quatre ans dans un premier film au titre sans équivoque, *Mon amour, mon amour*. De l'amour, la petite Trintignant n'en manquera jamais. Au milieu des années soixante, la famille part s'installer à Rome. Le cinéma italien est alors à son zénith. Sans trop comprendre, Marie croise les amis de son père. Ils ont pour nom Marcello Mastroianni, Vittorio Gassman, Ettore Scola. En 1968, dans la Ville éternelle, alors que gronde la révolte étudiante à Paris, Nadine est de nouveau enceinte.

Une sœur pour Marie ! Pauline Trintignant vient au monde le 4 janvier 1969 en Italie. Suivent alors neuf mois de bonheur, jusqu'à ce jour sombre de novembre où la petite Pauline trouve la mort en s'étouffant avec son biberon. Pour Nadine et Jean-Louis, le monde s'écroule. Leur jolie fillette de sept ans, déjà si réservée, va se murer dans le silence jusqu'à l'adolescence : « Je suis une ex-muette, dira volontiers Marie, parvenue à l'âge adulte. J'ai été confrontée trop jeune à la mort. »

Les Trintignant ne se remettront jamais vraiment de la disparition de Pauline. De retour en France, ils couvrent Marie de leur attention. La cellule familiale devient plus fusionnelle encore. Jean-Louis supplie sa fille de ne pas faire de bêtises car, dit-il, il serait « incapable de la gronder ». Des bêtises, la petite fille silencieuse n'en fera guère. Mais l'école la terrorise. Alors ses parents décident de l'en retirer pour assurer eux-mêmes son éducation. Nadine entreprend une autre forme de thérapie en réalisant *Ça n'arrive qu'aux autres*, un film poignant qui raconte l'histoire d'un couple brisé par la perte d'un enfant. Chez les Trintignant, la vie privée et le cinéma seront toujours intimement mêlés. La même année, la maman de Marie figure parmi les signataires du fameux « Appel des 343 salopes » en faveur de la légalisation de l'avortement.

Au début de l'année 1973, la cinéaste annonce à Jean-Louis qu'il va à nouveau être papa. C'est un garçon, prénommé Vincent, qui voit le jour le 9 septembre 1973 à Clamart, dans les Hauts-de-Seine. Marie reprend un peu goût à la vie, même si elle parle toujours aussi peu. À onze ans, cette enfant décrite comme « réservée et très agréable à vivre » rêve de soigner les animaux. Elle s'imagine vétérinaire. En 1976, ses parents divorcent. La séparation se passe sans trop de déchirures. Nadine et Jean-Louis s'efforceront d'entretenir, dans l'intérêt général, des relations de respect et d'affection mutuelles. Un modèle que Marie n'oubliera jamais. Adolescente, elle se découvre une passion pour la lecture, dévore tous les livres qui lui passent sous la main. Elle se jette sur l'œuvre foisonnante de Céline, se régale des amours malheureuses des héroïnes de roman, de *Nana* à *Manon Lescaut*, se rêve elle-même en courtisane, fascinée par les destins tragiques de ces femmes.

Marie n'a que seize ans et ses livres en tête quand le nouveau compagnon de sa mère, le réalisateur Alain Corneau, lui propose un rôle dans son film *Série noire*, adapté d'un roman de Jim Thompson. Elle doit y interpréter une adolescente pétrifiée dans son mal-être, qu'on prostitue dans une banlieue sinistre, et qui tombe amoureuse d'un psychopathe en pleine dérive criminelle, incarné par Patrick Dewaere. Le choix de

Marie s'impose de lui-même. « Une photo d'elle traînait sur un meuble, racontera plus tard Alain Corneau[1]. Elle avait ce regard profond, signe d'une grande richesse. Elle a lu le scénario et elle a accepté. » Le tournage se révèle pénible pour l'adolescente. Tétanisée, elle perd ses moyens, oubliant jusqu'à son prénom dans le film, Mona. Pourtant, à la sortie, en 1979, de ce grand classique du film noir, le couple Dewaere-Trintignant crève l'écran. Avec le recul, le réalisateur verra dans cette Marie une sorte d'« adolescente éternelle », d'« incarnation du malaise d'une génération ». « Patrick avançait comme un funambule qui extériorisait tout, se souviendra Alain Corneau. Et il se cognait contre ce mur, contre ce front buté. »

Vingt-cinq ans séparent la Mona « butée » de *Série noire* de la Colette épanouie du téléfilm, l'adolescente déglinguée de la femme libre et indépendante, la fragile Marie des années lycée, de la mère de famille nombreuse et recomposée. Son rôle dans *Série noire* a fait en tout cas office de déclic. C'est décidé, Marie sera comédienne. « Dommage, objecte alors sa mère, toutes les comédiennes sont malheureuses. » « Ce métier m'a soignée », jugera pourtant sa fille, bien des années plus tard. La jeune Marie suit des cours d'art dramatique à Paris, profitant de l'été pour rejoindre une petite troupe théâtrale dans le sud de la France, avant de décrocher, grâce aux amitiés italiennes de ses parents, un nouveau rôle dans *La Terrasse* d'Ettore Scola.

À vingt ans, Marie a de nouveau rendez-vous avec la mort. En 1982, elle vit très mal l'annonce du suicide

---

1. *Télérama*, 15 avril 1998.

de Patrick Dewaere. Elle évitera par la suite d'évoquer la disparition de cet acteur au sombre destin, avec lequel elle aura connu son premier frisson cinématographique. Cet événement tragique l'affecte mais son appétit de vivre reste le plus fort. Elle est jeune, séduisante, talentueuse. Elle est prête à tomber amoureuse. À cette époque, Marie ne connaît pas l'univers du rock, étranger à la culture familiale. Mais quand sa route croise celle de Richard Kolinka, début 1985 dans les Alpes, son cœur vacille. Premier coup de foudre. Ce beau gosse brun, qui a dix ans de plus qu'elle, est le batteur du groupe Téléphone, « le » groupe français du moment. Richard lui donne un fils, Roman, né le 19 septembre 1986 à Clamart, dans la même clinique que son frère Vincent. « Ça te fait quoi d'avoir un petit frère ? » demande Nadine à Vincent le jour de la naissance de Roman[2], témoignant ainsi du lien fusionnel qui l'unit encore à sa fille aînée. Cette naissance marque le début d'une longue aventure maternelle pour la comédienne. Elle s'installe avec Richard et Roman à Paris, dans un pavillon du quartier de Ménilmontant. Leur histoire durera trois ans.

L'année 1988 marque un tournant important dans la vie et la carrière de Marie. Elle décroche d'abord le premier rôle de *La Garçonne*, une fiction à gros budget diffusée en septembre sur Antenne 2. Marie Trintignant incarne Monique Lerbier, héroïne d'un roman à scandale des années vingt, féministe avant l'heure, lesbienne et opiomane occasionnelle. Un rôle qui n'est pas sans rappeler celui de Colette, endossé quinze ans plus tard pour la même chaîne. Cette année-là, Marie apparaît également dans le film de Claude Chabrol *Une affaire de femmes*, où sa prestation en prostituée marque les esprits. Le premier rôle

2. Anecdote relatée par Nadine Trintignant, *op. cit.*

masculin est tenu par François Cluzet. Deuxième choc amoureux, plus fort encore. Fin 1988, Marie et François montent ensemble sur les planches de Chaillot pour un duo théâtral dont le thème, justement, est le coup de foudre. Côté coulisses, on s'organise. Marie quitte Richard sans trop de heurts et, en 1990, part vivre avec Cluzet et le petit Roman dans une ancienne bergerie proche d'Uzès, dans le Gard, à proximité de la propriété de son père Jean-Louis. Dans la foulée, le film *Betty*, encore réalisé par Claude Chabrol, fait sensation avec une Marie hallucinante en bourgeoise alcoolique. Pour la plupart des critiques de cinéma, il s'agit là de son plus grand rôle.

En 1992, après la naissance de leur fils Paul, François Cluzet et Marie Trintignant ont de plus en plus de difficultés à vivre ensemble. Leur séparation sera douloureuse. Marie vit alors une période d'instabilité. Elle boit beaucoup, s'abrutit parfois de médicaments et de stupéfiants, perd ses marques et connaît une éclipse professionnelle. C'est à cette époque qu'elle rencontre Mathias Othnin-Girard, un technicien de cinéma un peu plus jeune qu'elle dont elle tombe enceinte en 1994. Cette grossesse l'apaise un peu. Son ventre est déjà rond lorsqu'elle fait la connaissance de Samuel Benchetrit. Il n'a que vingt et un ans. Elle est séduite par l'enthousiasme de ce beau brun fou de théâtre. Il lui voue une admiration sans limites. En 1995, Marie accouche du petit Léon. Il s'ensuivra, entre Mathias Othnin-Girard et Samuel Benchetrit, une longue et pénible procédure judiciaire en paternité qui laissera des traces.

Durant l'été 1996, Marie quitte le Gard pour s'installer, avec Samuel et ses trois garçons, dans une vaste maison située rue de la Mare, sur les hauteurs du quartier de Belleville, à Paris. Stabilisée, elle peut à nouveau se consacrer à son métier. Elle tourne *Le Cri de la soie* d'Yvan Marciano, où elle crève l'écran en jeune femme hystérique, fétichiste, analphabète et kleptomane. Au moment de la sortie du film, elle se confie : « Mal dans ma peau, je l'ai été pendant longtemps. C'était même une sacrée bonne raison de refuser ce genre de rôle. Maintenant que je vais mieux, j'y reviens. Il faut avoir une bonne santé morale pour jouer les brindzingues[3]. » À la fois mère de famille comblée et comédienne reconnue, Marie a beaucoup mûri lorsqu'elle décide d'épouser Samuel, au printemps 1997. Pour sceller cette union à sa manière, elle se fait tatouer un S sur l'épaule.

L'année suivante, son agenda professionnel s'affole. Quand elle interprète la mythomane de *Comme elle respire*, de Pierre Salvadori, la critique s'extasie une nouvelle fois. Le 15 avril 1998, *Télérama* évoque à son sujet « quelque chose de gracieux et de rare à la fois, une sagesse de vieil Indien et la bohème foutraque d'une saltimbanque dans sa roulotte ; Marie Trintignant est une fantaisiste grave, une fille mystérieuse qui excelle à incarner les fêlées ». Quelques jours après la sortie du film, l'actrice donne naissance à son quatrième garçon, Jules, le fils de Samuel Benchetrit. Elle semble alors filer le parfait bonheur.

En 1998, Marie Trintignant refuse de nombreux rôles et entame alors, avec sa mère Nadine, l'écriture de *Victoire ou la douleur des femmes*, une fiction romanesque qui raconte trois décennies de luttes féministes en France. Elle endosse le rôle principal de ce téléfilm en trois parties dont la diffusion, en mars 2000 sur France 2, reçoit un accueil enthousiaste. Entretemps, des liens d'affection très forts se sont noués entre Samuel et la famille Trintignant. Le jeune époux

3. Interview de Marie Trintignant, *Télérama*, 28 août 1996.

de Marie est aussi très proche de Roman, qui considère son beau-père comme une sorte de grand frère et confident. En 2001, lorsque Marie joue *Comédie sur un quai de gare* avec son père Jean-Louis, au théâtre Hébertot à Paris, la mise en scène est signée de Samuel Benchetrit, également auteur de la pièce.

Dès cette époque et dans la foulée du succès de *Victoire*, Nadine Trintignant envisage de réaliser un téléfilm sur la vie de Colette. Pour la deuxième fois, Marie travaillera avec elle sur le scénario. Le rôle titre est écrit pour elle. Guidée par sa mère, elle se veut désormais un peu moins comédienne. Elle passe davantage de temps avec ses enfants, qu'elle va chercher tous les jours à l'école, et se consacre à l'écriture, avec l'envie plus ou moins avouée de réaliser, un jour peut-être, elle aussi, son propre film. En février 2002, Marie partage quand même l'affiche avec Albert Dupontel dans *Petites misères* de Philippe Boon et Laurent Brandebourger, un film sur un couple dont l'amour a fané. À nouveau, la critique salue son talent.

Outre *Colette*, Marie trouve également le temps de se consacrer au projet de film de Samuel, *Janis et John*, son premier long-métrage. Elle doit y incarner une jeune femme qui se fait passer pour Janis Joplin, héroïne maudite du rock américain. Elle prend alors des cours de chant pour peaufiner son personnage et démarche les producteurs, avec succès, afin de trouver de l'argent pour son mari.

Au printemps 2002, commence à Marseille le tournage de *Total Khéops*, adaptation cinématographique du roman de Jean-Claude Izzo. Marie y tient le rôle principal. Sur le plateau, elle se lie d'amitié avec la première assistante de réalisation. Anne Cantat a trente-deux ans. Elle vit à Marseille. C'est surtout la sœur cadette de Bertrand Cantat, le charismatique chanteur de Noir Désir, groupe vedette de la scène rock française. Entre les deux tours de l'élection présidentielle 2002, les deux femmes se rendent ensemble à un meeting anti-FN à Marseille. Au début, Marie s'excuse presque de ne connaître Noir Désir que de nom. Anne Cantat lui fait écouter les disques. L'actrice apprécie surtout *Des visages des figures*, leur dernier album. Au fil des écoutes, elle craque pour la musique et surtout pour la poésie noire des textes de Bertrand. Elle veut rencontrer cet homme, le voir sur scène parce que, dit-elle, cela peut aussi l'aider à incarner Janis Joplin. Le 3 juillet 2002, Anne, Marie et quelques amis prennent la route de Vaison-la-Romaine, dans le Vaucluse. Noir Désir doit se produire le soir même au théâtre antique. Dans quelques heures, la vie de Marie Trintignant, chef de tribu bohème et héritière de l'une des grandes dynasties du cinéma français, va prendre un nouveau virage.

Bertrand Cantat, lui, n'a rien d'un héritier. C'est un provincial, un enfant de la classe moyenne. Son père, Guy, a choisi la carrière militaire. Adjudant-chef parachutiste, avant d'occuper un poste à responsabilités dans la grande distribution, il a connu l'Indochine et l'Algérie. Contrairement à d'autres vétérans, il n'a conservé aucune rancœur de ces campagnes sans issue, mais une discrète douleur intime. « Mon père a le sens des guerres perdues, des fins de règne[4] », dira de lui Bertrand Cantat. Guy est un homme calme, posé, tolérant. Ses états de service lui assurent une solde confortable, sans plus. À son retour en France, au début des années soixante, il épouse Danièle Jouvet, une institutrice énergique qui, par la suite, se

4. Extrait de *L'Expérience des limites*, entretiens avec Bertrand Cantat recueillis par Dominique-Emmanuel Blanchard et Jean Yssev, Éd. Le Bord de l'Eau, juin 2003.

consacrera à ses enfants et son foyer. Le petit Bertrand, Lucien, Bruno Cantat naît le 5 mars 1964, à 5 h 30 du matin, dans une clinique de Pau, la ville où son père est alors affecté comme officier-instructeur. Il a déjà un frère aîné, Xavier, venu au monde un an auparavant. Leur petite sœur, Anne, verra le jour six ans plus tard en Normandie. La famille Cantat sillonne la France au gré des mutations de Guy, avant de se stabiliser dans la banlieue de Bordeaux à la fin des années soixante-dix. La vie chez les Cantat est douce, bien réglée, sans crise. Ses proches se souviennent de Bertrand comme d'un enfant respectueux, gentil et très sportif. Le futur leader de Noir Désir pratique le football, le tennis, le squash et la course à pied. La discipline où il brille le plus est l'escrime. En 1980, il obtient même une médaille de bronze aux championnats de France cadets par équipe. Robuste et vif, l'adolescent se distingue toutefois par sa maladresse chronique. À l'époque, il se blesse à plusieurs reprises lors de chutes malencontreuses.

Son parcours scolaire est brillant. Son goût pour les matières littéraires s'exprime très tôt. « L'écriture m'est venue en même temps que ma passion pour le rock, vers l'âge de douze ou treize ans, raconte-t-il en 1991. Je ne me suis jamais posé de questions. J'écrivais, c'est tout. Je lisais beaucoup de bouquins, surtout des livres de poésie. J'ai découvert des univers fabuleux qui m'ont donné envie de me jeter à l'eau moi aussi, ce n'est pas une question de culot. Je me sentais déjà écrivain[5]. » Le gamin sportif laisse peu à peu place à un adolescent tourmenté. Au collège, il brille en français et en anglais. Dans la rue, les jeunes Bordelais sont alors fascinés par la vague punk qui déferle d'Angleterre. La mode est à un rock bruyant,

---

5. Interview donnée au journal interne de la Sacem, 1991.

primaire, instinctif. Les ingrédients de ce qui deviendra Noir Désir sont déjà réunis. Le succès du groupe reposera sur un cocktail inédit entre l'énergie punk et les aspirations littéraires du jeune Cantat, qui cite volontiers Lautréamont ou Maïakovski, poètes sombres et maudits. En 1980, Bertrand se retrouve dans la même classe de seconde que Serge Teyssot-Gay, dans un lycée privé bordelais. Les deux ados deviennent inséparables. « On passait des heures et des heures à discuter de tout, raconte celui qui deviendra le guitariste de Noir Désir. On n'a jamais eu des relations difficiles. Je crois que je devais l'apaiser. Bertrand était très tourmenté. J'étais très inquiet pour lui parce qu'il réfléchissait tout le temps. Il avait envie de résoudre tous les problèmes[6]. » Cette tournure d'esprit, idéaliste et angoissée, Bertrand Cantat ne l'abandonnera jamais. À l'heure des comptes, les uns y verront une forme d'intégrité, les autres y décèleront un manque de maturité.

Serge et Bertrand décident de former un groupe de rock. Le premier joue de la guitare et compose. Bertrand écrit des textes et joue de l'harmonica. Très vite, il en vient aussi à proposer des musiques. En 1981, Denis Barthe, batteur, rejoint le duo, rencontré lors d'une fête lycéenne. Il n'y a, du moins en apparence, pas de vrai point commun entre les membres du groupe ; ils n'ont pas les mêmes références culturelles, si ce n'est une passion commune, née à l'adolescence pour le docteur Louis Ferdinand Destouches, le fameux et très controversé Céline. Le groupe se baptise d'abord Psychoz puis 6-35 avant d'opter, sur proposition de Bertrand

6. Audition de Serge Teyssot-Gay, brigade criminelle, Paris, 6 août 2003.

Cantat, pour Noirs Désirs. Dès l'année suivante, le groupe remporte le tremplin du festival bordelais Boulevard du Rock. Cantat monopolise l'attention. Sur scène, sa haute silhouette se tord, bondit, hurle. Les oreilles percées de deux grands anneaux, un collier indien autour du cou, ce jeune homme aux faux airs de Jim Morrison déchaîne les passions locales. « Au début du groupe, Bertrand a continué un concert après une chute et un traumatisme crânien, se souvient son frère Xavier. Il a le corps blessé de partout à cause de ses chutes. Il n'est pas suicidaire mais il y a eu des situations limites. Un jour, il a sauté du premier étage pour voir comment ça fait. Sa violence, il se l'infligeait à lui-même, pas aux autres[7]. » En société, Bertrand Cantat est un garçon doux, attentif, à la fois timide et capable de se lancer dans des conversations interminables où il entend toujours avoir le dernier mot.

À la même époque, Bertrand Cantat connaît ses premières blessures sentimentales. Jeune homme hypersensible, il envisage l'amour comme dans les livres qu'il dévore. Il rêve d'une passion absolue et romantique. Il est souvent déçu et supporte mal les désillusions. Sa première histoire d'adulte avec Agnès, la belle-sœur du premier bassiste de Noir Désir, semble le tourmenter plus qu'elle ne l'épanouit. À dix-huit ans, il traverse une période dépressive et tente même de se suicider en s'entaillant les veines. « C'était plus un appel au secours qu'une vraie volonté d'en finir, estime aujourd'hui sa mère, Danièle. Bertrand se sentait coupable de tout. Il prenait tout à cœur. C'est un écorché vif[8]. » En 1984, il tombe amoureux de Véronique. « Ils se disputaient car Véronique

---

7. Audition de Xavier Cantat, brigade criminelle, Paris, 6 août 2003.
8. Audition de Danièle Cantat, brigade criminelle, Paris, 6 août 2003.

était une belle femme et Bertrand était jaloux[9] », se souviendra sa sœur, Anne Cantat. Après le drame, sa mère ajouta : « Je me souviens qu'avec Véronique, un jour, il avait défoncé une porte[10]. »

Peu à peu, Bertrand s'organise pour se consacrer entièrement à sa passion pour le rock. Après avoir obtenu son bac avec mention et fréquenté brièvement les cours de sociologie de la faculté de Bordeaux, il fait des petits boulots ou vend des sandwiches aux abords du stade de football des Girondins. Sa soif d'indépendance n'a d'égale que l'ardeur qu'il déploie pour le groupe. Réticents au début, ses parents finissent par se laisser convaincre. Ils savent que Bertrand peut réussir. Noirs Désirs écume les scènes de la région Aquitaine et se fait remarquer. Fin 1986, le groupe signe un contrat d'un an renouvelable avec la prestigieuse maison de disques parisienne Barclay, qui sera par la suite absorbée par le groupe Vivendi-Universal. Une décision très controversée à cette époque dans le petit monde du rock français où la mode est à un discours alternatif qui rejette violemment les « majors » de l'industrie du disque. N'en déplaise à certains, Noir Désir restera l'un des uniques groupes à survivre au déclin de cette génération.

Bertrand, Serge et Denis, rejoints entre-temps par le bassiste Frédéric Vidalenc, partent pour Bruxelles où ils enregistrent leur premier album. Commence alors une aventure qui, en l'espace de dix ans, les conduira au sommet du rock hexagonal. La carrière sans faute de Noir Désir – le pluriel a disparu du nom du groupe au moment de la signature chez Barclay – peut se résumer

9. Audition d'Anne Cantat, brigade criminelle, Paris, 6 août 2003.
10. Audition de Danièle Cantat, brigade criminelle, Paris, 6 août 2003.

par une série de chiffres. L'exercice est aride mais significatif. La courbe des ventes d'albums du groupe suit, en effet, pendant quatorze ans, une trajectoire ascendante et presque linéaire. À cet égard, Noir Désir est un phénomène dans le paysage musical français. Le premier album, *Où veux-tu que je regarde*, sorti début 1987, est diffusé à 200 000 exemplaires. En 1989, le deuxième, *Veuillez rendre l'âme (à qui elle appartient)*, porté par le tube « Aux sombres héros de la mer », se vend à 300 000 exemplaires. Le troisième, *Du ciment sous les plaines*, le moins réussi aux yeux des critiques, plafonne à 250 000 en 1991. Le quatrième, *Tostaky*, en 1992, atteint les 350 000 copies. Le cinquième, *666-667 club*, sorti en 1996, monte jusqu'à 700 000 exemplaires. Le sixième et dernier, *Des visages des figures*, mis en vente le 11 septembre 2001, franchit le cap – rarissime pour un album de rock en langue française – du million d'exemplaires.

Bien qu'il s'en soit toujours défendu, Bertrand Cantat est le principal artisan de cette réussite. Il signe les textes de toutes les chansons et crée la plupart des thèmes musicaux, les autres membres du groupe se chargeant ensuite d'arranger et d'enrichir l'idée initiale. Bertrand Cantat a des principes et s'y tient scrupuleusement, n'hésitant pas pour cela à se sacrifier pour ses potes de lycée. « Bertrand écrit entièrement les textes mais il a eu la volonté, au niveau de la Sacem[11], de déclarer les textes collectivement pour qu'on partage tout en quatre. Pourtant, on n'a jamais rajouté une virgule dans ses textes, ni même un point », révèle Denis Barthe en février 1989[12]. Cantat

11. Société des auteurs, compositeurs et éditeurs de musique. Organisme chargé de percevoir et de répartir les droits de diffusion.
12. Cité dans *Noir(s) Désir(s)*, H. M., Éd. Verticales, avril 1999.

se sacrifie aussi physiquement. Il explique aux journalistes être sur scène pour chercher « la transe ». Le chanteur ne s'économise jamais. Porté par le succès, Noir Désir accumule les concerts. En dehors des studios et des prestations sur scène, Bertrand conserve une large part d'autonomie et d'indépendance. Il voyage beaucoup, seul, découvre les pays d'Europe de l'Est et l'Amérique du Sud. Il a la bougeotte et son corps souffre prématurément. En mai 1991, la tournée du groupe est brutalement interrompue. Pendant six mois, ses quatre membres disparaissent de la circulation. Plus tard, Bertrand Cantat racontera qu'il était « cassé de partout ». Sa voix, notamment, était en lambeaux. À l'époque, le quotidien *Libération* affirme même que le rocker bordelais a suivi un traitement psychiatrique. Interrogé par la brigade criminelle le 6 août 2003, Serge Teyssot-Gay livre un portrait sans fard de son ami de lycée : « Bertrand était toujours très angoissé. Il dormait peu. Il aimait le vin, la vodka, les joints, mais il pouvait aussi tout arrêter. Il prenait des médicaments pour destresser et dormir. Je pense qu'il s'automédicamentait. Il en a pris dans les années quatre-vingt-dix. Il a aussi consulté plusieurs psys. Ça n'a jamais duré très longtemps car il était très déçu[13]. »

Entre fin 1993 et fin 1995, Noir Désir s'offre une seconde pause. Cette fois, Bertrand Cantat se fait opérer des cordes vocales. Un chirurgien lui retire plusieurs polypes à la gorge. Sa voix devient plus grave, plus posée. Mais un autre événement majeur se produit dans sa vie. En juin 1993, lors d'un festival à Budapest, il a rencontré une jolie étudiante hongroise.

13. Audition de Serge Teyssot-Gay, brigade criminelle, Paris, 6 août 2003.

Passionnée de rock, organisatrice de concerts, Kristina Rady parle le français, le portugais et l'anglais. Elle a suivi des études à Lisbonne, une ville qu'adore Bertrand. Leurs affinités culturelles se muent vite en complicité, puis en liaison amoureuse. Bertrand quitte définitivement Emmanuelle, la jeune femme avec laquelle il avait une relation en dents de scie depuis cinq ans, et s'installe avec Kristina. Le couple vit entre Bordeaux, Paris, Budapest et le village de Moustey, dans les Landes, où ils ont acheté une maison de campagne en 1998. En 1997 naît Milo, le premier enfant du couple Cantat qui s'est marié dans la foulée.

Une nouvelle ère s'ouvre alors pour Bertrand et Noir Désir, celle de la maturité. Le rock animal des premières années cède la place à des compositions plus sophistiquées. Les textes s'aventurent de plus en plus souvent sur le terrain de la critique sociale, avec un engagement à gauche très marqué. En 1997, le groupe s'illustre en prenant des initiatives contre le Front National, à Toulon et à Vitrolles. Il apporte aussi son soutien à Act Up, aux sans-papiers, au sous-commandant Marcos. Surfant sur un succès commercial impressionnant, Cantat devient une conscience politique. Une mutation dont le point culminant sera son intervention lors de la cérémonie des Victoires de la Musique 2002 où il lira, en direct sur France 2, une lettre acerbe destinée au patron de sa maison de disques, Jean-Marie Messier, alors maître tout-puissant de Vivendi-Universal. Bertrand Cantat est à cette époque un homme irréprochable, intouchable. Même si, parfois, sa bonne conscience et son idéalisme agacent. Son parcours artistique ne souffre d'aucune faute de goût. À l'approche de la quarantaine, le leader de Noir Désir fait figure de modèle pour toute une génération qui a grandi avec lui. À beaucoup de trentenaires, il apparaît comme un grand frère qui aurait connu la gloire sans renier ses idéaux d'adolescent. Beaucoup en ont rêvé, Cantat, lui, l'a fait. Sa vie privée, qu'il protège jalousement, ne fait aucune vague. Sa compagne est même enceinte d'un deuxième enfant, une petite fille dont la naissance est attendue en septembre 2002. En réalité, les relations avec Kristina sont devenues très difficiles et le couple survit grâce à Milo, ce fils qu'il adore. Bertrand Cantat a tout réussi. Tout sauf une grande histoire d'amour passionnée.

Le 3 juillet 2002, dans les coulisses d'un concert de Noir Désir à Vaison-la-Romaine, dans le Vaucluse, Bertrand Cantat rencontre pour la première fois Marie Trintignant. Anne Cantat se charge des présentations. L'actrice et le chanteur, en nage, se saluent timidement dans la loge. Comme le feraient deux adolescents.

2

Domina Plaza

Tous les lieux sont porteurs de symboles. Comme cet hôtel de Vilnius, le Domina Plaza, dont le nom semble prédestiné pour servir de décor à une scène où deux êtres tentent chacun d'imposer leur force à l'autre. C'est là que Marie Trintignant et Bertrand Cantat ont choisi de vivre depuis que l'équipe de tournage a posé ses valises en Lituanie. Troisième étage, appartement 35. L'immeuble lui-même joue avec les apparences. Sa façade, datant du XVIIIe siècle, est élégante. Le couloir d'entrée et l'escalier qui mène aux étages sont décorés de boiseries et de tapis épais. Impression d'un confort tranquille et bourgeois. Les appartements, eux, respirent la froideur. La décoration est fonctionnelle, d'une affligeante banalité. Murs blancs, parquets clairs, meubles « modernes », style Ikea. Au numéro 35, la seule touche décorative est la reproduction d'une peinture de Léonard de Vinci accrochée au-dessus du sofa beige. Elle représente la création de la femme par Dieu. Encore un symbole. Topographie des lieux : on entre dans l'appartement par un petit couloir qui débouche sur la pièce principale, le salon. À gauche, le sofa, placé sous une grande fenêtre qui donne sur la cour. À droite, une table, une télévision, quelques étagères. Au fond, un coin cuisine. Les trois autres pièces débouchent au fond du salon. À gauche, la salle de bains, moderne et sans charme, au centre, une grande chambre et une autre, plus petite, sur la droite.

À 23 h 30, le 26 juillet 2003, c'est un couple silencieux qui monte l'escalier annexe de la résidence hôtelière. Marie Trintignant gravit les marches devant son compagnon. Silencieuse. Le regard fixe, voilé par les effets conjugués de la vodka et des quelques cigarettes de cannabis fumées dans la journée. Après deux mois de tournage non-stop, la comédienne semble à bout de forces. Elle n'a quasiment plus prononcé un mot depuis le début de la soirée. L'homme est nerveux. Il a envie de parler. D'évacuer la tension. Il ouvre la porte. Elle s'engouffre dans l'appartement, file directement à la salle de bains. Il reste dans le salon. Enlève la ceinture abdominale qui protège son dos. Glisse un CD dans le lecteur portable posé à côté de la télévision, allume fébrilement une cigarette et remplit deux verres de vin qu'il pose sur la table. Marie se démaquille en silence. Le récit de la scène qui suit repose essentiellement sur les cinq dépositions de Bertrand Cantat. Des déclarations précises, relativement constantes, circonstanciées et partiellement corroborées par les conclusions ultérieures des médecins légistes. Les deux autres témoignages disponibles, ceux de l'homme d'affaires anglais Gary Tuck, occupant de l'appartement voisin, et de Simona, la veilleuse de nuit du Domina Plaza, permettent juste de confirmer la chronologie et la réalité de la dispute.

Après une dizaine de minutes de réflexion, Bertrand Cantat décide de revenir à la charge. Il veut que Marie lui fasse des promesses, qu'elle s'engage à sauver leur histoire d'amour. Il insiste. Elle n'en peut plus, lui répond qu'elle veut dormir, qu'il doit la laisser tranquille. Le regard fixé sur sa propre image dans le miroir de la salle de bains, elle répond enfin. Des mots d'abord.

— Si tu n'es pas content, rentre chez ta femme !

Puis elle l'insulte.

Il s'approche. Excédé. Sa haute silhouette barre la porte. Il parle fort :

— Tais-toi, mais tais-toi donc !

Le ton monte. Il fait chaud ce soir-là, les fenêtres sont ouvertes. Les mots résonnent dans la cour. Gary Tuck affirmera plus tard que la dispute a duré de longues minutes, que « la voix de l'homme était prédominante » et que le ton était « très agressif[1] ». Le seul voisin du couple ne comprend pas le français. Les mots qui claquent conservent leur mystère. Une seule certitude : ils ont pour but de blesser et vont faire basculer la dispute en empoignade.

Bertrand tente de maîtriser Marie. Ses mains puissantes enserrent ses bras étroits. Elle se débat, tente de se dégager. Elle refuse de céder, la serre de plus en plus fort, veut lui imposer le silence. Les vêtements se déchirent. Elle tente de le repousser, dégage ses mains. Lui attrape la lèvre supérieure. Ses ongles entaillent la peau. Première douleur vive. Premières gouttes de sang. Il esquisse un mouvement de recul. Trébuche. Son dos heurte la porte de la salle de bains. Ses vertèbres douloureuses se réveillent brutalement. Il tombe, reste prostré quelques minutes. Elle le toise, lui intime l'ordre de rentrer chez lui. C'est alors qu'il explose, perdant toute retenue. La frêle silhouette de Marie, dans l'encadrement de la porte, devient un pantin. Il l'agrippe par le bras et lève la main droite.

1. Audition de Gary Tuck, brigade criminelle de Paris, Vilnius, 19 août 2003.

Une première claque atteint la jeune femme à la joue gauche. Une deuxième, donnée du revers de la même main, écrase son arcade sourcilière droite. Les deux grosses bagues de Bertrand accentuent la douleur. Une troisième gifle touche Marie à la mâchoire. Son crâne est comme un hochet. Il lui inflige un quatrième coup. Le plus violent, le plus mystérieux. Les os du nez sont écrasés, réduits en miettes. Plus tard, les légistes français émettront l'hypothèse que cette « fracture par écrasement » a pu être provoquée par une gifle donnée de haut en bas avec, écriront-ils, « la main assimilée à un battoir ». Les policiers lituaniens, tout comme leurs collègues français, ont la conviction que Bertrand Cantat a donné un coup de poing ou un coup de tête à sa compagne – ce qu'il conteste.

En quelques secondes, Marie s'effondre, ses yeux se ferment. Bertrand la retient. Titubant, le souffle court et rauque, il traîne son corps vers le salon, renversant au passage une petite lampe posée sur une table basse. À bout de forces, il laisse tomber sa compagne sur le sofa. S'arrête, observe son visage. Un peu de sang coule de l'arcade et du nez, des bleus commencent à apparaître sur le visage. Marie est inconsciente, mais elle respire fort. Il se lève, va dans la chambre, s'assied sur le lit, la tête entre les mains. Quelques minutes s'écoulent. Lorsqu'il revient dans le salon, Marie n'est plus sur le sofa. Elle est couchée sur le sol. Le bas de son corps est étendu sur le tapis, la tête repose sur le parquet, près du radiateur. Il s'agenouille, essuie le sang qui coule plus abondamment. Il va dans la salle de bains, passe des serviettes sous l'eau froide puis sur sa propre figure, sonné, incrédule, sans doute effrayé par ce qu'il vient de commettre, retourne dans le salon, pose un linge humide sur le visage immobile de Marie, la prend dans ses bras, croit entendre « un grognement » et l'emmène vers leur chambre. Il perçoit son souffle régulier, lui parle doucement. Elle ne répond pas. Il la déshabille lentement, étend le corps sur le lit, rabat la couette, éteint la lumière et sort de la chambre. Tout est fini.

Il est minuit et demi à Vilnius. Un peu plus bas dans la même rue, à l'hôtel Radisson, Nadine Trintignant, assommée par les somnifères, dort déjà d'un sommeil profond. Cent mètres plus loin, à l'Hélios Club, une boîte de nuit où se retrouve la jeunesse dorée de Vilnius, Roman Kolinka, Vincent Trintignant et toute l'équipe de *Colette* font la fête. En France, à trois mille kilomètres de là, les parents de Bertrand, Danièle et Guy, regagnent la maison familiale après avoir assisté à un concert de jazz à Arcachon. À Léon, dans les Landes, Serge Teyssot-Gay et Denis Barthe sont penchés sur les tables de mixage où ils préparent le prochain album *live* de Noir Désir. Kristina Rady n'est pas très loin, dans la maison de Moustey qu'elle a achetée avec Bertrand. Leurs deux enfants dorment paisiblement. Dans la pénombre de l'appartement numéro 35, Cantat est désespérément seul. Il sait avoir commis un acte irréparable. Non pas qu'il ait conscience de la gravité de l'état de Marie mais parce qu'il a compris que leur histoire d'amour était terminée. Il se sert un verre de vin rouge, allume une cigarette, s'assied au bord du lit et commence à pleurer doucement. Les cendres tombent sur le tapis. Le chanteur de Noir Désir s'absente, plonge en lui-même. Se repasse le film d'une année de passion destructrice tandis que le sang commence à comprimer lentement le cerveau de Marie. Cantat cherche la réponse. Comment a-t-il pu en arriver là ?

Retour au 3 juillet 2002. Dans une loge du théâtre antique de Vaison-la-Romaine. Bertrand Cantat est en nage. Marie Trintignant est sous le charme mais ne le montre guère. Lors de cette première rencontre, ils n'échangent que quelques mots. « Ils se sont montrés extrêmement timides l'un envers l'autre », se souvient Anne Cantat qui assiste à la scène[2]. Bertrand est troublé. L'actrice a été impressionnée par l'énergie, la sensualité et la verve poétique que le chanteur dégage sur scène. Elle insiste auprès de sa sœur, avec qui elle travaille sur le tournage de *Total Khéops*, pour le revoir. Le 27 juillet, les deux femmes prennent la route de Béziers dans l'Hérault, où le groupe de rock doit à nouveau se produire. Cette fois, la rencontre dans les loges se prolonge par un dîner en groupe. Ils échangent leurs numéros de téléphone. Se promettent de se revoir. « Le coup de foudre n'aura lieu qu'en septembre et uniquement par Textos », précise Anne Cantat[3].

Leurs agendas sentimentaux respectifs sont relativement favorables. Après huit ans de vie commune, Marie a commencé à s'éloigner d'un Samuel Benchetrit accaparé par la préparation de son film *Janis et John*. Resté à Paris, dans la maison de Belleville, il est également tout entier pris par son rôle de « papa poule » auprès des quatre enfants. Peu à peu, leur liaison amoureuse s'est transformée en tendre affection aux accents maternels[4]. La situation de Bertrand est différente. En septembre, Kristina lui donnera un deuxième enfant. Ce sera une fille, prénommée Alice. Mais là aussi, après une dizaine d'années passées ensemble, la situation au sein du couple s'est dégradée. Et, pour ne rien arranger, Anne Cantat, la sœur de Bertrand, a des rapports difficiles avec sa belle-sœur.

---

2. Audition d'Anne Cantat, brigade criminelle, Paris, 6 août 2003.
3. *Ibid.*
4. Audition de Samuel Benchetrit, brigade criminelle, Paris, 1er août 2003.

« La rencontre avec Marie a précipité la rupture. Bertrand était malheureux avec Kristina mais il restait à cause de Milo, affirme-t-elle. Je ne l'ai jamais vu violent avec Kristina mais il était souvent excédé par elle. Kristina était jalouse de mes liens avec Bertrand. On a des rapports tendus depuis la naissance de Milo. Elle était très possessive[5]. »

Ces considérations féminines échappent au chanteur de Noir Désir. L'artiste se veut honnête avec lui-même. Il tient à son image, celle d'un homme qui ne triche pas. Il sait que ses sentiments pour Kristina ne sont plus ce qu'ils étaient, mais ne veut pas quitter Milo ni abandonner son épouse avant la naissance d'Alice. L'enthousiasme et l'insistance de la belle actrice le touchent et le flattent. Les Textos sont de plus en plus fréquents. Ils se découvrent une passion commune pour la poésie et certains écrivains, comme Louis Ferdinand Céline. Ils se rapprochent inexorablement.

Début septembre, Marie invite Bertrand à passer un week-end dans sa maison du Gard. Il franchit le pas mais décide d'en parler à son épouse avant d'accepter. « Il m'a dit être invité chez Marie, à Uzès, se souvient Kristina. Je me suis posé des questions. Elle le cherchait et il en était touché. Cette relation s'est installée lentement. Il s'en voulait énormément de me faire cela et de faire cela à notre enfant à naître. Il m'a accompagnée jusqu'à la naissance à venir. Je l'ai poussé à me quitter[6]. »

Dès l'origine, aux yeux de Bertrand Cantat, son histoire d'amour avec Marie Trintignant est donc placée

5. Audition d'Anne Cantat, brigade criminelle, Paris, 6 août 2003.
6. Audition de Kristina Rady, brigade criminelle, Paris, 6 août 2003.

sous le signe de la culpabilité. Quand Alice naît, fin septembre 2002 à Bordeaux, son père est présent dans la salle d'accouchement. Les jours qui suivent sont pénibles. Bertrand est perdu. Il paraît déprimé, malheureux, suspendu aux petits messages de Marie. Kristina lui demande de partir. Au début du mois d'octobre, il prépare ses affaires et prend le train pour Paris. Marie l'attend. Bertrand s'installe à l'hôtel. C'est là qu'ils passent leur première nuit ensemble. Comme n'importe quel couple illégitime. Elle prend les choses en main et demande à Samuel Benchetrit de quitter la maison de la rue de la Mare. Cette grande bâtisse, située au fond d'une impasse et entourée d'un jardin, appartient à Marie. Samuel encaisse le coup, mais réclame un peu de temps pour s'organiser. « Je tenais à préserver nos relations, confiera-t-il plus tard. Je ne voulais pas me mêler de leurs histoires. Je n'appelais Marie qu'en cas de nécessité. Je le savais très jaloux. Elle m'en parlait. Mais son amour était très fort[7]. »

D'octobre à décembre, Marie et Bertrand s'aiment comme des adolescents. Ils passent le maximum de temps ensemble, se bombardent de messages tendres lorsqu'ils sont séparés par leurs obligations professionnelles, se fixent des rendez-vous secrets. Marie s'occupe de ses enfants. Bertrand ne manque pas d'appeler régulièrement son fils Milo. La tournée de Noir Désir n'est pas terminée. Son père est absent mais le petit garçon ne comprend pas que quelque chose a changé. Fin décembre, lors du dernier concert du groupe à Évry, dans l'Essonne, Cantat présente Marie aux autres membres de Noir Désir. « Il m'a dit

7. Audition de Samuel Benchetrit, brigade criminelle, Paris, 1er août 2003.

qu'il était avec elle depuis le mois de juillet, raconte le guitariste, Serge Teyssot-Gay. Elle est venue nous voir à Évry et a passé la soirée avec nous. Il était amoureux comme jamais. C'était comme si Bertrand avait trouvé la femme de sa vie. Il l'embrassait tout le temps[8]. »

Marie fait des efforts pour que cette nouvelle reconstruction de sa vie se passe au mieux. Celle que son entourage appelle parfois « la reine des familles recomposées » se rapproche de Kristina. L'épouse de Bertrand veut faire sa connaissance avant d'accepter de lui confier ses enfants. En novembre 2002, Marie rejoint donc Bertrand à Bordeaux. Elle rencontre sa « rivale ». « Marie est venue, se souvient Kristina. Nous avons discuté de sa relation avec Bertrand, pour résoudre les problèmes... Elle n'a jamais exprimé de prétentions pendant nos conversations. Ses paroles étaient gentilles et tendres[9]. » En janvier 2003, les deux amants franchissent une étape importante : Bertrand s'installe dans la maison de la rue de la Mare. C'est à partir de cette date que les premières difficultés apparaissent. Il y a d'abord l'attitude de Samuel Benchetrit, vite jugée ambiguë par le chanteur. Le réalisateur affirme avoir tout fait pour faciliter la transition, mais ce n'est pas l'avis des proches de Bertrand Cantat. « J'ai appris par ma sœur Anne, qui travaille dans le milieu du cinéma, que Samuel Benchetrit vivait très mal leur séparation. Il pétait les plombs et était très malheureux », rapporte Xavier Cantat[10]. « Ma fille m'a dit que Bertrand et Marie vivaient un enfer,

---

8. Audition de Serge Teyssot-Gay, brigade criminelle, Paris, 6 août 2003.
9. Audition de Kristina Rady, brigade criminelle de Vilnius, 30 septembre 2003.
10. Audition de Xavier Cantat, brigade criminelle, Paris, 6 août 2003.

qu'ils étaient harcelés par Samuel Benchetrit », ajoute Danièle Cantat[11].

Quelle que soit la réalité de ces affirmations – il ne s'agit que de propos rapportés dans le cercle familial par la sœur de Bertrand –, elles donnent des indications précieuses sur l'état d'esprit de Bertrand Cantat et de ses proches en ce début d'année 2003. D'autant que, dans la maison de Belleville, le nouvel arrivant a des rapports délicats avec Roman Kolinka, le fils aîné de sa compagne âgé de dix-sept ans. « Au début, je n'avais pas de bonnes relations avec lui, reconnaît ce dernier. En effet, je préférais mon précédent beau-père, Samuel Benchetrit. J'avais du mal à accepter Bertrand. Ensuite, cela allait mieux mais je n'avais pas beaucoup de discussions avec lui. Il ne m'intéressait pas. C'est quelqu'un qui parlait essentiellement de lui. Il dormait peu et avait des problèmes d'insomnie. Il suivait tout le temps ma mère[12]… » L'adolescent apporte aussi un éclairage différent sur l'attitude du réalisateur à l'égard du couple : « Samuel me demandait de faire des efforts vis-à-vis de Bertrand, de bien vouloir l'accepter, notamment pour ma mère. Quand elle quitte quelqu'un, c'est qu'elle ne l'aime plus. Bertrand était jaloux de tout ce qui pouvait concerner ma mère. » Dans ce contexte, le chanteur de Noir Désir entretient des rapports polis mais distants avec Nadine Trintignant, restée très attachée à Samuel Benchetrit.

Ses relations avec Jean-Louis Trintignant sont plus chaleureuses, même si le père de Marie passe l'essentiel de son temps dans sa maison de Flaux, dans le Gard, loin de Paris. Début 2003, pourtant, l'acteur

---

11. Audition de Danièle Cantat, brigade criminelle, Paris, 6 août 2003.

12. Audition de Roman Kolinka, brigade criminelle, Paris, 2 août 2003.

côtoie le couple à l'occasion de la tournée théâtrale qu'il termine avec sa fille. Puis au théâtre des Amandiers à Nanterre, près de Paris, où les Trintignant père et fille donneront dix représentations des *Poèmes à Lou* de Guillaume Apollinaire en mai 2003, juste avant le départ pour Vilnius. « Bertrand Cantat est venu à toutes les représentations et très souvent aux répétitions, racontera plus tard le comédien. Il était d'apparence réservée mais assez exalté quand il parlait. Il était très cultivé et m'est apparu très vivable. J'ai même pensé à lui pour jouer mon rôle dans la pièce, mais il a refusé[13]. » Intuitif, le père de Marie pressent quand même le danger qui guette le couple : « Ils avaient des relations possessives. Ils faisaient bande à part. J'ai constaté qu'elle avait perdu sa gaieté et son humour. Je me suis senti un peu privé de ma fille. J'ai été impressionné quand elle m'a dit que personne ne l'avait jamais aimée autant. » Bertrand Cantat veut Marie pour lui seul. Elle aime être au centre de son univers. Leur relation fusionnelle suscite autant la méfiance des Trintignant que celle des Cantat. « Quand j'ai su qu'il était avec Marie Trintignant, j'ai tout de suite eu peur pour lui, admet Danièle Cantat. J'ai lu dans la presse qu'elle n'était pas stable en amour, qu'elle avait connu beaucoup d'hommes. Je ne savais pas qu'elle était mariée quand elle a été avec Bertrand[14]. »

En ce début d'année 2003, le couple s'installe dans une bulle. Une bulle illusoire, car ni l'un ni l'autre ne

13. Audition de Jean-Louis Trintignant, brigade criminelle, Paris, 2 septembre 2003.
14. Audition de Danièle Cantat, brigade criminelle, Paris, 6 août 2003.

peut véritablement faire abstraction de sa vie passée. En février 2003, Marie et Bertrand apparaissent ensemble pour la première fois en public lors d'un concert du groupe Rita Mitsouko à l'Olympia. On les voit, se tenant par la taille, en grande conversation avec Richard Kolinka, le premier grand amour de Marie. Bertrand n'apprécie pas la curiosité des journalistes, il veut se cacher. Des photographes de la presse *people* tenteront bien d'immortaliser ce couple glamour et branché jusque dans les rues de Belleville. Mais sans succès. Bertrand prend progressivement du recul vis-à-vis de Noir Désir. Au mois de mars, il passe quelques jours avec Serge Teyssot-Gay pour travailler sur une musique de film. À cette occasion, il dit à son copain de lycée qu'il veut limiter le nombre de concerts en 2003, qu'il souhaite passer le plus de temps possible avec Marie. « Bertrand avait envie d'être seul et serein, précise le guitariste. Seul avec Marie. Entre janvier 2003 et son départ pour la Lituanie, il n'a pas eu le temps de souffler. Notre tournée finie, il a rejoint Marie au théâtre. Les rares fois où elle ne jouait pas, il fallait organiser l'intendance avec les enfants. C'était une relation fusionnelle, un amour intense. Je n'ai jamais vu Bertrand comme cela[15]. » À l'unanimité, le groupe décide alors d'annuler une tournée qui doit le mener en Chine et en Asie jusqu'à la fin du printemps. Officiellement pour raisons financières. Cette décision va permettre à Bertrand de ne plus quitter la femme de son cœur. Et de la suivre jusqu'en Lituanie.

Marie, par son expérience et son pragmatisme, sait faire face à cette situation complexe. Bertrand, lui, rêve d'un amour à la fois absolu, pur et sans contrainte. Une utopie qu'il s'épuise à vouloir préserver. Kristina, la

15. Audition de Serge Teyssot-Gay, brigade criminelle, Paris, 6 août 2003.

femme qui le connaît le mieux, perçoit sa lassitude. « Il m'a dit que la vie avec Marie était très compliquée du fait de la gestion des enfants et du travail[16]. » Les rares personnes qui peuvent voir Bertrand Cantat à cette époque remarquent un changement. Comme Michèle Sporny, journaliste à *Sud-Ouest.* Cette amie de longue date de Bertrand est devenue depuis quelques semaines la confidente de Kristina. En mars 2003, elle voit Marie et Bertrand dans les loges du théâtre de Libourne, où l'actrice vient de se produire avec son père. « J'ai remarqué que Bertrand faisait très attention à Marie. Il lui demandait sans cesse si elle voulait quelque chose. Il la maquillait. D'habitude, dans une loge, Bertrand était toujours le centre d'attraction. Là, il se montrait très discret. Il y avait une transformation physique. Sans pouvoir être précise dans le temps, je crois pouvoir affirmer qu'il avait beaucoup maigri et n'était pas en forme[17]. »

Autre témoin, plus neutre, l'éditeur bordelais Dominique-Emmanuel Blanchard, qui préparait un livre d'entretiens avec Bertrand Cantat. Le 1er mars 2003, après plusieurs rendez-vous annulés, le chanteur lui demande de venir chez Marie. Le récit qu'en fait plus tard Dominique-Emmanuel Blanchard est très parlant : « C'est une sorte de loft, au bout de ce si long et si étroit jardin où, à chaque pas, le bruit de la ville s'amenuisait. La jeune femme, dont nous ne dirons rien, n'attendait que notre arrivée pour partir. Juste le temps de l'apercevoir. Nous nous serrerons la main, et elle lèvera un regard noir sur moi. Est-ce parce que je l'ai appelée par son prénom ? Mais elle doit bien

16. Audition de Kristina Rady, brigade criminelle, Paris, 6 août 2003.
17. Audition de Michèle Sporny, cabinet de Nathalie Turquey, Paris, 28 octobre 2003.

savoir que je la connais. Que nous sommes des millions à la connaître. Quelque chose est là qui pèse, qui pèse terriblement. Une gêne inextricable nous englue. J'ai presque envie de fuir. Bertrand est pâle, mon Dieu si pâle, et si amaigri. Mais il est gentil comme toujours[18]. »

Les amies de Marie Trintignant perçoivent, elles aussi, un malaise. La plus proche d'entre elles, l'actrice Zoé Chauveau, ne cache pas son animosité envers le chanteur. « Quand nous l'avions rencontré, avec Marie, il tenait un discours en contradiction avec son statut professionnel. Il rejetait la société capitaliste avec haine, mais se trouvait sous contrat avec une multinationale et profitait des avantages qui en découlaient. Nous avons perçu avec un certain malaise sa violence rentrée, son caractère possessif[19]. » La chanteuse et comédienne Lio, qui partage une récente complicité avec Marie, va encore plus loin : « Marie était une femme sous influence. Bertrand flippait sur son passé. Il était très jaloux. Elle me l'avait dit textuellement. Elle envoyait des Textos toute la journée pour le rassurer[20]. »

C'est dans ce contexte déjà délicat que Marie apprend, fin mars 2003, que le tournage du téléfilm *Colette* se déroulera en Lituanie. Sa mère, avec qui elle a écrit le scénario, lui fait part de la nouvelle lors d'un dîner en tête à tête au restaurant Chez Camille, à Paris. Le tournage durera cinquante-quatre jours. Selon Nadine Trintignant, qui raconte la scène dans

18. *L'Expérience des limites, op. cit.*
19. Lettre de Zoé Chauveau à la juge d'instruction Nathalie Turquey, Paris, septembre 2003.
20. Audition de Lio, brigade criminelle, Paris, 29 août 2003.

son livre[21], Marie semble satisfaite de cette nouvelle. « C'est plutôt bien, lui aurait-elle dit. Loin de Bertrand, loin de Samuel pendant deux mois, j'y verrai plus clair. »

Pourtant, dès que le départ pour le pays balte se précise, il ne fait aucun doute que le nouveau compagnon de l'actrice sera du voyage. « Bertrand partait en Lituanie pour être tranquille, précise Serge Teyssot-Gay. Il devait y choisir la meilleure version de notre album *live*. Il voulait également composer, mais je ne pense pas qu'il en ait eu le temps[22]. » Le 25 mai, à la veille du premier jour de tournage, c'est donc un couple déjà éprouvé, mais tendrement soudé, qui arrive en Lituanie. Très vite, l'ensemble de l'équipe prend ses quartiers sur l'île de Nida, une langue de terre sableuse située sur le littoral de la mer Baltique, à près de trois cents kilomètres de Vilnius, puis dans la petite station balnéaire de Klaipeda. Deux endroits choisis par la production comme décors naturels pour représenter la Bretagne et la Bourgogne des Années Folles. Le tournage peut enfin commencer. Bertrand Cantat l'hyperactif découvre un lieu où il va passer beaucoup de temps : la caravane qui sert de loge à Marie. Le chanteur ne se sent pas dans son univers. Il se montre discret, attendant avec impatience l'élue de son cœur. Quand il la retrouve, ils disparaissent, s'enferment à double tour dans leur « bulle » amoureuse. D'entrée, Bertrand et Nadine Trintignant semblent se vouer comme une méfiance réciproque. « Bertrand était très sympathique, intelligent et calme pour l'image que je me faisais du rock, nuance pourtant l'acteur Vladimir Yordanoff, qui interprète Willy, le premier époux

21. *Ma fille, Marie, op. cit.*
22. Audition de Serge Teyssot-Gay, brigade criminelle, Paris, 6 août 2003.

de Colette. Marie et Bertrand étaient collés l'un à l'autre comme s'ils avaient vingt ans. C'était étrange pour des gens de quarante ans. J'ai dîné plusieurs fois avec eux entre le 25 mai et le 12 juin, à Nida et à Klaipeda. Je me souviens d'un dîner avec Nadine et Alain Corneau, où Bertrand a décidé de rentrer parce qu'il n'avait pas les idées très claires[23]. » Cantat se fait tout petit. Il n'a plus la flamboyance qui est la sienne sur scène. « Il semblait être un homme charmant de loin, admettra Vincent Trintignant. Je ne le connaissais pas. Durant toute la phase de tournage, Bertrand était présent mais très discret, à travailler dans son coin, dans la caravane. Ce n'était absolument pas une personne présente ou dérangeante sur le tournage. Il n'y a eu aucun différend entre nous[24]. »

Au fil des jours, pourtant, l'entourage proche de Marie s'agace de l'attitude de Bertrand. Elle, dont l'énergie et la convivialité constituent toujours un moteur des projets dans lesquels elle s'engage, semble étrangement absente, impatiente d'aller retrouver « son homme ». Sa mère le lui fait remarquer sur le ton de la plaisanterie. Elle ne supporte pas ces allusions. Lio, qui a également hérité d'un rôle dans *Colette*, portera après coup un jugement très dur sur le comportement de Bertrand Cantat : « Sur le tournage, on sentait que Marie n'avait de cesse de rejoindre Bertrand. Ils ne sont jamais sortis avec le reste de la troupe. Ça ne ressemblait pas à Marie. Elle trouvait mille excuses à Bertrand. Il dénigrait le milieu du cinéma. Marie cautionnait tout cela alors qu'elle venait de ce milieu et qu'elle l'aimait. Marie se remettait tout le temps en question. Tout était

23. Audition de Vladimir Yordanoff, brigade criminelle, Paris, 14 août 2003.
24. Audition de Vincent Trintignant, brigade criminelle, Paris, 2 août 2003.

sa faute et jamais celle de Bertrand. Elle minimisait tout ce qu'il pouvait faire ou dire... Je n'avais pas vu Marie depuis six mois et, à Vilnius, j'ai vu qu'elle avait perdu beaucoup de poids[25]. »

Les premières tensions au sein du couple apparaissent à la fin du mois de juin. Cantat expliquera plus tard, lors de ses différents interrogatoires, que la seule cause de ces « conflits verbaux » était « leur jalousie réciproque ». En réalité, les premiers accrochages sérieux apparaissent alors que les deux parents préparent la venue de leurs enfants en Lituanie, prévue initialement pour durer tout le mois de juillet. L'organisation du voyage et du séjour de Milo, le fils de Bertrand, ainsi que de Paul, Léon et Jules, les trois plus jeunes garçons de Marie, nécessite des contacts téléphoniques répétés avec Kristina Rady et Samuel Benchetrit. Ni Marie, épuisée par son travail, ni Bertrand, miné par l'ennui, ne supportent ce qu'ils perçoivent comme des ingérences insupportables de leurs anciens conjoints.

Une première dispute éclate le 20 juin, dans l'appartement du Domina Plaza où ils sont installés depuis l'arrivée de l'équipe de tournage à Vilnius. Vladimir Yordanoff, qui dort dans l'appartement du dessus, est réveillé par « des cris, des claquements de portes, des renversements de tables et de chaises ». « Beaucoup de cris aigus, qui se sont arrêtés », explique-t-il[26]. Le lendemain matin, il croise Marie dans sa loge d'habillage. Elle lui demande s'ils ne l'ont pas empêché de dormir. « Non, mais les cris que j'entendais n'étaient ni de joie,

25. Audition de Lio, brigade criminelle, Paris, 29 août 2003.
26. Audition de Vladimir Yordanoff, brigade criminelle, Paris, 14 août 2003.

ni de jouissance », lui répond en souriant l'acteur. Marie, embarrassée, hésite puis tire un trait sur leur conversation : « Bertrand a eu un problème, mais maintenant ça va. »

Le 2 juillet, c'est au tour de l'actrice de vivre une journée très pénible. Michèle Othnin-Girard, la belle-mère de son fils Léon, neuf ans, lui apprend en effet que les médecins sont opposés à la venue de l'enfant à Vilnius. « Elle voulait qu'il vienne contre certains avis médicaux, raconte Michèle Othnin-Girard. Pendant toute une journée, elle a envoyé des Textos, elle a passé des coups de téléphone. Elle était paranoïaque, semblait persuadée qu'on allait lui enlever Léon. Elle n'arrêtait pas de crier et de pleurer[27]. »

Le lendemain, 3 juillet, les quatre enfants, dont Léon, arrivent comme prévu à Vilnius. La « famille recomposée » quitte alors la capitale pour aller s'installer à l'hôtel Méridien, situé en pleine forêt, loin du centre-ville. Cet établissement spacieux dispose d'une grande piscine. Marie et Bertrand ont pensé qu'un tel environnement serait préférable pour les petits. Mais le tournage se poursuit à un rythme extrêmement éprouvant. Surtout pour Marie, qui reste six jours sur sept en plateau, du matin au soir, faisant souvent l'impasse sur le repas du midi. Pendant ce temps, Bertrand passe ses journées avec les quatre enfants, dont trois qu'il ne connaît pas encore très bien. Il peine à assumer cette situation inédite. Et, pour ne rien arranger, ses vieilles douleurs au dos se réveillent et se transforment vite en un lumbago très douloureux. Un médecin lituanien lui prescrit de puissants anti-inflammatoires, des séances de kinésithérapie et le port d'une ceinture abdominale. Il profite de cette visite

27. Audition de Michèle Othnin-Girard, brigade criminelle, Paris, 26 août 2003.

pour obtenir aussi du Lexomil, un anxiolytique bien connu. D'un commun accord, le couple décide d'abréger le séjour des enfants en Lituanie. Ces derniers rentrent en France le 16 juillet, deux semaines avant la date prévue. Une décision qui surprend Nadine Trintignant : « J'étais sidérée que les enfants ne restent pas un mois comme prévu et partent après neuf jours seulement[28], affirmera-t-elle plus tard. Marie disait que c'était parce qu'elle était très prise et très fatiguée, et qu'ils ne pouvaient pas la voir beaucoup[29]. »

Ce départ précipité des enfants constitue un premier et douloureux échec pour le couple. Marie qui, de par sa propre enfance, attache tant d'importance à l'harmonie familiale, y voit un mauvais présage. Elle se replie sur elle-même, ne supporte plus que Bertrand fasse allusion à sa vie passée et à Kristina. Elle a aussi eu un rude accrochage avec sa mère, le 14 juillet, lors du tournage d'une scène d'amour. Nadine trouve sa fille trop distante, trop retenue et le lui fait savoir. « Ma fille était anormalement pudique, se souvient-elle. Elle m'a reproché une fois de ne pas avoir coupé la fin de la scène. Elle devait être sous l'influence de son compagnon, tiraillée entre mes exigences professionnelles et sa présence à Vilnius[30]. » Bien que passionnément amoureuse, l'actrice est un peu perdue. Son amant ne l'aide pas à retrouver ses marques. Bertrand ne supporte plus l'attitude de Samuel Benchetrit. Il se fait violence et décide de s'ouvrir de ses inquiétudes à Nadine Trintignant. « La seule fois où j'ai parlé avec lui, raconte la mère de Marie, on a parlé de séparation. Je lui ai dit qu'on ne pouvait pas s'arrêter d'avoir de la

---

28. En réalité treize jours. *(N.d.A.)*
29. Audition de Nadine Trintignant, cabinet de Nathalie Turquey, Paris, 12 septembre 2003.
30. *Ibid.*

tendresse pour celui qu'on a aimé. J'ai dit que c'était important pour les enfants que les parents gardent de la tendresse l'un pour l'autre. Il m'a demandé si Marie avait déjà été amoureuse. J'ai dit qu'à quarante ans, et avec quatre enfants, j'espérais que ma fille avait déjà été amoureuse[31]. » Une question qui démontre l'immaturité affective de Bertrand Cantat. La suite illustre l'extrême nervosité de Marie quant à sa propre histoire. Lorsque Bertrand lui parle de cette conversation avec Nadine, l'actrice tance brutalement sa mère, lui ordonnant de « ne plus jamais parler de son passé » à l'homme qu'elle aime.

Cette jalousie réciproque aura des conséquences insidieuses. Entre le 16 et le 26 juillet, Bertrand Cantat ne téléphone pas une seule fois à son fils Milo, qui séjourne avec sa mère et sa petite sœur dans les Landes. Pendant ces dix jours, le couple se replie encore un peu plus sur lui-même. Les amants essaient de se promettre de ne plus communiquer avec leurs anciens conjoints – et encore époux – que pour le strict minimum. Bertrand est le plus radical à ce sujet. Marie, elle, se montre plus hésitante. Comme si elle était en train de comprendre que leur histoire d'amour ne durerait pas forcément. Bertrand la presse de questions, lui demande des réponses claires. Lui aussi s'épuise, sentant poindre des obstacles infranchissables. Le voilà désormais assailli par un vague sentiment selon lequel il ne pourra jamais se faire admettre par l'entourage de Marie. Le vendredi 25 juillet, pour la première fois depuis des semaines, il téléphone à son copain de Noir Désir, Serge Teyssot-Gay. « J'ai senti qu'il avait envie de rentrer, pour qu'on puisse se retrouver en famille. On a surtout parlé du concert prévu le 4 août à

---

31. *Ibid.*

Langon[32]. Il ne s'est plaint de rien[33]. » Il appelle ensuite Danièle, sa mère. « Il devait rentrer le mercredi 30 ou le jeudi 31 juillet, pour aller à Moustey avec les enfants, dira-t-elle. Il était épuisé, à bout de forces[34]. »

Le samedi 26 juillet 2003, Marie tourne les dernières scènes de *Colette* dans le décor aux boiseries un peu vieillottes de l'Institut de la littérature de Vilnius. Elle est entourée de Lambert Wilson et de son fils Roman qui jouent Henry et Bertrand de Jouvenel, le père et le fils, deux des grands amours de Colette. Resté seul au Domina Plaza depuis tôt le matin, Bertrand Cantat se décide à vider son sac. Il en parle d'abord à Anne, sa sœur, qu'il appelle vers midi. « Marie et lui s'étaient disputés car Marie était jalouse de Kristina et Bertrand était agacé par le comportement de Samuel Benchetrit. Ils avaient tous les deux l'intention de parler de divorce avec leurs conjoints respectifs. Samuel compliquait la vie financière de Marie. Ils étaient sur le point de prendre une décision importante pour vivre pleinement leur relation. Il m'a dit aussi que Marie voulait faire une pause dans sa carrière[35]. » Trois heures plus tard, Bertrand Cantat téléphone à Kristina et lui annonce sèchement qu'il ne communiquera plus avec elle que par Textos. « Juste l'heure et le lieu, pour récupérer les enfants », racontera-t-il plus tard[36]. Le

32. En Gironde, pour le festival des Nuits Atypiques. *(N.d.A.)*
33. Audition de Serge Teyssot-Gay, brigade criminelle, Paris, 6 août 2003.
34. Audition de Danièle Cantat, brigade criminelle, Paris, 6 août 2003.
35. Audition d'Anne Cantat, brigade criminelle, Paris, 6 août 2003.
36. Audition de Bertrand Cantat, Prokuratora de Vilnius, 8 août 2003.

ton monte. Kristina lui reproche de ne pas avoir appelé son fils depuis son retour prématuré, le 16 juillet. Il s'emporte, l'accuse implicitement d'en vouloir à son argent. Sa volonté d'être blessant est manifeste. La conversation dure cinquante-trois minutes et affecte profondément la maman d'Alice et Milo. « Je ne comprenais pas sa méfiance à mon égard, dira-t-elle. Il semblait inquiet pour un tas de petites choses[37]. » Choquée, Kristina se confie à son amie Michèle Sporny, présente à ses côtés dans la maison de Moustey. Elle sent que Bertrand n'est pas bien. Michèle s'inquiète et prend l'initiative de l'appeler à son tour, un échange qui durera « au moins une heure[38] ». Elle tente de lui expliquer que Kristina ne mérite pas un tel traitement et qu'elle souffre alors qu'elle se montre compréhensive sur sa relation avec Marie. Bertrand la prie de demander pardon de sa part à Kristina et lui dit qu'il appellera Milo le soir même, ce qu'il ne fera pas. De même, au cours de cet échange, Bertrand Cantat confie que ses relations avec Kristina, le fait qu'il lui parle, perturbaient ses relations avec Marie. « Tout au long de cette conversation, j'ai senti que Bertrand était mal, car il répétait sans arrêt qu'il ne pouvait plus croire personne... Il ne comprenait pas ce qui se passait. Il ne savait plus comment faire. J'ai ressenti qu'il était seul, malheureux, perdu[39]. » Le 8 août suivant, lors d'un interrogatoire à la Prokuratora de Vilnius, le chanteur exprimera clairement, avec une certaine puérilité, ses regrets : « J'ai parlé très catégoriquement à Kristina car j'ai subi une pression très forte de la part de Marie

37. Audition de Kristina Rady, brigade criminelle de Vilnius, 30 septembre 2003.
38. Audition de Michèle Sporny, cabinet de Nathalie Turquey, Paris, 28 octobre 2003.
39. *Ibid.*

Trintignant, dira-t-il. Marie m'a dit que Kristina était insidieuse et méchante. Mon coup de téléphone à Kristina était injuste. C'est bien la preuve de mon amour absolu pour Marie[40]. »

Après avoir passé ces coups de fil, Bertrand Cantat rejoint Marie dans sa « caravane-loge ». Elle lui indique qu'elle vient de recevoir un SMS de Samuel Benchetrit et lui montre son téléphone. Il lit le début du texte : « Appelle-moi quand tu peux, rien de grave, juste pour le film. » Marie reprend l'appareil. Bertrand accuse le coup. Il a déjà compris que Marie serait très prise à l'automne pour la promotion de *Janis et John* et qu'elle verrait plus souvent Samuel. Profitant d'une brève absence de Marie, il relit le message. Et découvre qu'il se termine par une formule affectueuse : « Ma petite Janis... » Bertrand enrage, perçoit ces trois mots comme une nouvelle preuve d'injustice. « Pendant que moi j'étais si rude avec Kristina, eux, c'est-à-dire Marie et Samuel, pouvaient s'échanger des messages si tendres[41]. »

Tout au long de cette soirée du 26, il ne cessera d'interroger sa compagne à ce sujet, lui demandant qu'elle coupe aussi les ponts avec son mari. Épuisée par un mois de tournage et de tension, agacée par la culpabilité quasi obsessionnelle de Bertrand vis-à-vis de son épouse, elle refusera obstinément de répondre à sa requête. Dans la soirée, le couple se présente très en retard au pot organisé par Nadine et Marie en l'honneur de Lambert Wilson. L'acteur, qui vient de tourner sa dernière scène, va bientôt rentrer en France.

---

40. Audition de Bertrand Cantat, Prokuratora de Vilnius, 8 août 2003.
41. Audition de Bertrand Cantat, Prokuratora de Vilnius, 21 août 2003.

Bertrand et Marie se tiennent à l'écart, silencieux. Ils boivent nerveusement. Du vin et de la vodka. Aucun des deux n'a mangé quoi que ce soit depuis 8 heures du matin. Plus tard, Bertrand entame une conversation avec Andrius Leliuga, un jeune Lituanien embauché comme assistant sur le tournage. Ils parlent philosophie – Andrius est un ancien moine défroqué –, puis musique. À ses moments perdus, le jeune homme est aussi chanteur. De son côté, Marie remplit ses obligations auprès de l'équipe de tournage. Quelques pétards circulent. Les deux amants retrouvent comme un pâle sourire. Nadine perçoit pourtant un malaise entre les deux amoureux. Elle les interroge séparément. Ils lui répondent la même chose : « Juste un problème d'organisation avec les enfants[42]. » Mais Bertrand n'a toujours qu'une obsession en tête : le fameux SMS de Samuel.

À 22 h 15, le chanteur décide d'appeler Samuel depuis le portable de Marie. À cet instant, il est déjà bien éprouvé par l'alcool ingurgité tout au long de la journée et les quelques bouffées de cannabis, dont les effets se mêlent à ceux des anti-inflammatoires et des anxiolytiques pris dans la matinée. Il s'énerve d'emblée :

— Ouais, c'est Bertrand. Ma petite Janis... Ma petite Janis... J'en ai marre de vos ambiguïtés... Je suis vraiment fatigué de vos conneries...

Au bout du fil, Samuel n'a même pas le temps d'ouvrir la bouche que son correspondant a déjà raccroché. Dix minutes plus tard, Samuel rappelle sur le portable de Marie. Il tombe à nouveau sur Bertrand et tente de calmer le jeu. Rien à faire : « Je lui ai dit que le Texto était lié au film. Il a prétendu que j'étais encore amoureux de Marie et qu'il n'avait droit à rien. Que Marie ne lui donnait rien. Que lui, il avait explosé sa

42. Audition de Nadine Trintignant, cabinet de Nathalie Turquey, Paris, 12 septembre 2003.

famille alors que nous, nous avions encore une relation. Il disait qu'il était père aussi et qu'il avait laissé son petit et sa femme enceinte[43]. » Sept minutes d'un dialogue de sourds dont Marie, pourtant au cœur du contentieux, n'aura jamais connaissance.

Aux alentours de 22 h 30, alors que la nuit tombe sur Vilnius, la fête touche à sa fin. Les uns regagnent leur chambre d'hôtel, les autres partent vers un restaurant de la vieille ville. Il est même convenu, pour ceux qui le souhaitent, de se retrouver un peu plus tard en boîte de nuit. Sans surprise, Bertrand et Marie déclinent ces invitations. Andrius les convie alors à venir prendre un dernier verre chez lui. Curieusement, alors que Bertrand et Marie profitaient de la moindre occasion pour s'isoler, le couple accepte – « par respect » selon l'explication donnée plus tard par le jeune homme[44] – et finit par quitter les lieux. Le trio appelle un taxi, s'arrête dans une supérette de nuit pour acheter une bouteille de vodka Absolut Pepper et arrive dans l'appartement d'Andrius, un duplex proche du centre-ville. Marie est silencieuse. Elle félicite tout de même Andrius pour le charme douillet de son logement, puis se plaint d'avoir un peu froid. Andrius lui prête une robe de chambre rouge et s'éclipse pour aller se changer. Lorsqu'il revient dans le salon, il s'aperçoit que Bertrand a sauté, depuis chez lui, sur le balcon de ses voisins. Ceux-ci se plaignent. Andrius va chercher son invité qui s'excuse, expliquant qu'il a juste « voulu faire une blague[45] ». Marie, affalée dans

43. Audition de Samuel Benchetrit, brigade criminelle, Paris, 1er août 2003.
44. Audition d'Andrius Leliuga, Prokuratora de Vilnius, 20 août 2003.
45. Audition de Bertrand Cantat, Prokuratora de Vilnius, 8 août 2003.

un fauteuil, observe la scène, le regard vide. Bertrand se montre de plus en plus agité.

Visiblement perturbé, il se tourne vers Andrius et lui lâche en montrant Marie :

— Je suis un zéro et elle, elle est tout. Je l'aime si fort[46].

Il s'approche alors du fauteuil, saisit rudement sa compagne par le bras, l'obligeant à se lever. Elle se débat, trébuche et heurte le mur, avant de retomber dans le fauteuil. Toujours sans un mot. Les trois convives continuent à boire de la vodka. Le « tiers d'une bouteille d'un demi-litre », selon Andrius[47], mais plutôt « deux à trois bouteilles » d'après le souvenir de Bertrand[48]. Le jeune Lituanien tente de raisonner son « nouvel ami » français. Ce dernier lui fait part de sa colère après le message de Samuel Benchetrit. Andrius lui conseille d'attendre le lendemain avant d'évoquer ce sujet sensible avec Marie. Bertrand l'écoute, se calme un peu. Mais, avant de quitter l'appartement, il s'excite à nouveau et brise un verre en le jetant contre le mur.

Conscient de la tension qui règne entre les deux amants, Andrius propose de les raccompagner jusqu'au Domina Plaza. Le trajet dure un quart d'heure à pied. Le jeune homme tient son ami chanteur par le bras. Ce dernier serre la taille d'une Marie plus silencieuse que jamais. Une dernière fois, Cantat interroge Marie sur ses intentions à l'égard de Samuel Benchetrit. Elle ne répond pas. Alors qu'il approche de l'hôtel, cet étrange trio croise un groupe de Français dont fait partie Roman Kolinka, le fils aîné de Marie. Celui-ci raconte l'instant où il a vu sa mère consciente pour la

46. Audition d'Andrius Leliuga, Prokuratora de Vilnius, 20 août 2003.
47. Déposition écrite d'Andrius Leliuga, Vilnius, 29 juillet 2003.
48. Audition de Bertrand Cantat, Prokuratora de Vilnius, 29 juillet 2003.

dernière fois : « Je me suis approché d'eux. Andrius m'a fait signe qu'il les ramenait. Bertrand m'a fait un signe de la main pour me saluer et je n'ai pas vu son visage. Bertrand ne me paraissait pas ivre. Ma mère devait avoir bu car elle ne s'est même pas retournée pour me saluer[49]. »

Vers 23 h 45, c'est un couple silencieux, titubant sous l'effet de la fatigue et de l'alcool, qui pénètre au Domina Plaza par l'entrée annexe de la résidence hôtelière. Andrius leur souhaite bonne nuit. Bertrand Cantat a toujours son idée fixe. Il veut que Marie admette qu'elle n'a pas été loyale avec lui. « Je crois que j'avais le droit de poser cette question, dira-t-il devant les enquêteurs lituaniens. Peut-être que j'aurais mieux fait de poser cette question le lendemain, mais je savais que je ne pourrais pas m'endormir tant que je n'aurais pas posé cette question[50]. » La comédienne, elle, n'a plus qu'un seul désir. Dormir. Se reposer de ces lourdes semaines de tournage. Retrouver la paix. Laisser passer la nuit, les effluves de l'alcool et les vapeurs de cannabis pour remettre de l'ordre dans ses idées.

Les humeurs de ces deux amants passionnés ne sont plus compatibles. Une heure plus tard, Marie Trintignant tombera dans un coma irréversible.

49. Audition de Roman Kolinka, brigade criminelle, Paris, 2 août 2003.
50. Audition de Bertrand Cantat, Prokuratora de Vilnius, 29 juillet 2003

3

Sans retour

L'homme, torse nu, pleure assis sur le lit, la tête entre les mains. Il est un peu plus de 1 heure du matin à Vilnius. Bertrand Cantat s'est enfermé dans la chambre. Il a enlevé son tee-shirt déchiré puis fermé la porte derrière lui. Pour ne plus entendre les cris de Marie. Mais, dans la pièce voisine, sa compagne ne crie plus. Elle a perdu conscience, son corps a glissé du sofa. Elle repose à même le sol, sur le dos. Cantat ne veut plus rien voir. « Je suis allé dans la chambre à coucher. J'ai essayé de me calmer. Je crois que j'ai pleuré. J'espérais que Marie viendrait. Je me sentais épuisé. Je me sentais très mal. Je suis resté cinq à dix minutes[1]. » Il se relève, retourne comme un automate dans le salon. Il s'approche. Marie a les yeux clos. Bertrand voit « une petite blessure sur le sourcil » et du sang qui s'écoule du nez. « J'ai essayé de la réveiller en lui tapotant les joues, affirmera-t-il ce 21 août. Son sommeil était très profond. Elle respirait normalement[2]. » Le voilà rassuré.

---

1. Audition de Bertrand Cantat, Prokuratora de Vilnius, 21 août 2003.
2. *Ibid.*

La colère retombe, Bertrand Cantat a alors un premier élan de culpabilité : « J'avais la vision de ce que je lui avais fait. Je m'en voulais d'avoir agi de la sorte. Je pensais tout le temps au lendemain. Je me demandais comment nous allions résoudre ce problème. Je croyais que nous pouvions encore trouver une solution[3]. » Il soulève doucement Marie, la porte jusqu'à la chambre, la déshabille entièrement, étend le corps sur le lit, réajuste la serviette qui couvre son front et rabat les draps sur elle. Il lui parle. Elle ne répond toujours pas. Le 21 août, le chanteur expliquera sa passivité face à l'absence de réaction de Marie : « Elle ne s'est pas réveillée parce qu'elle avait bu. Cela ne m'a pas surpris. Il m'était déjà arrivé de la porter dans son lit. » Tout au long de cette nuit tragique, l'état d'esprit du chanteur de Noir Désir oscillera entre la culpabilité et la volonté de trouver des explications rassurantes, tant sur la violence dont il a fait preuve que sur l'état réel de Marie. Une mécanique qui le cantonne dans l'inaction totale et lui fait oublier l'essentiel : sauver la femme qu'il aime. Il n'a d'ailleurs pas abandonné son obsession du début de soirée : connaître la nature exacte des relations entre Marie et Samuel Benchetrit. C'est pourquoi, après de très longues minutes d'hésitations, il prend le téléphone portable de Marie. Pas pour alerter les secours, ou quelqu'un à Vilnius qui pourrait l'aider. Le numéro qu'il compose à 1 h 46 du matin est celui de Samuel Benchetrit, qui dort profondément dans son appartement parisien.

Lorsque le réalisateur décroche, il entend d'abord, très surpris, les sanglots de celui qui l'accuse d'être

---

3. Audition de Bertrand Cantat, Prokuratora de Vilnius, 8 août 2003.

son « rival ». « Il pleurait énormément. Marie m'avait dit qu'il pleurait beaucoup quand il était mal », raconte Samuel Benchetrit[4]. Bertrand ne parle pas d'emblée de sa dispute avec Marie, mais de *sa* question. Son idée fixe. « J'ai essayé d'obtenir une réponse de lui. Je lui ai posé la question doucement, sans agressivité », se remémore-t-il[5]. Les souvenirs de Benchetrit sont plus précis : « J'ai compris qu'il était toujours dans une grande jalousie. Il m'a dit que Marie n'était pas là. Il m'a expliqué que lui avait fait *exploser toute sa vie* et que Marie ne l'avait pas fait, alors qu'elle lui demandait l'absolu. Il trouvait qu'elle était ambiguë avec moi. Il avait l'impression qu'on se foutait de sa gueule. Qu'on s'envoyait des messages dans son dos[6]. » Samuel tente de le rassurer, lui demande d'être patient, « parce qu'il faut du temps pour de tels bouleversements familiaux », lui explique qu'il est normal que Marie apporte sa contribution à la promotion du film *Janis et John*. « Il appréhendait la sortie du film, il ne comprenait rien aux codes du cinéma », souligne Benchetrit[7]. Cantat l'écoute attentivement, lui répète à plusieurs reprises : « J'aurais dû t'appeler avant. »

Ce n'est qu'au bout d'une vingtaine de minutes, alors qu'il semble apaisé et remis en confiance, que le rocker raconte ce qui s'est passé une heure plus tôt[8]. « Il m'a dit qu'ils s'étaient battus tous les deux et qu'il s'inquiétait pour le tournage de lundi, qu'elle ne serait pas raccord. »

---

4. Audition de Samuel Benchetrit, brigade criminelle, Paris, 1er août 2003.
5. Audition de Bertrand Cantat, Prokuratora de Vilnius, 21 août 2003.
6. Audition de Samuel Benchetrit, brigade criminelle, Paris, 1er août 2003.
7. *Ibid.*
8. *Ibid.*

Samuel change soudain de ton :

— Où est Marie ?

— Elle dort dans la chambre.

— Je peux lui parler ?

— Non, elle dort.

Le cinéaste n'insiste pas : « Je la savais très fatiguée, donc je n'ai pas insisté. » Il demande alors des précisions sur les blessures de Marie.

— C'est foutu, c'est foutu, elle va m'en vouloir, répond piteusement son interlocuteur.

Le ton se durcit :

— Bertrand ! Je te demande si elle va bien.

— Oui, elle respire très bien. Elle a juste un cocard.

À cet instant, le chanteur de Noir Désir ne ment pas. Il refuse d'imaginer une réalité qui lui est insupportable. Samuel semble convaincu par la sincérité du ton de Bertrand. Apaisé, il va même, selon lui[9], jusqu'à prodiguer des conseils à celui qui lui a succédé auprès de Marie. « Je lui ai dit d'écrire une grande lettre d'amour, parce que Marie était au-dessus d'une petite bagarre comme ça. » Ils parlent ensuite des enfants. Là, encore, le cinéaste se veut rassurant. Il se dit persuadé que tout va s'arranger parce que Bertrand a le mérite d'être « très impliqué dans la vie des deux familles ». Une heure plus tôt, Bertrand Cantat frappait violemment Marie Trintignant. Il est maintenant, selon Benchetrit, « doux et un peu perdu[10] ». Pendant des heures, Bertrand Cantat a harcelé Marie pour qu'elle s'explique sur « les ambiguïtés de son mari » et le voilà qu'il confie à ce dernier que, « finalement », il est « un mec bien ». La conversation s'éternise. Cantat parle, parle, parle encore. Il ne sait plus où il en est, s'enivre de paroles. Samuel décide de mettre fin à ce dialogue surréaliste. Il raccroche à

9. *Ibid.*
10. *Ibid.*

2 h 45, heure de Vilnius. La communication a duré exactement cinquante-neuf minutes.

Bertrand Cantat retourne dans la chambre, allume la lumière et observe le visage de Marie. Autour des yeux de l'actrice, les bleus sont de plus en plus prononcés et les paupières très gonflées. Il va chercher de nouveaux glaçons et un linge propre. Il a compris que les blessures ne pourront pas être dissimulées. Cette perspective l'affole. Il reprend le téléphone de Marie et compose à nouveau le numéro de Samuel Benchetrit. Ce dernier ne répond pas, le rocker laisse donc un message : « C'est Bertrand. Tu dois vraiment en avoir marre de me parler. À plus[11]. » À 2 h 51, Samuel le rappelle. Cantat lui confie son inquiétude, lui dit qu'il craint la réaction de Nadine, les conséquences pour la fin du tournage de *Colette*. Benchetrit lui conseille alors d'appeler Vincent Trintignant, « à qui il pouvait se confier plus facilement[12] ». Cette deuxième conversation dure vingt-quatre minutes, comme l'attestent les relevés téléphoniques de Samuel Benchetrit. Bertrand Cantat, sans doute peu fier de ses atermoiements, ne mentionnera jamais ce second appel au cours de ses interrogatoires. Lors de son audition du 8 août, il livre même une version différente des circonstances qui le conduisent à contacter Vincent Trintignant : « Lorsque j'ai vu que Marie avait des bleus, j'ai compris que ses blessures ne passeraient pas avant lundi. Alors j'ai décidé de téléphoner au premier assistant réalisateur, Vincent, pour le mettre au courant de ce qui s'était passé. Je comprenais très bien que ce qu'il allait voir n'allait pas lui plaire, mais j'assumais ma responsabilité. »

11. *Ibid.*
12. *Ibid.*

Cette dernière phrase résume bien l'état d'esprit de Bertrand Cantat à ce moment de la nuit. Le chanteur sait qu'il a commis quelque chose de grave, que les « baffes » ont été violentes. S'il avait été persuadé que Marie dormait paisiblement, il se serait sans doute couché auprès d'elle. Au lieu de cela, il éprouve le besoin de se confier, de soulager sa conscience, de prévenir le frère de Marie. Parallèlement, il tente de se convaincre que les dégâts sont minimes. Parce que lui, l'idéaliste au cœur pur, ne peut concevoir d'avoir agi ainsi avec une femme. D'avoir franchi le point de non-retour.

Une heure supplémentaire passe avant que Bertrand n'appelle Vincent Trintignant. Une heure au cours de laquelle le rocker désemparé erre dans l'appartement, va voir Marie, l'embrasse, l'observe et ressasse encore le film des événements pour tenter vainement d'en évaluer les conséquences. Peu après 4 heures du matin, il se décide enfin. Vincent Trintignant et sa fiancée lituanienne, Ruta Latinyte, sont rentrés de boîte de nuit depuis deux heures. Sur la table de chevet, le téléphone vibre. La jeune fille décroche. Bertrand est hésitant. Il veut parler à Vincent. Ruta lui dit qu'il dort. Il répond alors que ce n'est pas la peine de le réveiller. « J'ai objecté, je lui ai demandé s'il s'était passé quelque chose, si quelque chose n'allait pas, précise Ruta. Bertrand m'a répondu qu'il s'était passé quelque chose d'affreux. J'ai demandé quoi, mais il ne savait même pas quoi me répondre[13]. » Ruta tend alors l'appareil à Vincent, qui s'est réveillé malgré les vapeurs d'alcool encore présentes. La conversation, relatée plus tard par le frère de Marie, est brève[14].

---

13. Témoignage de Ruta Latinyte, Troisième chambre du tribunal de Vilnius, 28 juillet 2003.
14. Audition de Vincent Trintignant, brigade criminelle, Paris, 2 août 2003.

— Il faut que tu viennes, Vincent. On s'est disputés.
— C'est-à-dire ? C'est grave ?
— Non, c'est pas grave, je l'ai juste un peu bousculée. Maintenant, elle dort dans le lit. Si je t'appelle, c'est pour le film. Parce qu'elle risque de ne pas être raccord pour lundi.

Dix minutes plus tard, Vincent Trintignant se présente à l'entrée annexe du Domina Plaza.

Bertrand Cantat, le visage défait, attend son « beau-frère » sur le trottoir. Vincent, contrarié, monte sans un mot et s'engouffre dans la suite du numéro 35. « La chambre se trouvait dans la pénombre, raconte-t-il. Il n'y avait pas de lumière mais je pouvais apercevoir Marie allongée dans le lit, sur le dos, avec un linge humide sur le front. Elle respirait comme une personne endormie. J'ai pu voir qu'elle avait le visage tuméfié et notamment qu'elle avait un cocard à l'œil. J'étais énervé par cette vision. Bertrand s'est tourné vers moi et m'a dit : *Vincent, s'il te plaît, laisse-moi te parler*[15]. » À cet instant, Vincent Trintignant commence à traiter Cantat de tous les noms. « Vincent a regardé Marie et s'est mis à m'insulter, se souvient le chanteur. Vincent a dit qu'il fallait appeler Nadine Trintignant, je lui ai dit que c'était trop tôt pour le faire[16]. »

À partir de ce moment, les versions des deux hommes divergent. Le rocker affirme qu'ils sont tombés d'accord pour dire qu'il valait mieux attendre que Marie se réveille. Il précise même : « Nous sommes descendus pour acheter des cigarettes[17]. » Lors

15. *Ibid.*
16. Audition de Bertrand Cantat, Prokuratora de Vilnius, 8 août 2003.
17. *Ibid.*

de l'interrogatoire du 21 août, face à la juge française Nathalie Turquey, Cantat livrera une version très sévère à l'égard de Vincent Trintignant : « Il allait et venait dans la suite, parlant sans cesse et m'injuriant. Il est allé voir Marie dans sa chambre. Il ne m'a pas laissé dire un mot. Finalement, Vincent a dit qu'il fallait attendre que Marie se réveille. Tout comme moi, Vincent n'a pas eu l'idée d'appeler un médecin. Il ne m'a pas laissé parler du tout. Cela a duré deux ou trois heures[18]. » Très remonté, Bertrand Cantat livre ce jour-là deux éléments supplémentaires. Selon lui, Vincent Trintignant avait « beaucoup bu » et « pris de l'ecstasy ». Et il lui aurait surtout confié que ce n'était pas la première fois que Marie se battait avec l'un de ses compagnons.

Ces propos de Bertrand Cantat, consignés sur procès-verbal, contribueront évidemment à accroître la rancœur du clan Trintignant à son égard. Ils doivent être considérés avec d'infinies précautions. Car la version de Vincent Trintignant, radicalement différente, présente l'indéniable avantage de se situer dans la continuité du comportement du chanteur au cours de la soirée. Le 30 juillet, soit trois jours seulement après les faits, le petit frère de l'actrice témoigne devant des magistrats de Vilnius. Il souligne d'abord que Bertrand Cantat ne lui a jamais caché Marie : « Il m'a dit : *vas-y, regarde-la !* Il disait qu'elle avait frappé la première, qu'elle n'était pas facile. Je n'ai pas demandé ce qui s'était passé en réalité. Peut-être que je ne voulais pas le savoir[19]. » Ensuite, Bertrand lui aurait servi un verre de vin et lui aurait parlé pendant deux heures. Les thèmes de cette conversation nocturne, recensés par

18. Audition de Bertrand Cantat, Prokuratora de Vilnius, 21 août 2003.
19. Témoignage de Vincent Trintignant, troisième chambre du tribunal de Vilnius, 30 juillet 2003.

Vincent Trintignant, ramènent aux idées fixes de l'amoureux rongé d'angoisse : « Il s'est mis à me parler de : un, sa jalousie envers Samuel, notamment sur la sortie de son film et les nombreux échanges téléphoniques qu'il avait avec Marie. Deux : les enfants. Trois : sa jalousie par rapport au téléfilm en cours de tournage, qui lui avait enlevé Marie. Quatre : son sentiment d'exclusion de la famille du cinéma. Cet échange a duré près de deux heures. À plusieurs reprises, durant ce long monologue, des sentiments divers ont traversé mon esprit, notamment celui d'aller voir Marie, de m'inquiéter de son état de santé et d'appeler un médecin. À chaque fois, les propos de Bertrand se voulaient rassurants. Il me disait qu'il fallait la laisser dormir et qu'elle aurait peut-être besoin d'aspirine à son réveil. Il me demandait comme une faveur de lui parler une dernière fois, seul à seul, pour s'expliquer. Pour être tout à fait honnête, j'aurais très bien pu couper court à cette discussion[20]. » Une fois la colère de Vincent évanouie, il apparaît très probable que Bertrand ait repris, par cette parole qu'il affectionne et maîtrise si bien, le contrôle des événements. Tout comme il est clair que ces deux hommes ne se sont jamais tellement appréciés.

Vers 7 heures du matin, alors que le soleil se lève sur Vilnius, Vincent Trintignant, suivi comme son ombre par Bertrand Cantat, retourne dans la chambre à coucher. Le jour perce à travers les rideaux. Désormais, on distingue nettement les traces violacées qui entourent les yeux de Marie. En s'approchant, le jeune homme voit un petit filet de sang qui s'écoule de la bouche de sa sœur. Cette fois, il comprend. « Je l'ai

20. Audition de Vincent Trintignant, brigade criminelle, Paris, 2 août 2003.

touchée et je l'ai appelée, racontera-t-il une semaine plus tard. Elle ne s'est pas réveillée. Je l'ai un peu bousculée pour la réveiller mais à aucun moment, elle n'a bougé ou gémi. Elle était déjà dans le coma[21]. » Vincent, paniqué, dit qu'il faut appeler à l'aide. Bertrand hésite, bafouille, blêmit.

Le chanteur affirmera plus tard ne s'être jamais opposé à l'initiative de Vincent. Ce dernier a conservé un autre souvenir de l'attitude du leader de Noir Désir. Quand il témoigne pour la première fois, le 30 juillet, le frère de Marie précise que Bertrand Cantat « a dit qu'il fallait peut-être attendre » puis « qu'il ne fallait rien dire à ma mère[22] ». Trois jours plus tard, à Paris, il se montre encore plus précis : « À ce moment-là, j'ai pris pleinement conscience que Bertrand avait peur d'appeler les secours, avait peur de Nadine, avait peur simplement de ce qu'il avait fait. Je lui ai dit que j'avais l'intention d'appeler un médecin. Bertrand est alors venu me rejoindre. Il m'a dit que ce n'était pas la peine, que ce n'était certainement pas grave, que le sang qui sortait de la bouche devait être une coupure de la lèvre. J'ai voulu utiliser le téléphone et commencer à parler puis, agacé par la présence de Bertrand, j'ai pris la résolution de raccrocher et de descendre à la réception afin de prévenir les secours. En fait, je voulais le fuir[23]. »

À 7 h 16, Simona, la veilleuse de nuit du Domina Plaza, compose le numéro du « service médical d'urgence » de la ville de Vilnius. Vincent Trintignant, qui se tient devant elle, lui a demandé d'appeler « une

---

21. *Ibid.*

22. Témoignage de Vincent Trintignant, Troisième chambre du tribunal de Vilnius, 30 juillet 2003.

23. Audition de Vincent Trintignant, brigade criminelle, Paris, 2 août 2003.

ambulance pour la chambre 35 », sans donner plus de précisions. Quatre minutes plus tard, un secouriste se présente à l'entrée de la suite. Son témoignage a été recueilli le 29 juillet 2003 par les policiers de la brigade criminelle de Vilnius : « Là, j'ai vu Vincent Trintignant et Bertrand Cantat. Je n'ai pas remarqué qu'ils étaient ivres. Je n'ai pas senti d'odeur d'alcool. M. Vincent Trintignant a montré Marie Trintignant qui était dans la chambre, et a dit qu'elle avait été battue par son ami. » Le secouriste tapote alors sur les genoux de la femme étendue dans le lit. Le test de réflexes est négatif. « J'ai constaté qu'elle se trouvait dans un coma profond, poursuit-il. On voyait carrément sur le visage des traces de coups, des ecchymoses sous-cutanées. Du côté droit du thorax, il y avait des traces de coups. Et aussi sur le dos et les cuisses. On sentait dans l'haleine une odeur d'alcool. Vincent Trintignant m'a expliqué qu'elle avait été battue cinq heures auparavant. Il a expliqué qu'elle était ivre. On pouvait sentir que lui et Bertrand ne comprenaient pas la gravité de son état, mais que tous les deux avaient l'air très préoccupés. » Devant les deux hommes, le secouriste dit simplement qu'il faut transporter au plus vite Marie vers un hôpital. À 7 h 40, l'ambulance quitte, toutes sirènes hurlantes, le Domina Plaza. Bertrand Cantat et Vincent Trintignant ont pris place à l'arrière, aux côtés de Marie. Séparés par un mur de silence.

Marie Trintignant est admise à 8 h 10 à l'hôpital universitaire des premiers secours de Vilnius, une immense bâtisse de béton blanc située à la périphérie sud-ouest de la ville, dans le quartier de Lazdynai. Un rapide examen au service des urgences permet de constater qu'il ne s'agit pas d'un coma éthylique, comme le montre la lecture d'un compte rendu médical rédigé le 1er août suivant. « On apercevait sur le visage et sur le cuir chevelu des traces extérieures de traumatisme. La patiente était dans un coma profond évalué à Glasgow 4. Pupilles en mydriase[24]. » Un rapide décryptage de ces termes médicaux permet de comprendre que l'état de Marie Trintignant est dès cet instant désespéré. L'échelle dite de Glasgow est un test qui permet d'évaluer la gravité d'un coma. Il comprend treize questions réparties en trois catégories (réponse verbale, réponse motrice, ouverture des yeux) et il est gradué de 15 – état n'inspirant pas d'inquiétude – à 3 – niveau le plus bas correspondant à un coma irréversible. Si le résultat est inférieur à 5, les chances de survie sont seulement de 30 % (dont 23 % des cas demeureront dans un état végétatif). La mydriase des pupilles correspond, elle, à une dilatation prononcée du centre de l'œil. Lorsque les deux yeux sont atteints de la même manière, cela peut traduire trois états : la mort, le coma dépassé ou l'overdose. À l'issue de ce premier et rapide examen, une tomodensitométrie – c'est-à-dire un scanner du cerveau – est pratiquée sur l'actrice. Elle révèle « des foyers d'hémorragie massifs et diffus, hétérogènes dans les deux hémisphères » ainsi qu'un « hématome sous-dural de 6 à 7 millimètres d'épaisseur au-dessus de l'hémisphère droit avec effet de compression[25] ». Le décryptage est terrible. L'hématome sous-dural est une poche de sang qui se forme entre le cerveau et la dure-mère (l'enveloppe du cerveau). Il résulte de la rupture d'une ou plusieurs artères. L'article consacré à ce type d'hématome dans la dernière édition du *Petit Larousse de la médecine* contient une phrase impitoyable : « Il doit être opéré

24. Compte rendu du conseil médical de l'hôpital universitaire des premiers secours de Vilnius, le 1er août 2003.
25. *Ibid.*

dans les heures qui suivent le traumatisme, sinon il entraînera la mort. » Une étude médicale précise même que, si l'opération survient plus de quatre heures après le choc, le taux de mortalité s'élève à 90 %.

Tandis que la boîte crânienne de Marie Trintignant livre ses terribles secrets, un médecin lituanien interroge Bertrand Cantat sur les circonstances de l'évanouissement. En anglais, et en s'aidant de quelques gestes, le Français explique qu'il a donné des gifles, qu'il y a eu une bousculade et que sa compagne s'est sans doute cogné la tête en tombant. Vincent, de plus en plus inquiet, écoute, puis s'éloigne pour téléphoner. Il a décidé de prévenir sa mère et le directeur de production, Patrick Millet. À 8 h 30, Nadine Trintignant décroche le téléphone et entend la voix blanche de son fils : « Maman, il est arrivé quelque chose à Marie. Viens à l'hôpital, n'aie pas peur, ça va aller. Ruta te prend dans un quart d'heure devant l'hôtel[26]. » Pendant que la réalisatrice est en route, un médecin lituanien appelle Vincent Trintignant et lui annonce qu'il faut opérer Marie le plus vite possible. L'intervention, précise-t-il, est extrêmement délicate. L'actrice est conduite vers le bloc opératoire du service de neurochirurgie.

L'équipe médicale lituanienne sait que la mission qui l'attend relève de l'impossible. Durant la nuit, l'hématome a eu le temps de se transformer en œdème. Le sang s'est infiltré dans tous les tissus, entraînant une hypertension aux conséquences désastreuses. Le cerveau est compressé, étouffé, imbibé. Il faut ouvrir la boîte crânienne, résorber l'hématome et les poches de sang. Un travail de haute précision qui ne suffira pas : les tissus sont déjà beaucoup trop imprégnés et

26. Nadine Trintignant, *op. cit.*

gonflés. Vincent Trintignant ignore ces détails médicaux. Il a cependant compris, vu l'agitation et l'inquiétude des médecins et infirmières, que l'état de sa sœur était extrêmement grave. À 9 heures du matin, Nadine Trintignant, conduite par Ruta Latinyte, arrive à l'hôpital. Elle saisit brutalement la situation : « Sur le terre-plein, devant l'hôpital, la peur est entrée dans mon ventre comme un coup de poing quand j'ai vu ton frère sangloter. Sa longue silhouette cassée en deux a fait bondir mon cœur, à le rendre fou. J'ai su que quelque chose de terrible s'était passé[27]. »

Nadine a tout juste le temps de serrer son fils dans ses bras. Le jeune homme vient d'apercevoir à quelques mètres la haute silhouette de Bertrand Cantat. Le chanteur erre sous les arcades bétonnées qui ornent l'entrée de l'établissement. Vincent s'approche et commence à l'invectiver. Bertrand se redresse et lui lance : « Venge-toi ! Frappe-moi ! » Vincent le saisit. Dans la bousculade, le téléphone de Bertrand tombe à terre. Le clapet du haut-parleur se casse. Le frère de Marie esquisse un mouvement de recul et hurle : « Pars avant que je n'appelle les flics ! » Il tremble de rage. Patrick Millet, le directeur de production, qui vient lui aussi d'arriver sur place, intervient alors pour le calmer. « J'ai demandé à Bertrand de partir, ce qu'il a fait », explique-t-il sobrement[28].

Cantat s'éloigne vers le parc de l'hôpital. Il prend son téléphone et décide d'appeler Kristina à Moustey. Dans la maison des Landes, une sonnerie réveille la jeune femme. Elle décroche, mais n'entend rien. Le téléphone fixe sonne immédiatement après. Elle se lève, décroche. Toujours rien. « Il y a eu plusieurs

27. *Ibid.*
28. Audition de Patrick Millet, brigade criminelle, Paris, 5 août 2003.

coups de fil sans correspondant, précise-t-elle. Sur le fixe et sur le portable. J'ai fini par insulter cette personne qui ne s'exprimait pas. On a pensé que ça pouvait être Bertrand car les deux téléphones sonnaient[29]. » À Vilnius, le chanteur comprend que le micro de son appareil a été endommagé lors de l'altercation avec Vincent. Prenant soin de ne pas se faire remarquer de Nadine et Vincent Trintignant, il regagne le hall de l'hôpital, entre dans une boutique et, les larmes aux yeux, supplie une employée de lui prêter un téléphone. Il lui tend un peu d'argent. La jeune femme refuse. Bertrand tombe à genoux, en pleurs. Il ressort finalement de l'établissement, saute dans un taxi et lui demande de le conduire au Domina Plaza.

Bertrand Cantat est de retour sur les lieux du drame. Lorsqu'il entre dans la suite 35, une femme de ménage est déjà au travail. Il lui demande de sortir. Referme la porte derrière elle et se précipite sur le téléphone. Il est environ 11 heures quand Kristina décroche. Elle entend d'abord des sanglots. « Il pleurait et disait que c'était lui qui avait téléphoné précédemment, se rappelle-t-elle. Il m'a dit s'être battu avec Marie, que c'était fini, que Marie était à l'hôpital, qu'il fallait que je protège les enfants s'il disparaissait. Il a laissé entendre que Marie pouvait mourir et que, dans ce cas-là, il devait la rejoindre. Il m'a dit que Marie avait neuf chances sur dix de ne pas survivre[30]. » Elle tente de le calmer. Comme elle parle russe, elle lui propose d'appeler elle-même l'hôpital de Vilnius pour avoir des informations précises sur l'état de Marie. Il accepte, promet de

29. Audition de Kristina Rady, brigade criminelle, Paris, 6 août 2003.
30. *Ibid.*

patienter. Kristina téléphone rapidement à l'hôpital. Un médecin lui confirme que l'état de la patiente française est désespéré et qu'une intervention chirurgicale est en cours. Elle rappelle Bertrand à 11 h 30. Il est déjà trop tard, selon Kristina : « Bertrand m'a dit *adieu*. Il a dit qu'il avait avalé tout un tas de médicaments et s'est mis à parler de plus en plus lentement. Il m'a demandé de remettre le récepteur à Milo. Il a dit à son fils qu'il restait encore quelques jours à Vilnius. Bertrand m'a aussi dit qu'il avait appelé Samuel pendant la nuit et qu'il lui avait parlé. J'ai alors entendu un bruit, comme si Bertrand était tombé. J'ai essayé de lui parler, mais il n'entendait plus[31]. » En attendant le coup de fil de Kristina, Cantat a rassemblé tous les médicaments présents dans l'appartement, des antidépresseurs, des tranquillisants, des anti-inflammatoires et quelques comprimés non identifiés. Il avale le tout sans discernement pour mettre fin à ses jours. Ce qui inspirera plus tard à Nadine Trintignant cette réflexion cruelle : « Ce suicide-là était un simulacre. S'il avait vraiment souhaité cesser de vivre, il n'avait qu'à ouvrir la fenêtre et se jeter dans le vide[32]. »

Les médecins lituaniens confirmeront que Bertrand Cantat aurait réellement pu sombrer à son tour dans un coma irréversible. Ce sont les proches de Marie qui, involontairement, vont le sauver. À l'hôpital, pendant que les chirurgiens opèrent l'actrice, Nadine appelle son mari, le réalisateur Alain Corneau, lui-même hospitalisé à Paris. Le cinéaste recommande de prévenir au plus vite la police lituanienne. À la demande de Vincent, Ruta Latinyte appelle le commissariat de

31. Audition de Kristina Rady, brigade criminelle de Vilnius, le 30 septembre 2003.
32. Nadine Trintignant, *op. cit.*

Vilnius. Elle expose les faits, donne l'identité de Bertrand Cantat mais dit ne pas savoir où il se trouve. À 13 heures, une circulaire de recherche est diffusée par le poste de « gestion des opérations » de la police locale. Un étranger, « Bertrand Cantat », est recherché pour « crime ». À 14 heures, un message radio est adressé à toutes les patrouilles. Le suspect se trouverait à l'hôtel Domina Plaza. Entre-temps, en effet, Kristina a réussi à joindre Samuel Benchetrit pour lui demander de l'aide. Celui-ci a prévenu Vincent, qui a fait prévenir la police. À cet instant, le brigadier Fedotov et le caporal Kortiklov patrouillent en voiture dans la vieille ville. Il leur est demandé de se rendre immédiatement au Domina. « Nous y sommes allés, raconte Demetrius Fedotov. L'employée administrative de l'hôtel nous a conduits jusqu'à la suite numéro 35. On a frappé mais personne ne nous a ouvert. Dans la suite, nous avons vu Bertrand Cantat couché sur la moquette. Il n'avait sur lui qu'un maillot de corps et un slip. Nous n'avons vu sur son corps, ni trace de sang ni signe de violence[33]. » Le policier appelle immédiatement une ambulance.

Une demi-heure plus tard, le chanteur de Noir Désir est admis à son tour à l'hôpital universitaire des premiers secours. Les policiers ne l'ont pas accompagné, préférant rester au Domina Plaza pour préserver la « scène du crime » et faire les constatations d'urgence. Ils découvrent des « traces de sang sur le matelas de la grande chambre à coucher, sur le mur situé près de l'entrée de la salle de bains, ainsi que sur les montants de la porte de la chambre à coucher[34] ». Les policiers

---

33. Audition du brigadier Demetrius Fedotov, brigade criminelle de Vilnius, 29 juillet 2003.
34. Procès-verbal de première constatation, police de Vilnius, 27 juillet 2003.

notent aussi la présence de nombreuses boîtes de médicaments : « Maalox, Rhinofébral, Sinuspax, Acicoven 200 mg, Cerebrex, Ceradistone 200… » Lorsqu'il arrive à l'hôpital, Cantat n'a pas ses papiers sur lui. C'est donc un patient inconscient et anonyme qui est dirigé vers le service de toxicologie et immédiatement placé en réanimation. Sans attendre, les médecins prescrivent un traitement de désintoxication lourd, à base de lavage d'estomac et de transfusion sanguine. Sa vie n'est pas menacée.

Bertrand Cantat ne se réveillera que le lendemain matin. Marie Trintignant, elle, garde les yeux désespérément fermés. Et les chances de pouvoir encore croiser son fascinant regard diminuent un peu plus à chaque instant. L'actrice est restée pendant quatre heures sur la table d'opération. Elle a subi une « craniotomie ». En d'autres termes, sa boîte crânienne a été trépanée, percée de trous qui ont permis aux neurochirurgiens de travailler sur son cerveau. L'hématome sous-dural a pu être évacué, ainsi que plusieurs poches de sang. Une large décompression de la boîte crânienne a été effectuée. En dépit de cela, la patiente reste dans un coma profond. Le test de Glasgow pratiqué après l'intervention ne montre aucune amélioration clinique. Il est impossible de résorber l'œdème, de stopper l'infiltration insidieuse du sang dans les tissus. Un nouveau scanner est effectué. Il permet de mettre en évidence « des modifications post-opératoires[35] » mais souligne l'absence de « déplacement marqué des structures médianes ». Cela signifie, en clair, que le cerveau n'a pas retrouvé sa place initiale, et qu'il continue d'être compressé. L'opération a échoué.

35. Compte rendu du conseil médical de l'hôpital universitaire des premiers secours de Vilnius, 1er août 2003.

Aux alentours de 13 h 30, un médecin lituanien fait appeler Nadine Trintignant. La réalisatrice arrive en compagnie de Ruta, qui traduit. L'homme en blouse blanche lui explique que sa fille n'a plus qu'une chance infime de s'en sortir. Il ajoute que l'issue aurait pu être différente si elle avait été amenée à l'hôpital dès qu'elle était tombée dans le coma. Il est trop tard. Marie Trintignant ne reviendra plus à elle.

4

Tendresse et tempête

En ce dimanche 27 juillet, le soleil d'été se fait écrasant sur la petite capitale balte. Il est 14 heures. Grâce aux téléphones portables, la terrible nouvelle s'est vite répandue parmi l'équipe de tournage de *Colette*. Au bar de l'hôtel Radisson, où sont réunis la plupart des techniciens et comédiens français, c'est la consternation. Personne n'ose encore croire à ce qui s'est passé la nuit précédente, à quelques dizaines de mètres de là. Bouleversé, Lambert Wilson décide de sauter dans un taxi pour rejoindre l'hôpital. Sur le trottoir, devant l'hôtel, apparaît soudain la frêle silhouette d'Andrius Leliuga. Sa mine est défaite.

Andrius s'approche d'Anaïs Minet, l'assistante de production. Comme s'il avait besoin de se confier à nouveau : « Tu sais, quand Marie et Bertrand sont passés chez moi, hier soir avant de rentrer, Bertrand s'est énervé. Il a même jeté deux ou trois verres contre les murs, qui se sont cassés. Et puis il a sauté d'un balcon à l'autre depuis mon appartement. Mais, quand ils sont partis et que je les ai raccompagnés au

Domina, Bertrand avait l'air calmé[1]. » Andrius attendra deux jours pour rapporter cet épisode à la police lituanienne, par le biais d'une attestation écrite qu'il rédigera à la demande de Nadine et Vincent Trintignant.

Dans le Sud-Ouest de la France, au même instant, Kristina Rady tremble d'inquiétude. Elle craint que Bertrand ait commis le pire. Plusieurs fois, elle a essayé de le rappeler sur son portable et sur celui de Marie. Personne. Elle tente alors de joindre Stéphane, un confident de Marie Trintignant dont elle possède le numéro. Personne. Elle compose finalement celui de Samuel Benchetrit, qui décroche. Le réalisateur lui confirme ce qu'elle avait cru comprendre lors de son coup de fil à l'hôpital et de sa pénible conversation avec Bertrand. Marie se trouve bien « entre la vie et la mort » après « une violente dispute[2] ». Samuel semble très énervé après Bertrand. Kristina bafouille, lui dit qu'il est peut-être en train de se suicider « avec des médicaments ». Elle supplie Samuel de faire quelque chose. Il accepte, raccroche et rappelle Vincent pour l'avertir. Il demande à son beau-frère de faire le nécessaire pour qu'on aille chercher Bertrand au Domina Plaza. Il ignore qu'à cet instant le chanteur de Noir Désir se trouve déjà, inconscient, dans une ambulance qui file vers l'hôpital universitaire.

L'après-midi est déjà avancé dans le studio du Manoir à Léon, près de Bayonne, où Serge Teyssot-Gay et Denis Barthe ont passé la nuit de samedi à dimanche à travailler sur le mixage du prochain album de Noir Désir, un disque *live* dont la sortie est programmée pour la fin de l'année. Les deux musiciens se réveillent à peine quand le portable de Serge sonne. C'est Sophie, sa compagne. Elle vient de recevoir un

1. Audition d'Anaïs Minet, brigade criminelle, Paris, 1er août 2003.
2. Audition de Kristina Rady, brigade criminelle, Paris, 6 août 2003

coup de fil affolé de Kristina Rady. Les mots se bousculent, confus : « Marie à l'hôpital à Vilnius... Une dispute avec Bertrand... Il a parlé de médicaments. » Les deux musiciens comprennent que la situation est sérieuse pour leur copain. Très vite, ils envisagent de se rendre à Vilnius. Sonne alors le téléphone de Denis Barthe. Au bout du fil, Jean-Paul Roy, le bassiste, quatrième membre du groupe. Rentré à Bordeaux le matin même, après un séjour au Canada, il vient aux nouvelles. « Quelque chose de grave est arrivé en Lituanie », lâche aussitôt Denis, d'un ton sinistre. La décision de partir là-bas est immédiatement prise. Vérification faite, il n'y a aucun vol régulier qui permettrait d'atteindre Vilnius dans la soirée. Reste une option : utiliser un avion privé.

Il faudra quelques heures aux musiciens et à Kristina pour organiser leur voyage à la hâte, rejoindre Bordeaux et se retrouver dans le hall de l'aéroport international de Mérignac. Il va sans dire qu'un dimanche de juillet, mobiliser au pied levé un avion privé avec son pilote pour faire trois mille kilomètres n'a pas été chose facile. Sauf peut-être pour la maison de disques du groupe, Barclay-Universal, dont le grand patron, Pascal Nègre, reconnaîtra plus tard avoir « facilité mais pas financé » le transport à Vilnius des quatre passagers. Par chance, une amie bordelaise de la famille Cantat connaît quelqu'un à Vilnius, un certain Rolandas, qui doit venir les chercher à l'aéroport. Quand le bruyant bimoteur à hélices s'élance finalement sur la piste de Bordeaux-Mérignac, Kristina essaie, tant bien que mal, de se calmer. Quelques semaines plus tard, Nadine Trintignant prétendra que Kristina et les trois musiciens voulaient « exfiltrer » Bertrand Cantat de Lituanie par la voie des airs. Mais l'appareil est reparti dès le lundi matin. Évidemment vide.

Alors que l'avion de Noir Désir file nord-est au-dessus de la France, c'est le défilé au chevet de Marie Trintignant. Un cortège qui prendra vite des allures de veillée funèbre. Sa famille et ses proches ont été autorisés à la voir en service de neurochirurgie, dans une grande salle aux murs blancs située au premier étage de l'hôpital. Patrick Millet, le directeur de production, racontera plus tard : « Son visage était bandé, sa face tuméfiée. Elle respirait par une machine[3]. » Nadine, elle, a du mal à quitter du regard ce « profil droit enflé, tuméfié » et ces « traces mauves autour de l'œil et sous la joue[4] ». Les lèvres de la victime sont boursouflées et un autre hématome, un peu plus petit que celui de l'œil droit, apparaît aussi sur le côté gauche du visage. Plusieurs personnes se relaient auprès de Marie, en plus de sa mère, exceptionnellement autorisée à rester avec elle en permanence. Sont aussi présents le chef décorateur Jean-Marc Kerdelhué, le producteur lituanien Robertas Urbonas et l'acteur Lambert Wilson, qui susurre des chansons à l'oreille de Marie. Tous prennent conscience de la réalité des coups reçus par Marie Trintignant. « En voyant son visage à l'hôpital, dira Roman, j'ai vu qu'il l'avait violemment frappée[5]. »

Face à la tournure prise par les événements, Jean-Louis Trintignant est prévenu par téléphone à son domicile de Flaux, près d'Uzès. Bien que très affaibli, l'acteur insiste pour venir le plus vite possible. Avec sa

3. Audition de Patrick Millet, brigade criminelle, Paris, 5 août 2003.
4. Nadine Trintignant, *op. cit.*
5. Audition de Roman Kolinka, brigade criminelle, Paris, 2 août 2003.

compagne Marie-Anne, il rejoindra Paris dans la soirée pour attraper le premier vol direct de Lithuanian Airlines, qui doit décoller le lendemain en toute fin de matinée de Roissy-Charles-de-Gaulle. Le beau-père de Marie Trintignant, Alain Corneau, enrage d'être impuissant. Depuis son lit de l'hôpital Léopold-Bellan, à Paris, où il est soigné pour une infection contractée en Asie, le cinéaste est tenu informé de la situation par téléphone. Lui, qui avait demandé à Vincent d'alerter au plus vite la police lituanienne, prend l'initiative de contacter l'avocat parisien Georges Kiejman, qu'il avait connu à la fin des années cinquante dans l'entourage de Simone Signoret. Dès le milieu de l'après-midi, sur les conseils de Georges Kiejman, plusieurs dispositions sont prises « à chaud » par l'équipe et les proches de Marie. Ruta reprend contact avec les autorités locales, qui lui demandent de se rendre au tribunal, avec Vincent, pour déposer son témoignage. Un rendez-vous est fixé le lendemain matin. Jean-Marc Kerdelhué, qui ne fait guère confiance aux autorités locales, demande à Robertas, le producteur lituanien, de faire le nécessaire pour que personne n'entre dans la suite 35 du Domina Plaza. Des gardes du corps sont embauchés. Une partie d'entre eux est dépêchée à l'hôpital pour éloigner les curieux. Les journalistes, pour l'instant, se font rares.

En début de soirée, la télévision lituanienne évoque pourtant les faits, mais ne cite que le nom de Marie Trintignant. Les journalistes des deux quotidiens nationaux *Respublika* et *Lietuvos Lytas* ont obtenu des informations plus précises auprès des services de secours et de l'hôpital. Dès le dimanche 27 en fin d'après-midi, le nom de Bertrand Cantat circule déjà dans les rédactions, mais aucune confirmation officielle de son implication dans le drame ne peut être obtenue. Les Lituaniens ne connaissent ni Noir Désir ni son chanteur.

Ruta, Vincent et Nadine restent auprès de Marie pour sa première nuit en réanimation. Les autres membres de l'équipe se retrouvent dans le restaurant où la petite colonie française a pris ses habitudes depuis un mois. L'heure est à l'émotion et au recueillement. Avant le repas, les convives décident de se tenir par la main, en pensant très fort à Marie. À deux jours de la fin du tournage, c'est l'état de choc. Dans la soirée, Lambert Wilson s'approche du jeune Andrius, resté à l'écart du groupe. C'est là que, selon les dires de l'acteur, le jeune homme lui déclare sur un « ton mystérieux » et dans un français impeccable : « Ce que je retiens de tout cela, c'est que les substances chimiques sont vraiment dangereuses[6]. » Le lendemain soir, Andrius sera à nouveau présent au même endroit pour le dîner d'adieu de l'équipe. Lambert Wilson notera alors chez lui un « comportement bizarre » comme s'il était « très mal » ou « très nerveux[7] ».

À 23 heures, ce dimanche soir, l'avion de Noir Désir se pose enfin sur l'unique piste de l'aéroport international de Vilnius. Les formalités de douane et de police ne prennent que quelques minutes. Rolandas, leur contact sur place, attend Kristina et les trois musiciens avec un véhicule. Il les conduit directement à l'hôtel Radisson, où des chambres ont été réservées. L'équipe du film vient juste de revenir dans le hall de l'hôtel quand Roman Kolinka reconnaît Kristina Rady, qui discute près du bar avec les membres de Noir Désir. Le jeune homme s'approche d'elle. Kristina lui prend doucement la main. Au début, Roman n'arrive qu'à répéter en boucle : « Putain... Putain... Alice et

---

6. Audition de Lambert Wilson, brigade criminelle, Paris, juillet 2003.
7. *Ibid.*

Milo[8]. » Kristina finit par oser lui demander : « Comment va ta maman ? » Il parle des enfants, de Marie, de Bertrand. Kristina sanglote. Un mot retient soudain l'attention du fils de l'actrice. La jeune femme vient de parler de la « violence » de son ancien compagnon. Roman retourne vers l'équipe pour dire qu'il vient de « parler avec la maman de Milo ». La maquilleuse Agnès Tassel, une proche de Marie, veut comprendre elle aussi. Elle s'approche, s'installe à côté de Kristina qui pleure, assise sur un fauteuil, la tête cachée entre ses mains. Roman s'assied près d'Agnès, qui se retrouve au milieu. Agnès décide de questionner l'ancienne compagne de Bertrand Cantat. L'échange, qu'elle racontera plus tard sur procès-verbal aux policiers de la brigade criminelle de Paris, peut être ainsi reconstitué :

— Bertrand était-il violent avec vous ? demande Agnès.

— Oui, aurait répondu Kristina.

— Combien de temps avez-vous vécu avec lui ?

— Onze ans.

— Comment avez-vous pu rester aussi longtemps avec un tel homme ?

— Parce qu'il était aussi capable d'une immense tendresse, mais quand je sentais la violence arriver, je partais, aurait de nouveau répondu Kristina.

— Mais c'est docteur Jekyll et mister Hyde ?

— Oui.

Agnès dira que Kristina, ce soir-là, a déclaré devant Roman que Bertrand avait été « violent avec les quatre femmes qu'il avait aimées » et qu'elle était déjà allée « à l'hôpital » à la suite d'une dispute. Kristina Rady ne contestera jamais la réalité de cette conversation, à l'exception de l'anecdote sur l'hôpital, et donnera sa

8. Audition de Kristina Rady, brigade criminelle, Paris, 6 août 2003.

propre interprétation du mot « violence » : « J'ai pu dire que Bertrand pouvait être violent avant de partir en tournée ou en revenant, reconnaîtra-t-elle devant la justice. Violent est un terme que j'utiliserais encore si vous me demandez de parler de Bertrand. C'est avant tout une violence de la parole. Une violence qui devient de plus en plus exigeante et qui devient des cris[9]. »

La maman d'Alice et Milo démentira formellement avoir dit que Bertrand l'avait envoyée à l'hôpital, tout en insistant sur son état psychologique lors de cette conversation. Le 26 septembre à Paris, lors d'une confrontation devant la juge d'instruction française, Kristina se retrouvera face à Roman et Agnès. « J'étais très choquée, dira-t-elle. Je venais d'arriver à l'hôtel et j'étais dans une bulle de confusion totale. J'ai pu employer le terme violent, mais pour moi, être violent ne veut pas dire tabasser quelqu'un[10]. » Pressée de questions par la juge Nathalie Turquey, Kristina Rady ne cédera pas : « Je n'ai pas pu lui dire cela car je n'ai jamais été à l'hôpital pour des coups. C'est possible qu'il ait été violent avec les quatre, mais au sens où je vous l'ai déjà expliqué. Il était à la fois tendresse et tempête. »

L'épouse de Bertrand Cantat n'est jamais parvenue, par la suite, à dissiper le doute des Trintignant et de la justice sur ce point essentiel du dossier. La brigade criminelle enquêtera bien sur d'éventuels antécédents du Bordelais. Sans résultat. Reste qu'Agnès Tassel et Roman Kolinka n'avaient pas, dans l'urgence de ce jour tragique, de raison particulière de mentir. Et il est difficile de croire qu'ils aient pu, tous les deux, mal interpréter les propos de Kristina. C'est donc cette ver-

---

9. *Ibid.*
10. Confrontation de Kristina Rady, Agnès Tassel et Roman Kolinka, cabinet du juge Nathalie Turquey, tribunal de grande instance de Paris, 26 septembre 2003.

sion, particulièrement accablante pour Bertrand, qu'Agnès et Roman rapporteront ensuite à Nadine Trintignant. Voilà pourquoi, trois jours plus tard devant le tribunal de Vilnius, la mère de la victime affirmera haut et fort que le chanteur était un récidiviste des violences conjugales.

Le lundi 28 juillet, dès la première heure, les proches de Bertrand Cantat foncent vers l'hôpital universitaire de Vilnius. Ils n'ont pas le temps de consulter les journaux lituaniens du matin, qui évoquent l'affaire dans ses grandes lignes. Les médecins s'y déclarent pessimistes sur les chances de survie de l'actrice. La photo d'un « chanteur français » du nom de « Bertranas Kanta » est publiée en page intérieure. Il est 8 heures pile lorsque leur taxi les dépose devant l'entrée grise et imposante de l'établissement. De l'accueil, on les mène au service de toxicologie. Un médecin parlant anglais, le docteur Ratkus, leur demande de patienter un peu. Il dit avoir réceptionné Marie, Bertrand et Vincent la veille au matin. Puis avoir soigné le chanteur pour une tentative de suicide. Selon les souvenirs des membres de Noir Désir, le médecin explique qu'il a d'abord cru, vu son état, que l'actrice était « en coma éthylique ». Il précise qu'elle a été très rapidement transférée en neurochirurgie. Une heure passe. La direction de l'hôpital ne semble toujours pas avoir été prévenue que Bertrand Cantat faisait l'objet d'une enquête criminelle. Vers 9 heures, les visiteurs sont enfin autorisés à voir le patient, mais seulement à tour de rôle. Bertrand vient de sortir d'un état comateux. Il est très affaibli par son traitement de désintoxication ainsi que par la forte dose de calmants qui lui a été prescrite.

Kristina entre la première dans la petite pièce aux allures de cellule de dégrisement. Bertrand est allongé, nu sous le drap. Son ex-compagne remarque des traces rouges sur ses avant-bras et des ecchymoses sur le haut de sa poitrine. Malgré l'émotion du moment, malgré son état, Bertrand lui demande aussitôt des nouvelles de Marie. Kristina n'en sait pas plus que lui. Les propos du chanteur sont confus. Il parle d'un « coup de folie » avec Marie, de « gifles » qu'il lui aurait données. Puis il soulève sa lèvre supérieure et demande à Kristina si elle voit quelque chose. Oui, un « point rouge », répond-elle. Cantat mime alors un coup de poing vers son propre visage. « Je pense que c'est le coup de poing de Marie qu'il me montrait », indiquera la Hongroise devant la justice[11].

Quand il voit entrer son pote de lycée Serge Teyssot-Gay dit « Sergio », le guitariste de Noir Désir, Bertrand est au bord des larmes. Son récit reste haché mais se fait un peu plus précis devant son vieil ami[12] : « On s'est battus, avoue-t-il. Tu te rends compte... ce qui s'est passé avec Marie... ça tient à peu de chose. » Il lâche que « si elle ne s'en sort pas », il n'a « plus aucune raison de vivre ». Puis tente un début d'explication : « On pouvait jamais être tranquilles, Marie et moi. Je pouvais plus le supporter. » Serge ressort hagard de la pièce où son complice de toujours est confiné. Il laisse sa place au batteur Denis Barthe, l'autre membre « historique » du groupe. D'abord heureux de voir la silhouette rassurante de son copain « Nini », Bertrand s'assombrit de nouveau : « On s'est battus, répète le chanteur. Je l'ai poussée et elle est tombée. On m'a dit qu'elle allait mourir... » Il évoque ensuite « les insultes » et « les coups » de Marie et répète ce que

11. Audition de Kristina Rady, brigade criminelle, Paris, 6 août 2003.

12. Audition de Serge Teyssot-Gay, brigade criminelle, Paris, 6 août 2003.

Vincent lui aurait dit dans l'appartement : « Ne t'inquiète pas. Quand elle est saoule, c'est impossible de la réveiller[13]. »

Après la visite du bassiste Jean-Paul Roy, le quatrième membre de Noir Désir, Bertrand Cantat sombre dans un profond sommeil. De l'hôpital, Kristina a déjà tenté de joindre l'ambassade de France pour trouver un avocat et un interprète. Sans grand succès. Elle prend l'initiative de se rendre sur place avec Jean-Paul, Sergio et Nini restant à l'hôpital auprès de Bertrand. Ils pourront reparler brièvement à leur ami dans le courant de l'après-midi, entre deux périodes de somnolence.

Au même instant, à l'étage supérieur, c'est l'heure des soins pour Marie Trintignant. Nadine, Vincent et Ruta, qui ont passé la nuit sur place, en profitent pour aller boire un café. La cafétéria est fermée. Ils trouvent quand même des oranges qui traînaient dans la voiture de Ruta. À leur retour, Roman est déjà sur place, bientôt rejoint par l'équipe technique française au grand complet. Vincent Trintignant décide alors de prendre les choses en main. L'urgence est de trouver un avocat à Vilnius et de déposer plainte. Depuis Paris, Georges Kiejman a recommandé maître Motieka, ancien vice-président du parlement lituanien, considéré comme l'un des meilleurs pénalistes du pays. Ruta se charge d'organiser un rendez-vous pour le milieu de la matinée, après avoir demandé aux médecins, au nom des Trintignant, de ne divulguer aucune information aux journalistes sur l'état de santé de Marie. Elle repart ensuite avec Vincent vers la vieille ville de Vilnius. Le couple est attendu à la troisième chambre du tribunal

13. Audition de Denis Barthe, brigade criminelle, Paris, 6 août 2003.

de la ville par un magistrat et un policier. Tour à tour, Vincent et Ruta racontent le déroulement de la nuit. Leurs propos sont consignés dans deux procès-verbaux.

C'est à ce moment précis, alors que sont lancés à Vilnius les premiers actes de la procédure judiciaire ouverte contre Bertrand Cantat, que la machine médiatique se met en route en France. La télévision lituanienne et la presse de Vilnius étaient déjà sur l'affaire depuis la veille. Mais le correspondant de l'Agence France Presse (AFP) pour les pays baltes, Arturas Racas, a tardé à réagir. Sa première dépêche tombe à 9 h 15 (heure de Paris) sur le fil AFP général. Son titre : « *L'actrice Marie Trintignant, battue par son ami, opérée à Vilnius.* » Les dépêches qui suivent ajoutent que l'actrice a peu de chances de s'en sortir. Il faudra attendre 11 h 43 pour que le nom de Bertrand Cantat soit mentionné par l'AFP. Le chef de la police criminelle de Vilnius, Jurgas Kandzegauskas, est cité. Selon lui, écrit Arturas Racas, « Bertrand Cantat, 36 ans *[sic !]*, sous les effets d'un mélange de médicaments et d'alcool, aurait poussé l'actrice qui est tombée par terre en se cognant la tête ». Une version très éloignée, on le verra, de la réalité des faits.

À Saint-Ouen, à la rédaction du *Parisien-Aujourd'hui en France*, au moment où tombe la première dépêche, c'est déjà l'effervescence. Après vérification auprès de contacts dans la presse *people* et à France 2, plus de doute possible. L'« ami » en question n'est autre que le charismatique chanteur de Noir Désir, icône du rock français, sex-symbol malgré lui et artiste engagé s'il en est. Le quotidien envoie immédiatement un reporter sur place. Or, le matin même, par un fâcheux hasard du calendrier, *Le Parisien* a consacré dans ses pages télé un long reportage au tournage du téléfilm de Vilnius, sous ce titre pour le moins malheureux : *« Nadine et Marie Trintignant ressuscitent Colette en Lituanie. »* Il y est question de l'état de fatigue et de lassitude de l'équipe après deux mois d'exil sous l'été balte. Les articles sont signés *« de notre envoyé spécial à Vilnius, Thierry Dague »*. Croyant que leur confrère se trouve encore sur place – ou que le journal a été frappé de vision prémonitoire en publiant son article ce jour-là – les journalistes de radio assaillent le standard du *Parisien*. Mais Thierry Dague est en vacances. En fait, son reportage a été rédigé plusieurs jours auparavant, à la suite d'un voyage pour la presse télévisuelle organisé mi-juillet, à Vilnius, par France 2.

L'affaire tourne rapidement au drame national. La famille Trintignant souhaite faire venir un neurochirurgien français à Vilnius. Un membre de l'équipe de production a avancé le nom du docteur Stéphane Delajoux. Ce spécialiste parisien à la clientèle haut de gamme a déjà soigné une proche du père de Marie. Mais le seul vol direct depuis Paris s'est posé vers 15 h 30 dans la capitale balte avec, à son bord, Jean-Louis Trintignant et son épouse Marie-Anne. Le ministre de la Culture, Jean-Jacques Aillagon, qui est régulièrement tenu informé de l'évolution de l'état de santé de l'actrice, décide alors, dans le courant de la journée, de mettre un premier avion du Glam, la flotte aérienne réservée aux déplacements officiels des représentants de la République, à la disposition de la famille. Celui-ci décollera vers minuit de Villacoublay, près de Paris, avec une équipe médicale.

Le choix de ce jeune chirurgien provoquera, par la suite, quelques réactions indignées dans les milieux médicaux. Stéphane Delajoux y traîne en effet une mauvaise réputation depuis une sombre affaire d'escroquerie à la Sécurité sociale et aux assurances où, par une curieuse coïncidence, il s'était retrouvé confronté à l'avocat parisien Olivier Metzner. Un pénaliste réputé qui sera appelé, ce même lundi 28 juillet, à assurer la défense de Bertrand Cantat. Dans les jours suivants, les multiples interventions dans les médias du docteur Delajoux et ses déclarations publiques sur l'état de santé de Marie achèveront de semer le malaise auprès de certains de ses pairs.

Mais quand l'avion du Glam se pose à Vilnius, le mardi 29 juillet peu après 4 heures du matin, Stéphane Delajoux est attendu comme le Messie. Il se rend immédiatement au chevet de Marie Trintignant, qu'il examine en présence des médecins lituaniens. « Elle avait de nombreuses contusions au visage, relate le chirurgien. Une marque à la pommette droite, une plaie à l'arcade droite et un très volumineux œdème à la paupière droite – l'ouverture de l'œil était impossible[14]. » Il remarque aussi des marques suspectes sur la face gauche du cou de l'actrice : « Il y avait des traces de griffure ou d'une prise de main. Des marques parallèles de quatre ou cinq centimètres. » Passé l'examen externe, le docteur Delajoux constate, grâce au scanner, ce qu'il redoutait le plus : « Une très importante hypertension intracrânienne et un très important œdème cérébral secondaire, consécutif à un traumatisme crânien. »

À cet instant, même s'il envisage une opération « de la dernière chance », la seconde en quarante-huit heures, le pronostic vital du médecin parisien est déjà très réservé. Il s'entretient alors avec Jean-Louis et Nadine Trintignant. Le chirurgien leur explique que leur fille a subi l'équivalent de « la force d'une moto

14. Audition de Stéphane Delajoux, brigade criminelle, Paris, 31 juillet 2003.

projetée à deux cents kilomètres heure contre un mur ». Le message est clair, il va falloir envisager le pire. Nadine se sent défaillir. On l'allonge près de Marie et on lui fait un électrocardiogramme. Sa tension finit par remonter peu à peu, tandis qu'elle regarde les infirmières préparer sa fille pour le bloc opératoire.

Pendant deux heures, avec les moyens du bord, Stéphane Delajoux et son équipe vont tenter l'impossible, assistés de leurs homologues lituaniens. Ils évacuent le reste du sang qui continue de comprimer le cerveau de la victime. Mais rien n'y fait. Malgré une très légère amélioration juste après l'intervention, l'état de santé de Marie s'aggrave à nouveau. Dans les heures qui suivent, elle plongera rapidement dans un coma dépassé. En sortant du bloc, l'air abattu, Stéphane Delajoux réunit la famille Trintignant dans un salon réservé aux chirurgiens. Selon lui, il n'y a plus désormais « qu'une chance sur mille » pour que Marie se réveille. « Je ne vous le souhaite pas[15] », ajoute encore le médecin qui, sur demande des Trintignant, va ensuite assurer un rapide point presse devant la poignée de journalistes présents à l'hôpital. « Son état de santé s'est aggravé de manière très importante », annonce-t-il, laconique, avant d'aller reprendre l'avion pour Paris.

Cette fois, c'est certain. Il n'y a plus de place pour l'espoir. Depuis quelques heures, les Trintignant faisaient bloc pour refuser l'impensable. Mais l'impensable est arrivé. D'un commun accord avec Nadine, Jean-Louis décide de rentrer en France, toujours accompagné de Marie-Anne. Il fait très chaud, son diabète chronique

15. Nadine Trintignant, *op. cit.*

l'a considérablement affaibli. Il n'a plus grand-chose à faire ici. Et puis, malgré la douleur, il va falloir penser aux obsèques. Jean-Louis songe d'emblée à Uzès, à cette région que Marie aimait tant. Nadine et Vincent, eux, resteront sur place pour organiser le rapatriement et, surtout, s'assurer que Bertrand Cantat soit remis aux autorités locales. C'est à ce moment précis, le mardi matin vers 10 h 30, que Kristina Rady et les trois membres de Noir Désir sont informés de la suite logique des événements. À savoir le placement en garde à vue du chanteur français dans les locaux de la police de Vilnius.

5

Garde à vue

Le mardi 29 juillet 2003, à 11 heures du matin, un policier lituanien entre dans la chambre de Bertrand Cantat. Ce visiteur, vêtu d'un jean et d'un blouson de cuir, est inspecteur à la brigade criminelle de Vilnius. Il vient chercher le Français pour le placer en garde à vue. Un infirmier aide Cantat à se lever et à s'habiller. Denis Barthe, le batteur de Noir Désir, assiste à la scène depuis le couloir : « Il a été habillé, tiré du lit et emmené au commissariat *manu militari*. À partir de ce moment, on ne pourra plus le voir, juste l'apercevoir pendant les transferts[1]. »

Plus tôt dans la matinée, la justice lituanienne a décidé de hâter le mouvement, en dépit de l'avis réservé des médecins qui soignent le chanteur. Ces derniers considèrent que le risque de suicide est toujours très élevé et lui ont encore administré, à son réveil, une forte dose de calmants. Mais, depuis que le jour s'est levé sur Vilnius, l'affaire a pris une tout autre dimension aux yeux des autorités lituaniennes. On sait depuis

1. Audition à la brigade criminelle de Paris, 6 août 2003.

quelques heures que Marie Trintignant n'a plus aucune chance de survie. Le matin même, la presse lituanienne a consacré une large place à ce qu'elle nomme « la tragédie du cinéma français ». En France, les radios diffusent l'information en boucle depuis vingt-quatre heures. La plupart des quotidiens annoncent le drame en une. On y apprend que Marie Trintignant a été « battue par son ami ». Le nom de Bertrand Cantat n'apparaît pas dans les titres mais plus loin, dans le corps des articles. Seul l'envoyé spécial du *Parisien-Aujourd'hui en France* se trouve à Vilnius depuis la veille au soir. Une reporter de *Paris-Match* est en route. Les autres représentants de la presse hexagonale, AFP et télévisions comprises, n'arriveront que le lendemain mercredi, soit trois jours après le drame. Ils vont rater le début d'une tragédie franco-française aux accents shakespeariens, avec pour décor les rues pittoresques du centre historique de Vilnius, assoupi sous un soleil brûlant. Une femme qui se meurt, un homme anéanti, deux clans qui s'évitent : de tels ingrédients auraient pu nourrir le scénario d'une fiction. À Vilnius, la réalité venait, brutalement, de la rattraper.

Ce mardi matin, les autorités lituaniennes ont compris que de nombreux regards allaient se tourner vers leur petit pays de trois millions et demi d'habitants. Ce qu'ils ont d'abord perçu comme une malheureuse et banale histoire de violence conjugale est en train de devenir un fait divers international. En coulisses, les diplomates s'activent à un très haut niveau. Dominique Besnehard, l'agent de Marie Trintignant, est un ami personnel de l'épouse de Dominique de Villepin, le ministre français des Affaires étrangères. Il a demandé à l'ancien secrétaire général de l'Élysée d'intervenir auprès de son homologue lituanien. Georges Kiejman, l'avocat choisi à Paris par la famille Trintignant, est un ancien ministre socialiste. Il fait également jouer ses réseaux. Le message qu'ils font passer est clair : il faut « s'assurer de la personne de Bertrand Cantat », à savoir prévenir tout risque de suicide et le placer en état d'arrestation. À Vilnius, Michel Poupard, le premier secrétaire de l'ambassade de France – seul maître à bord en l'absence de l'ambassadeur, parti en congé –, a relayé cette demande auprès de ses interlocuteurs lituaniens.

Dans le même temps, Nadine Trintignant, son fils Vincent et son petit-fils Roman ont rencontré trois avocats lituaniens dans le cabinet de l'un d'entre eux, maître Motieka. Georges Kiejman a choisi les meilleurs spécialistes locaux, sans exiger qu'ils soient forcément francophones. La veille, le premier secrétaire de l'ambassade de France a multiplié les contacts pour aider l'avocat parisien. Ruta, la petite amie de Vincent, assure la traduction au cours de cette réunion, où les juristes expliquent aux Trintignant les spécificités du droit lituanien. Décision est prise de déposer une plainte pénale en Lituanie contre Bertrand Cantat. Le premier choc passé, les proches de Marie ont décidé de se battre. À la sortie de ce rendez-vous, dans la voiture qui roule vers l'hôpital universitaire de Lazdynai, le jeune Roman Kolinka se tourne vers sa grand-mère et son oncle : « Maintenant, il faut que nous arrêtions de pleurer », lâche-t-il d'un ton déterminé[2]. Dès lors, les Trintignant n'auront plus qu'un objectif : tout faire pour que Bertrand Cantat soit puni.

La défense du chanteur de Noir Désir, elle, peine à s'organiser. Kristina Rady et Denis Barthe ont passé une partie du lundi le téléphone portable collé à l'oreille. Ils cherchent eux aussi un avocat. L'univers

---

2. Scène rapportée par Nadine Trintignant, dans *Ma fille, Marie*, *op. cit.*

judiciaire leur est totalement étranger. Ils hésitent avant de finalement choisir, en fin de journée, le pénaliste parisien Olivier Metzner. Un choix de prime abord étonnant. Âgé de cinquante-trois ans, ce fils d'agriculteur normand est surtout expert en affaires financières délicates. Il a défendu Loïk Le Floch-Prigent aux débuts de l'affaire Elf, Jacques Crozemarie, l'indélicat président de l'ARC, ou bien encore la famille Bouygues. Des clients bien éloignés de l'univers de Bertrand Cantat. Plus surprenant encore, Olivier Metzner défend également les intérêts de Jean-Marie Messier dans le conflit qui l'oppose à Vivendi-Universal, son ancien employeur, groupe dont fait partie Barclay, la maison de disques de Noir Désir. Lors de la cérémonie des Victoires de la Musique 2002, Bertrand Cantat avait publiquement déclaré à Jean-Marie Messier : « Salut à toi, camarade PDG de la nouvelle internationale d'Universal ! Nous ne sommes pas dupes de ton manège et, si nous sommes tous embarqués sur la même planète, on n'est décidément pas du même monde ! » À défaut, les deux hommes se retrouvent désormais avec le même avocat. À Vilnius et à Paris, le bruit court alors que c'est la maison de disques de Noir Désir qui aurait choisi Olivier Metzner et qui paierait ses honoraires. En réalité, ce ne sont ni Barclay ni Universal Music qui ont contacté l'avocat. En tant que défenseur de Jean-Marie Messier, Olivier Metzner n'est plus en odeur de sainteté dans le groupe Vivendi. Il a en fait été choisi directement par l'entourage proche de Bertrand Cantat et a accepté ce dossier sans hésitation. Au départ, le lundi soir, il ne dispose que de très peu d'informations. Il demande donc à Kristina et aux membres de Noir Désir, qui sont sur place, à Vilnius, de recueillir le maximum d'éléments, tandis qu'il se met de son côté à la recherche d'un avocat lituanien.

Mardi matin, pourtant, alors qu'une voiture banalisée de la police le conduit au commissariat central de Vilnius, Bertrand Cantat n'a toujours pas d'avocat en Lituanie. « À 10 h 30, nous avons appris qu'il allait être arrêté, raconte Denis Barthe. À ce moment-là, nous n'avions pas d'avocat, malgré nos appels incessants à l'ambassade[3]. » Dans l'urgence, les proches du chanteur ont juste réussi à s'adjoindre les services d'une interprète, Lina. La justice lituanienne leur précisera qu'ils auront eux-mêmes à payer les honoraires de la jeune femme, le parquet ne disposant pas de budget à cet effet. Ce n'est qu'en toute fin de matinée qu'un contact peut être établi avec Virginijus Papirtis, l'un des deux avocats francophones figurant sur la liste de l'ambassade de France à Vilnius. Ancien numéro deux du ministère lituanien des Affaires étrangères, professeur de droit international à l'université, maître Papirtis n'est pas un familier des affaires criminelles. Il accepte de défendre Bertrand Cantat mais précise d'emblée qu'il ne se trouve pas pour l'heure à Vilnius et ne pourra donc être présent lors du premier interrogatoire. C'est alors assisté d'un avocat commis d'office – qui parle à peine anglais – que le rocker français va répondre pour la première fois aux questions des policiers lituaniens. Lina traduit les questions et les réponses.

Cette première audition se déroule dans les locaux de la brigade criminelle de Vilnius, une sinistre annexe du commissariat central, vieux bâtiment à l'architecture stalinienne proche du centre-ville. Bertrand Cantat n'est pas dans les meilleures dispositions. « Quand il a commencé à parler, il était encore dans le brouillard, raconte un ami du chanteur. Il se trouvait dans un état

---

3. Audition à la brigade criminelle de Paris, 6 août 2003.

d'inquiétude extrême. Il savait seulement que Marie était encore vivante mais hospitalisée. On voulait le protéger, alors on ne lui a pas dit qu'elle était perdue[4]. » Le chanteur de Noir Désir s'exprime avec difficulté. Son récit est haché par les pauses nécessaires à la traduction. Il évoque d'abord les débuts de la dispute, affirme que Marie lui a ordonné de « rentrer chez sa femme », en hurlant, précise-t-il, des « gros mots ». Une heure plus tard, lors de la relecture de son procès-verbal, Bertrand Cantat demandera que l'on retire cette allusion aux « gros mots ». Il évoque ensuite une « lutte de folie » et affirme avoir lui-même reçu quelques coups. Il montre aux policiers sa petite plaie à la lèvre et les bleus sur ses bras. Il parle ensuite d'une « empoignade » au cours de laquelle son dos heurte le bord d'une porte. Depuis la mi-juillet, le chanteur souffre d'un lumbago aigu. Un choc contre la porte aurait, selon le chanteur, réveillé une douleur très vive. C'est alors qu'il a explosé de colère et frappé Marie. La suite de la déposition, en dépit de l'état de Bertrand Cantat et des aléas de la traduction[5], est d'une précision implacable : « J'ai saisi Marie à mon tour par les vêtements, car ils étaient déchirés... Je suis devenu furieux. Marie, même après cela, n'a pas arrêté de crier... J'ai donné de fortes baffes à Marie... Je portais sur ma main, sur le majeur et sur l'annulaire, deux bagues. L'une était une bague africaine massive... L'autre est une bague avec ornements, mais sans pierre, comme une alliance... Marie se tenait debout dans l'encadrement de la porte de la salle de bains, me faisant face, tournée vers la petite chambre. Je lui ai donné une baffe du plat de la main. Je ne me

4. Entretien avec les auteurs, Paris, novembre 2003.
5. Nous avons rétabli la ponctuation qui ne figurait pas sur la traduction française du procès-verbal. *(N.d.A.)*

rappelle pas si j'ai frappé la première fois avec le plat ou le dos de la main. C'était des gifles fortes, vraiment très fortes... Il est possible que Marie ait heurté le chambranle de la porte... Mais je ne l'ai pas remarqué... Après les gifles, je l'ai saisie, nous nous sommes agrippés l'un à l'autre et j'ai traîné Marie dans le salon. Nous avons buté contre la petite table. Nous étions agrippés l'un à l'autre... et j'ai jeté Marie contre le sofa[6]. »

Bertrand Cantat ne variera plus dans ses déclarations. Au policier lituanien qui l'interroge sur l'éventualité de coups de poing, il répond : « J'ai dit que c'était quatre baffes et non pas des coups de poing ou des coups avec un objet[7]. » Le policier n'insiste pas et le questionne sur ce qui s'est passé juste après. Cantat explique que Marie s'est effondrée. Il a alors quitté le salon pour la salle de bains. « Quand je suis retourné dans le salon, j'ai remarqué qu'elle avait une petite blessure sur son sourcil gauche. Elle saignait également du nez. Un peu de sang coulait également du sourcil... J'ai essuyé le sang de son visage. Marie respirait normalement, je ne pensais pas que son état était grave... » L'enquêteur lui demande ensuite s'il sait pourquoi Marie Trintignant a perdu connaissance. Timidement, Cantat suggère que le crâne de sa compagne a pu heurter le bord d'une porte, d'un mur ou d'un radiateur lors de sa chute. Une version qui sera totalement démentie ensuite par l'expertise médico-légale. Cantat a-t-il cherché à alléger sa responsabilité ? Son entourage affirme que non. « Bertrand n'a jamais été affirmatif à ce sujet, soutient un proche du dossier. Quand il est revenu dans la pièce, Marie Trintignant était étendue sur le

6. Premier interrogatoire de Bertrand Cantat, brigade criminelle, Vilnius, 29 juillet 2003.
7. *Ibid.*

tapis, la tête près du radiateur. Il a donc supposé qu'elle avait pu se cogner[8]. »

En début d'après-midi, c'est un Bertrand Cantat épuisé qui signe sa première déposition. Le gardé à vue n'a pas mangé depuis deux jours – il n'a été alimenté que par perfusion. Les fortes doses de tranquillisants prescrites par les médecins lituaniens brouillent sa perception. Le contenu de cette audition peut pourtant être considéré comme la « première version » des aveux de Bertrand Cantat. Il y admet avoir infligé une série de « quatre gifles vraiment fortes » à sa compagne. Et dit avoir perdu le contrôle de lui-même à cause des mots de Marie, de l'empoignade qui a suivi et de la douleur au dos qu'elle a entraînée. Le magistrat lituanien présent lors de cette audition estime, sans surprise, que ces déclarations suffisent largement pour engager des poursuites contre le ressortissant français. Bertrand Cantat se voit notifier des poursuites pour « violences volontaires ayant entraîné une invalidité lourde ». Il est enfermé dans une cellule du centre de rétention de la police lituanienne. Un médecin l'examine. Sous l'effet des sédatifs, le rocker français s'endort rapidement.

Les investigations menées par la police lituanienne se révèlent par ailleurs assez succinctes. Les enquêteurs disposent déjà du témoignage de Vincent Trintignant, recueilli dans la matinée du lundi 28 juillet. Ils interrogent également l'employée du Domina Plaza présente le soir du drame, l'Anglais Gary Tuck, qui occupait l'appartement voisin de celui du couple, le secouriste qui a conduit Marie à l'hôpital, ainsi que le policier qui a découvert Bertrand Cantat inanimé.

8. Entretien avec les auteurs, Paris, novembre 2003.

Curieusement, ils ne montrent guère d'empressement à entendre Andrius Leliuga. Vincent Trintignant a pourtant rapporté aux policiers les propos tenus par le jeune Lituanien, à la fois sur l'attitude agressive de Bertrand Cantat dans son appartement et sur l'étrange confidence qu'il aurait faite à Lambert Wilson. Andrius Leliuga est convoqué au commissariat pour un interrogatoire. Il refuse de se déplacer et fournit, le mardi matin, une attestation écrite dans laquelle il livre une version « épurée » des faits. Il n'y est pas question du comportement étrange de Cantat, ni des mystérieuses « substances chimiques ». Les policiers lituaniens se contentent de ce document. Ils n'interrogeront jamais directement ce témoin clé. À Vilnius, les propos sibyllins et la personnalité d'Andrius Leliuga alimentent pourtant une rumeur tenace : si Bertrand Cantat a disjoncté, c'est qu'il aurait pu absorber une drogue chimique qui l'a rendu fou. Les Lituaniens rechignent à enquêter sur ce point. « On peut supposer qu'ils ne souhaitaient pas impliquer un dealer local dans ce drame, estime un policier français qui a travaillé sur le dossier à Paris. Ni mettre en évidence que l'on pouvait trouver dans leur pays des substances aussi dangereuses. »

Cette ambiguïté sur la réalité et la provenance des substances ne pourra jamais être levée. Elle sera même entretenue. Fin novembre, Ramutis Jancevicius, procureur du district de Vilnius, résumait ainsi l'affaire : « Marie Trintignant et Bertrand Cantat s'aimaient beaucoup. Ils menaient une vie d'artistes, une vie de bohème et, dans ces cas-là, il peut y avoir de mauvaises surprises. Tout a dérapé à cause de l'alcool et de la drogue[9]. » Il est aujourd'hui acquis que Bertrand Cantat et Marie Trintignant ont fumé plusieurs cigarettes

9. Entretien avec les auteurs, Vilnius, 28 novembre 2003.

de cannabis et bu une quantité non négligeable de vodka dans les heures qui ont précédé le drame. La prise éventuelle d'une drogue chimique n'est jamais mentionnée dans le dossier. Le chanteur de Noir Désir s'est toujours déclaré hostile aux drogues dites « dures ». Les témoignages de ses proches confirment ce point. Les mystérieux comprimés blancs que les policiers ont effectivement retrouvés dans une valise et sur une table basse au Domina Plaza seraient en fait, selon une source policière lituanienne, un reste des médicaments que Bertrand Cantat avait préparé pour mettre fin à ses jours. Toutefois, la police lituanienne n'a pas jugé nécessaire de faire expertiser ces comprimés emballés dans de petits sachets de Cellophane anonymes, semblables à ceux utilisés habituellement par les revendeurs de drogue. Les analyses toxicologiques réalisées à partir des prélèvements sanguins effectués à l'hôpital universitaire de Vilnius n'ont révélé aucune trace de drogues dures (héroïne, cocaïne ou amphétamines) dans le corps de Marie Trintignant, ni dans celui de Bertrand Cantat. Pour ce dernier, ce résultat est soumis à caution. La prise de sang qui a permis de l'obtenir n'a en effet été effectuée que lundi en milieu de journée, soit vingt-quatre heures après son admission aux urgences. Entre-temps, Bertrand Cantat a fait l'objet d'un traitement de désintoxication destiné à laver son sang des médicaments ingérés lors de sa tentative de suicide. Des traces d'héroïne ou de cocaïne auraient résisté à ce traitement. En revanche, les substances de type « amphétamines » ne pouvaient plus être détectées.

Ce « ratage » peut faire douter de l'enquête menée par la police lituanienne. Un médecin du service de toxicologie de l'hôpital universitaire de Vilnius l'explique simplement, sous le sceau de l'anonymat : « Quand M. Cantat a été admis dans notre service, il n'avait même pas ses papiers sur lui. Nous ignorions qu'il était impliqué dans une affaire criminelle. Notre priorité était de le sauver, donc de nettoyer son organisme de toute substance toxique. Ce n'est que le lundi matin qu'un magistrat nous a informés de l'identité et des soupçons pesant sur ce patient. Il a alors demandé à ce qu'une prise de sang soit effectuée[10]. » Bertrand Cantat, comme Andrius Leliuga, démentira constamment avoir pris une drogue chimique au cours de la soirée du 26 juillet. On s'en tiendra donc à cette version, tout en regrettant le manque de zèle des autorités lituaniennes sur ce volet de l'enquête.

Tandis que la brigade criminelle de Vilnius mène ses investigations sans perdre de temps, l'affaire commence à susciter les passions en France. Dès le mardi 29 juillet, *Le Parisien-Aujourd'hui en France* et *France-Soir* font leurs gros titres de l'affaire, suivis par les journaux télévisés. *Libération* et *Le Figaro* restent en retrait. Ils se rattraperont deux jours plus tard. Le premier en consacrant sa couverture aux « *Noirs destins* » des amants de Vilnius, le second en dépêchant sur place son correspondant à Moscou. L'affaire Cantat-Trintignant s'impose rapidement pour l'ensemble de la presse française comme le feuilleton de l'été. Un feuilleton dont le scénario est, selon l'entourage de Bertrand Cantat, faussé d'entrée. « Nous ne pensions pas que cette affaire allait prendre une telle dimension, confie un proche du chanteur. Dans les premiers jours, la presse a commencé à balancer n'importe quelles informations sans précaution. En réalité, ne circulaient que des propos rapportés, le plus souvent issus de la famille Trintignant. D'emblée, le schéma retenu était clair : le rocker drogué avait battu à mort la douce

10. Entretien avec les auteurs, 19 août 2003.

actrice. Le petit provincial rebelle avait martyrisé la belle Parisienne issue d'une grande famille du cinéma. Tout le monde s'y est mis. La presse dite sérieuse a suivi la presse populaire. Et les journaux ont, sans surprise, rapidement choisi leur camp[11]. » Le propos, sévère pour les journalistes, n'est pas dénué de fondement mais il s'explique aussi par l'attitude très différente adoptée d'entrée par les deux parties.

Entre le 28 et le 30 juillet, les journalistes présents à Vilnius côtoient en permanence la famille de Marie Trintignant et les Français qui ont participé au tournage de *Colette*. On les croise à l'hôpital et à l'hôtel Radisson. Ils sont à la fois plus nombreux et plus enclins à s'épancher que les proches de Bertrand Cantat. Tous font naturellement bloc autour de Nadine Trintignant, de son fils Vincent et de son petit-fils Roman Kolinka. Kristina Rady, Serge Teyssot-Gay, Denis Barthe et Jean-Paul Roy se montrent plus réservés. Parce que leur position est plus délicate et qu'ils ont choisi, en accord avec leur avocat, de ne pas parler aux journalistes. Olivier Metzner estime qu'il ne dispose pas de suffisamment d'informations pour prendre la parole. Il souhaite attendre sa rencontre avec Bertrand Cantat, seul témoin des faits. En pleine tempête, sans visibilité, il sait que les risque de faire fausse route sont élevés.

Pendant ces jours pénibles, Bertrand Cantat paie aussi son attitude passée vis-à-vis de la presse et des grands médias. Noir Désir a manifesté beaucoup de méfiance envers les journalistes et a toujours refusé de jouer le jeu de la presse *people*. Un comportement qui frisait parfois la provocation. Comme ce jour de

11. Entretien avec les auteurs, Paris, novembre 2003.

février 1993 où Bertrand Cantat, en préambule à un concert à l'Olympia, s'était lancé dans une longue diatribe contre Laurent Rigoulet, un critique rock de *Libération*, lequel avait osé mettre en doute la valeur musicale du groupe, qui triomphait alors dans toute la France avec l'album *Tostaky*. Un autre critique, H. M., pourtant très proche du groupe, raconte l'épisode dans son livre *Noir(s) Désir(s)* : « Bertrand fait donc son grand numéro d'artiste outragé et incompris. Il brandit un exemplaire de *Libé*, qu'il traite de torchon, se délecte de l'invective gratuite et jette les journalistes en pâture à cette foule prise à témoin. Je suis furieux et les répliques virtuelles se bousculent dans ma tête. Mais enfin, pour qui se prend-il ? Une victime ? Se rend-il compte que les arguments qu'il reprend et qu'il banalise vont à l'encontre de la liberté de la presse. Je le traite intérieurement de tous les noms[12]. » Bien que datant de presque dix ans, cet épisode a laissé des traces dans la petite communauté des journalistes parisiens.

À cela s'ajoute le fait que certains quotidiens dit « populaires », comme *Le Parisien* ou *France-Soir*, n'ont jamais pu obtenir la moindre interview de Noir Désir parce qu'ils ne constituent pas, aux yeux du groupe, des supports valorisants. À l'inverse, la tribu Trintignant, fort bien conseillée par l'incontournable Dominique Besnehard, a toujours su jouer avec les médias. Cette dichotomie s'illustre aussi dans le choix des avocats. L'entourage de Bertrand Cantat a choisi le discret et glacial Olivier Metzner, technicien efficace et pointilleux, peu coopératif avec les journalistes, tandis que les Trintignant ont désigné Georges Kiejman, orateur brillant, avocat médiatique et séducteur, qui fut trois fois ministre sous Mitterrand. Autant d'éléments qui expliquent, outre les faits, les choix

---

12. Passage extrait de *Noir(s) Désir(s)*, *op. cit.*

éditoriaux souvent manichéens des premiers jours. Comme toujours, la réalité est plus complexe.

Bertrand Cantat ignore tout de cette agitation médiatique. Après une longue nuit dans une cellule du contre d'interrogatoires de la police de Vilnius, il est conduit, dans la matinée du mercredi 30 juillet, jusqu'au siège de la « Prokuratora » du district de Vilnius, le parquet local. Dans cet immeuble blanc de trois étages, coincé au milieu d'une cité de béton délabrée datant de la dictature stalinienne, il doit être confronté, en présence d'un magistrat, à Vincent Trintignant. Le jeune frère de Marie sait, depuis la veille, que sa sœur va mourir. Il ne montre pourtant aucune animosité envers Bertrand Cantat, s'efforçant même de lui parler discrètement. « Je me suis retrouvé devant Bertrand pour un débat contradictoire, raconte-t-il. Pendant un intermède dû aux nécessaires traductions, j'ai pu discuter librement avec lui. Je lui ai parlé de l'œdème qu'avait Marie à l'arrière de la tête. Je suis le seul à avoir entendu sa réponse. Il m'a dit que c'était dû au pan de la porte[13]. » La confrontation confirme le premier témoignage de Vincent Trintignant. Une petite victoire pour Bertrand Cantat ? « Vincent a répété qu'il avait pu voir Marie comme il le voulait, assure son avocat lituanien Virginijus Papirtis. Bertrand ne l'a jamais retenu. Sur procès-verbal, Vincent Trintignant a toujours eu cette position. Il a parfois dit le contraire à la presse. Il a notamment raconté qu'il n'avait pu voir Marie que par une porte entrebâillée ou que Cantat tentait de monopoliser son attention par la parole[14]. »

---

13. Audition de Vincent Trintignant, brigade criminelle, Paris, 2 août 2003.
14. Entretien téléphonique avec les auteurs, 19 août 2003.

Devant le magistrat lituanien, le jeune homme répète que Bertrand lui paraissait « sincère » et que « ses propos étaient rassurants ». Le compagnon de sa sœur, dit-il, ne lui a « jamais interdit de retourner voir Marie ou d'appeler les secours ». Cantat, ragaillardi, enfonce le clou : « Finalement, Vincent a dit qu'il fallait attendre que Marie se réveille. Tout comme moi, Vincent n'a pas eu l'idée d'appeler un médecin. Tout cela a duré deux ou trois heures. J'allais voir Marie respirer jusqu'à ce que nous ayons vu du sang lui couler de la bouche. Vincent a appelé l'ambulance, il était près de 6 heures du matin. Il commençait déjà à faire jour. Nous avons pensé qu'il s'agissait d'un coma éthylique[15]. » Il ressort de cette confrontation que Bertrand Cantat n'avait probablement pas conscience de la gravité de l'état de Marie Trintignant. Une conviction qu'il a su faire partager pendant deux heures à Vincent Trintignant. Cette étape de la procédure permet aussi de mieux cerner l'état d'esprit du leader de Noir Désir au cours de la nuit. Le chanteur y apparaît obnubilé par sa jalousie envers Samuel Benchetrit, par ses remords, par son sentiment de culpabilité. Aveuglé par ses propres tourments, il refuse de voir l'état réel dans lequel se trouve celle qu'il dit aimer et préfère mettre son coma sur le compte de l'alcool.

À l'issue de cette confrontation, Bertrand Cantat est conduit vers l'hôtel Domina Plaza. Les enquêteurs souhaitent procéder dans la foulée à une reconstitution. Les journalistes se sont massés au pied de l'immeuble. Le chanteur arrive vers 15 h 30. Il porte un blouson en toile gris, un pantalon et un tee-shirt noir. Sa main gauche est reliée par une menotte à la main droite d'un policier. Dans le couloir, il fait enfin la connaissance de

15. Audition de Bertrand Cantat en présence de Vincent Trintignant, Prokuratora du district de Vilnius, 30 juillet 2003.

Virginijus Papirtis, son avocat lituanien. Au cours des mois qui suivront, les deux hommes vont se rencontrer tous les jours. Maître Papirtis s'est fait attendre, mais il se distinguera ensuite par une présence de tous les instants auprès de son illustre client. À 15 h 45, Bertrand Cantat ouvre lui-même la porte de la suite numéro 35. Le gardé à vue est invité à reproduire ses gestes de la nuit du 26 au 27 juillet. Un policier filme la scène avec un caméscope. Un mannequin désarticulé, symbole dérisoire fabriqué avec des draps et des morceaux de mousse, représente Marie. Cantat ne manifeste aucune hésitation. « Dès le début de l'enquête, Bertrand Cantat s'est montré coopératif, souligne une source proche du chanteur. Il a toujours eu la volonté de s'expliquer et n'a créé aucun incident au cours de sa garde à vue. » Tel un automate, les yeux mi-clos, vides, le chanteur de Noir Désir mime la dispute, la bousculade, puis lève sa main droite. La paume est grande ouverte. Les deux bagues argentées qu'il portait à cette main lui ont été retirées lors de son admission à l'hôpital. Dans un silence de mort, la main s'abat lentement sur la poupée de chiffon. Repart dans l'autre sens. Une fois, deux fois, trois fois, quatre fois…

Sans un mot, le chanteur de Noir Désir vient de confirmer ses déclarations précédentes. Un policier lituanien écrit : « Il a montré l'endroit dans l'encadrement de la porte de l'antichambre et de la salle de bains où Marie était toujours debout. Il a montré l'endroit précis dans cette ouverture où il a frappé Marie probablement quatre fois, à ce qu'il se souvient. Il a expliqué par la même occasion que les coups étaient forts et que, pendant qu'il frappait, la tête a pu rebondir et se heurter contre les deux montants de la porte[16]. » La

16. Compte rendu de la police lituanienne à l'issue de la reconstitution, Vilnius, 30 juillet 2003.

fin de la reconstitution illustre le récit de la veille : Marie inanimée, étendue sur le tapis du salon, l'aller-retour à la salle de bains, le sang essuyé, son transport vers la chambre, les compresses humides. Vers 16 h 30, Bertrand Cantat est reconduit vers sa cellule tandis que les policiers lituaniens vident l'appartement de tous ses objets. Ils remplissent une soixantaine de sacs-poubelles de vêtements, chaussures et effets personnels divers. Ils placent également sous scellés la lampe brisée qui était sur la table basse du salon, un drap portant quelques traces de sang, de nombreux emballages de médicaments, un sachet de marijuana et trois téléphones portables. C'est à ce moment qu'ils découvrent aussi plusieurs dizaines de sachets de plastique transparent contenant de mystérieux comprimés blancs. Ils saisissent également une bouteille de vin, un litre de pastis, une soixantaine de disques compacts, une cinquantaine de livres, dont des œuvres de Kafka, une biographie de Che Guevara et plusieurs recueils de poésie ainsi qu'un script de *Colette* annoté de la main de Marie Trintignant. Les policiers emportent également un petit cahier. Les enquêteurs ne comprennent pas le français. Ils ne saisissent pas tout de suite l'importance de ce qui y est écrit. Depuis le début de leur histoire d'amour, Marie et Bertrand ont consigné sur ce cahier tous les SMS qu'ils se sont envoyés sur leurs téléphones portables. Des mots d'amour précisément datés, qui constituent le journal intime d'une année de passion destructrice. Le mercredi 30 juillet, en fin d'après-midi, ce document émouvant rejoint, sur les étagères métalliques du commissariat de Vilnius, les autres pièces à conviction. Marie n'est pas encore morte. Son histoire avec Bertrand Cantat, elle, a d'ores et déjà rejoint l'univers glacé des faits divers.

Au même moment, au palais de justice de Paris, Georges Kiejman se présente à l'entrée du corridor feutré au fond duquel se trouve le bureau d'Yves Bot, procureur de la République. Vers 18 heures, l'avocat dépose plainte, au nom de la famille Trintignant, contre Bertrand Cantat. Une heure plus tard, après avoir pris connaissance des quelques éléments fournis par l'avocat, Yves Bot ouvre une information judiciaire pour « coups et blessures volontaires ayant entraîné une invalidité permanente ». Bien que les faits se soient déroulés en Lituanie, la justice française entend ainsi se prémunir d'une éventuelle mauvaise surprise. « Nous ne savons rien des intentions des Lituaniens, explique-t-on au parquet de Paris. En ouvrant cette information judiciaire, nous avons la certitude que Bertrand Cantat sera poursuivi et jugé, que ce soit à Vilnius ou en France. » Le dossier numéro 269/03/63 atterrit sur le bureau de Gérard Caddéo, vice-président du tribunal de grande instance, en charge de l'instruction. Magistrat de permanence, il aurait dû instruire l'affaire. Mais il se dessaisira du dossier le lendemain au profit d'une jeune juge d'instruction, Nathalie Turquey, tout juste arrivée de Bobigny, en Seine-Saint-Denis. Dès 19 h 30, le mardi soir, Gérard Caddéo téléphone au commissaire divisionnaire Frédéric Péchenard, chef de la brigade criminelle, et le saisit de l'enquête. « Je n'ai pas été surpris de cette demande, explique celui-ci. Notre service est automatiquement désignée quand des ressortissants français sont tués à l'étranger. En moyenne, nous avons toujours une quinzaine d'affaires de ce type en cours. Celle-ci était certes un peu particulière. Marie Trintignant n'était pas encore morte, mais nous savions qu'il n'y avait plus aucun espoir. Nous avions surtout conscience que ce dossier allait susciter beaucoup de passion et de pression médiatique[17]. »

---

17. Entretien avec les auteurs, Paris, 21 novembre 2003.

Dès 20 heures, les policiers parisiens se mettent au travail. Le commissaire Julien Gentile est désigné responsable de l'enquête. Il confie le dossier à l'un de ses chefs de groupe, le commandant Germain Nouvion. « Nous n'avions évidemment aucun moyen d'accéder rapidement à la scène de crime, raconte Frédéric Péchenard. Nouvion et ses hommes ont commencé à se documenter en lisant les journaux et les dépêches des agences de presse. Puis nous avons dressé la liste de tous les témoins qu'il serait possible d'interroger dès leur retour à Paris. La famille Trintignant, la famille Cantat, tous les Français qui ont participé au tournage de *Colette*[18]. » Parallèlement, Georges Kiejman contacte les ministères de la Justice et des Affaires étrangères pour demander l'extradition rapide de Bertrand Cantat vers la France. « Il est évident que l'enquête proprement dite et les premières constatations doivent se faire en Lituanie, estime-t-il alors. Mais, sans porter la moindre suspicion sur le système judiciaire et policier lituanien, je pense qu'on se comprendrait mieux devant un tribunal français. L'agresseur – je ne peux que l'appeler ainsi – pourrait très bien être remis à la justice française au terme de l'enquête de police, avant son jugement en Lituanie[19]. »

Au soir du mercredi 30 juillet, il est acquis que Bertrand Cantat, enfant chéri du rock français, ne pourra plus échapper à la détermination des justices lituanienne et française.

18. *Ibid.*
19. Entretien téléphonique avec les auteurs, depuis Vilnius, 30 juillet 2003.

6

Les yeux de Roman

Toujours pas un souffle d'air sur Vilnius. À 9 h 30 du matin, en ce dernier jour de juillet, le thermomètre tutoie déjà les 40 degrés. C'est dans des conditions pénibles que Bertrand Cantat a passé sa deuxième nuit en garde à vue, à l'intérieur du « centre de rétention et d'interrogatoire » de la police lituanienne. Derrière les murs hérissés de barbelés de ce bâtiment aux allures de caserne, tout près de la Neris, la rivière qui traverse la ville, le chanteur a très peu dormi. C'est un homme hirsute, pas rasé depuis cinq jours et toujours vêtu de la même veste en toile grise fatiguée que les hommes de la brigade criminelle tirent de sa cellule. L'artiste n'est plus que l'ombre de lui-même, trimballé depuis quarante-huit heures dans les méandres du droit pénal lituanien. Audition, confrontation, reconstitution : le ballet judiciaire a été particulièrement éprouvant pour le suspect, qui n'a pu communiquer qu'avec Lina, sa jeune interprète, et, brièvement, avec son avocat lituanien, maître Virginijus Papirtis. Heureusement, lors de ses transferts, Kristina était souvent là pour tenter de le réconforter en lui adressant un geste ou un regard affectueux.

Quand le fourgon de la police quitte le centre de rétention de Vilnius, Bertrand Cantat sait déjà, malgré l'effet des antidépresseurs, que son destin va se jouer dans les heures qui suivent. La veille au soir, son avocat lui a expliqué que le premier volet de l'enquête était bouclé et qu'il serait présenté le lendemain matin devant un tribunal chargé de statuer sur son cas. D'après la loi balte, le parquet peut demander un premier délai de trois mois de détention provisoire, le temps de poursuivre l'enquête. Un scénario difficilement imaginable ce matin-là pour le chanteur, mais avalisé dès la veille, *via* l'ambassade de France à Vilnius, par les plus hautes autorités françaises et lituaniennes. Le Bordelais ignore donc que son sort est déjà scellé. Avec comme seule perspective un monde qui lui est étranger : l'univers carcéral.

Dans l'Hexagone, l'affaire continue de faire les gros titres. Depuis l'annonce du drame, l'émotion collective a pris des proportions sans précédent. Rares sont les Français à ne pas oser un commentaire plus ou moins passionné. Les associations féministes commencent à se manifester. Sur Internet, les forums de discussion sont saturés de messages de fans de Noir Désir traumatisés. « Le drame de Vilnius » est de toutes les discussions, ou presque, quelles que soient les tranches d'âge ou les classes sociales. Il faut se rendre à l'évidence : l'onde de choc a gagné le pays. Sans jamais avoir été très connue du grand public, l'actrice habituée des films d'auteur et le chanteur de rock engagé ont, par l'issue tragique de leur amour, brusquement plongé leurs compatriotes dans un profond malaise. Un malaise collectif d'un genre inédit. Pourquoi ? Parce qu'elle était sympathisante des causes féministes, mère de famille et comédienne hors normes. Et parce que lui, icône romantico-rebelle d'une génération, n'avait certainement pas le profil pour se retrouver mêlé à un fait divers aussi sordide. Si l'affaire avait concerné le sulfureux rappeur Joey Starr, déjà condamné pour avoir molesté des femmes, nul n'en aurait été véritablement étonné. Mais voir Bertrand Cantat impliqué dans une affaire de violence conjugale est alors chose impensable. Les nombreux fans de Noir Désir mettront plusieurs jours à admettre l'énormité des faits reprochés au leader du premier groupe de rock français.

Pour les inconditionnels de « Noir Dez », la lecture des journaux est un exercice douloureux. Surtout qu'en ce jeudi 31 juillet les accusations contre leur idole se font plus précises. *« Les témoignages accablent le chanteur de Noir Désir »*, titre *Le Parisien* en pages « faits divers », évoquant « un mauvais polar version descente aux enfers » avec Cantat dans le rôle principal. Sorti en kiosque le matin même, l'hebdomadaire *Paris-Match* consacre la première d'une longue série de unes au drame, plus une quinzaine de pages intérieures, avec de nombreuses photos. *« Marie Trintignant battue à mort par son ami »*, lit-on en couverture du magazine, alors que l'actrice n'est toujours pas, ce jour-là, officiellement décédée. Ce numéro estival frisera, selon les sources, entre 800 000 et un million d'exemplaires vendus. L'un des meilleurs « coups » de ces dernières années pour le fleuron du groupe de presse Hachette-Filipacchi. Il est à noter que le numéro du 29 juillet du quotidien *Le Parisien-Aujourd'hui en France,* qui titrait sur l'affaire, a, lui, connu une hausse significative de ses ventes de 4 %.

C'est dire l'intensité de la pression médiatique à l'approche de la première comparution de Bertrand Cantat devant le tribunal. Depuis la veille, la presse nationale est réunie presque au grand complet dans le centre de Vilnius. Dans les couloirs des hôtels Radisson et Europa, les journalistes ont remplacé les membres de l'équipe technique de *Colette*, dont la plupart sont rentrés en France par le vol direct du mercredi. Seuls le producteur Patrick Millet et le chef décorateur Jean-Marc Kerdelhué sont restés pour soutenir Nadine Trintignant, son fils Vincent et son petit-fils Roman. Assaillis par les journalistes à chacune de leurs apparitions dans le hall du Radisson, les membres de la famille de Marie se murent désormais dans le silence. Depuis Paris, c'est un Georges Kiejman rodé à l'exercice qui gère l'ouragan médiatique. Après une courte période de valse-hésitation, les médias dits « sérieux » ont allégrement emboîté le pas aux journaux populaires et à la presse du cœur. En France, mais aussi en Suisse, en Belgique et au Québec, où Noir Désir et les Trintignant sont des artistes tout aussi connus qu'en France. De son côté, l'avocat de Cantat n'a toujours pas fait la moindre déclaration. Aux journalistes qui le sollicitent alors, Olivier Metzner répond qu'il trouverait indécent de se répandre dans la presse alors que Marie Trintignant agonise.

Jeudi matin, 10 heures. Les anonymes justiciables lituaniens qui attendent leur audience n'en croient pas leurs yeux. La petite maison de ville qui abrite la troisième chambre du tribunal de Vilnius prend subitement des airs de fourmilière surchauffée. Quelques reporters baltes sont venus grossir le contingent des journalistes français. Le gros des troupes est composé de photographes et de cameramen, auxquels s'ajoutent les envoyés spéciaux du *Monde*, du *Parisien-Aujourd'hui en France*, de *Paris-Match*, du *Figaro*, de l'Agence France Presse, de France Inter et de Radio France Internationale. Les Français font le siège du bureau du jeune président du tribunal, Dimitri Kostakovas, pour connaître les modalités de ce rendez-vous judiciaire. Après consultation du parquet, il indique

que l'audience sera publique, mais uniquement pour la presse écrite et les radios.

Les Trintignant sont déjà réunis dans la petite salle d'audience située au rez-de-chaussée. Nadine est assise au centre, très calme en apparence. Son fils Vincent et son amie Ruta l'entourent de toute leur attention. Entre eux, le moindre geste est teinté d'affection, de réconfort. Roman, le fils aîné de Marie, est également là. Installé sur les bancs en bois sombre, le groupe bavarde à voix basse à l'écart des journalistes, rassemblés au fond de la salle. Il fait une chaleur étouffante. Tout le monde est en sueur. Depuis le couloir montent alors des bruits de bousculade. Les flashes commencent à crépiter. La silhouette fantomatique de Bertrand Cantat apparaît dans l'encadrement de la porte. Le chanteur, tête baissée, menotté, est entouré par deux policiers. Quand il est conduit vers le box des accusés, une petite armée de photographes et de cameramen s'engouffre derrière lui. C'est le début du cauchemar médiatique pour le Bordelais, qui s'assied, visage enfoui entre les mains. Pendant de longues minutes, il est mitraillé par les flashes des appareils photo, fixé par les caméras. Les prises de vue s'éternisent, mais le président Kostakovas reste de marbre. Jusqu'à ce que les crépitements se fassent plus rares. Surpris par la passivité des magistrats lituaniens, les journalistes de presse écrite demandent gentiment à leurs confrères de sortir. La séance n'a que trop duré. Les prises de vue d'un Bertrand Cantat honteux, replié sur lui-même, seront aussitôt diffusées en boucle dans les deux pays. On connaît l'impact des images télévisées sur le grand public. Celles-ci marquent le véritable départ médiatique de l'affaire « Cantat-Trintignant »

Quand la salle est enfin évacuée, l'avocat Virginijus Papirtis et Lina, l'interprète, se postent près du chanteur. Bertrand Cantat dévoile alors un visage livide, aux traits tirés par la fatigue. Nadine est assise au centre de la pièce. Parce qu'il a déjà fait une déposition devant la justice, Vincent ne peut pas être entendu comme témoin. Il doit même quitter la salle. La réalisatrice se retrouve seule avec Roman qui, à partir de cet instant, ne va plus quitter Cantat du regard une seule seconde. Mâchoire crispée et poings serrés. D'un regard tellement insoutenable que le chanteur n'aura pas la force de lever les yeux, ne serait-ce qu'une seule fois, vers le fils aîné de sa compagne.

Il est 10 h 15 quand le substitut du procureur de Vilnius, Zydrunas Radishaukas, prend la parole. Ruta et Lina traduisent simultanément pour les deux parties, en chuchotant. Les journalistes français tendent l'oreille. Le juge lituanien sait évidemment qu'il n'y a plus aucun espoir de sauver Marie Trintignant. Son réquisitoire est implacable. Il insiste sur « la violence des coups » portés à la victime et sur leur caractère « volontaire ». L'actrice française n'est pas décédée, mais le substitut Radishaukas emploie déjà le terme de « crime grave ». Traduits en français, ces mots lourds de sens résonnent aux oreilles de Cantat, toujours prostré, les yeux perdus, brillants de larmes. Il s'agit donc d'un « crime grave » d'après la position du ministère public, qui réclame un mois de détention contre son auteur présumé.

Péniblement, le Français se lève, les mains jointes devant lui. D'une voix sourde, il tente d'articuler quand on lui demande ce qu'il pense de la mesure requise à son encontre. La prison. « Je n'ai pas d'opinion particulière sur ce qui vient d'être demandé », déclare-t-il au président Kostakovas, impassible dans sa robe noire. Hagard, Bertrand Cantat tente de répondre au représentant du parquet : « Je réfute le terme de crime. » Il livre une nouvelle fois sa version des faits : « C'était un accident. Après une lutte de folie. » À moins de deux mètres de là, Roman continue de le fusiller du regard. Nadine, elle, ne bronche pas. Pas plus qu'elle ne réagit quand l'avocat lituanien Papirtis cherche à éviter l'incarcération de son client. Il tente longuement de convaincre le tribunal qu'il s'agissait d'un « conflit verbal », d'une « dispute qui a mal tourné » entre « deux personnes impulsives ». Peine perdue pour Cantat. Les dés sont jetés.

Nadine Trintignant a patiemment attendu son tour. Quand le président l'appelle à la barre, elle se lève et commence d'une voix étonnamment calme et posée : « J'essaie de ne pas avoir de haine. » Sans un regard pour Cantat, figé tout près d'elle, la mère de Marie poursuit derrière ses grandes lunettes fumées : « Mais de la haine, j'en ai malgré tout quand je vois, chaque jour et chaque nuit, mon enfant dans un coma profond. Les médecins ont parlé de plusieurs coups d'une violence extrême. » Elle réfute la thèse de « l'accident ». Quant à l'attitude du chanteur durant la nuit, elle ne plaide pas en sa faveur. « Il est resté pendant six heures sans bouger à côté de ma fille mourante », poursuit Nadine. Mais la mère de Marie a autre chose à dire. Roman et Agnès Tassel, la maquilleuse de sa fille, lui ont parlé de leur discussion avec Kristina dans le hall de l'hôtel, le dimanche soir. Elle enfonce le clou, sûre de son fait : « Pour moi, il n'était pas en état de démence. Il a des précédents, il a battu d'autres femmes. » Cantat blêmit, tente de démentir. Oui, il y a bien eu des « petites choses » avec d'anciennes compagnes, bafouille-t-il, mais « sans aucun rapport » avec ce qui s'est passé au Domina Plaza.

Nadine Trintignant ne l'écoute même pas. Sa religion à ce sujet semble déjà faite. Elle va plus loin : « S'il avait été soigné, on n'en serait pas là. Il faut se protéger, pour qu'il n'y ait pas d'autres Marie. » Elle qui fut de tous les combats féministes n'a plus qu'une seule idée en tête, voir le bourreau de sa « fille chérie » derrière les barreaux. « Si je demande cette détention, ajoute-t-elle, c'est pour son père, son frère, son fils qui est ici et ses trois autres garçons. C'est essentiel pour eux de savoir que quelqu'un qui a tué leur mère est en prison. » Pour la première fois, le mot est lâché. Bertrand Cantat a *tué* Marie Trintignant.

Derrière sa fine cloison de contreplaqué, qui fait office de box, le chanteur encaisse, de plus en plus décomposé. À cet instant, Marie n'est pas officiellement décédée. Son entourage s'est bien gardé de lui dire qu'il n'y avait plus aucun espoir. Sonné, il se lève à nouveau pour dire que, s'il « ne nie pas la violence des coups », il estime que ce qui s'est passé « reste pourtant un accident ». Équation difficile à faire admettre. « Je sais que ça peut paraître dérisoire, annonce-t-il ensuite, mais je demande pardon à Nadine, à Roman, à tous les autres... et à ma famille. » Il supplie enfin le tribunal de pouvoir rentrer dans son pays, les yeux brouillés de larmes : « Je veux bien payer tout ce que je peux payer, mais je n'ai rien à faire en Lituanie. Je veux être arrêté en France. »

Nouvelle bousculade avec les photographes quand Bertrand Cantat est reconduit dans le fourgon de police, stationné devant le tribunal, le temps que le président Kostakovas délibère sur son cas. Dans les couloirs, les journalistes tentent de se remettre de cette éprouvante audience, tous conscients d'avoir vécu un moment particulièrement fort. Des larmes coulent sur les joues de la correspondante locale de Radio France. Cécile Feuillatre, l'envoyée spéciale de l'AFP, est tellement émue qu'elle peine à rédiger sa première dépêche. « Accident », « crime » ou « moment de folie »?

Vers 11 h 30, le suspect est de nouveau extrait du véhicule de police. On le conduit dans une salle du sous-sol du tribunal, encore plus petite que la première. C'est de nouveau la confusion. Les avocats, les témoins, le procureur et les journalistes s'entassent comme ils peuvent dans la minuscule pièce. Cantat est assis sur une chaise au premier rang, menotté. Son avocat lui parle à l'oreille. Roman Kolinka s'est installé derrière le Bordelais, à côté de sa grand-mère, visiblement épuisée par la chaleur. Le jeune homme est à portée de main du chanteur, qu'il continue de regarder fixement. Comme s'il se retenait de se jeter sur lui. Dimitri Kostakovas entame la lecture de son jugement, griffonné sur un bout de papier. Il décide d'envoyer le Français derrière les barreaux jusqu'au 14 août 2003. Deux semaines de détention. Cantat se fait traduire la sentence mais il a déjà compris qu'il n'échapperait plus à la prison. Le chanteur signe l'acte de procédure tel un fantôme, avant de disparaître entre deux policiers. « Lukiskiu », annonce un journaliste lituanien. La star est effectivement en route pour la vieille maison d'arrêt de Lukiskiu. Un sinistre bâtiment de Vilnius construit par les Russes à l'époque des tsars.

Cantat emprisonné, les Trintignant peuvent maintenant organiser le rapatriement de Marie vers la France. Depuis la veille, la rumeur court dans Vilnius que sa famille souhaite qu'elle finisse ses jours dans son pays natal. Contre l'avis des médecins lituaniens, qui la jugent « intransportable ». Mais c'est au procureur général et au procureur du district de Vilnius que revient toute décision sur ce point. Logiquement, ces magistrats sont dans un premier temps opposés à une telle option. Selon eux, il serait préférable que la victime décède dans leur pays. Et qu'une autopsie réalisée sur place soit versée au dossier ouvert contre Cantat. Pourtant, les autorités judiciaires locales vont brutalement infléchir leur position, le jeudi en début d'après-midi. Explication « officielle » de Ramutis Jancevicius, le procureur du district de Vilnius : « Comment pouvait-on refuser qu'elle soit transportée dans son pays pour y mourir ? Cela aurait été injuste et profondément inhumain. Or l'humanisme constitue pour nous un principe majeur[1]. »

En réalité, il semble que c'est moins « l'humanisme » que l'intervention en haut lieu du ministre français des Affaires étrangères, Dominique de Villepin, qui a permis de débloquer la situation. L'agent de Marie Trintignant, Dominique Besnehard, est arrivé à Vilnius la veille. Ami personnel de l'épouse du chef de la diplomatie française, il a, en quelques coups de fil, obtenu du Quai d'Orsay une autorisation orale puis écrite du parquet lituanien. Après consultation du ministre de la Culture Jean-Jacques Aillagon, Villepin fait même envoyer sur place un second avion du Glam, un Falcon médicalisé. Sa mission : ramener Marie Trintignant dans son pays. C'est bien la preuve que le drame touche désormais l'ensemble du pays. De la France « d'en bas » jusqu'à celle « d'en haut », voire à celle de « tout en haut ». Le président Jacques Chirac lui-même a téléphoné à Nadine Trintignant pour « proposer son aide » et « exprimer sa peine[2] ». C'est justement la question du rapatriement qui sera,

1. Entretien avec les auteurs, Prokuratora de Vilnius, 29 novembre 2003.
2. Nadine Trintignant, *op. cit.*

quelques jours plus tard, à l'origine des premières crispations lituaniennes sur le dossier Cantat. Pour obtenir le feu vert des magistrats lituaniens, la diplomatie française a promis que les résultats de l'autopsie leur seraient transmis dans un délai très bref. Un engagement qui ne sera pas totalement respecté.

Mais, en ce jeudi 31 juillet, l'atmosphère est plus à l'émotion qu'aux considérations diplomatico-judiciaires. Vers la fin de l'après-midi, les proches de Marie sont réunis pour la dernière fois à l'hôpital de Vilnius. Dominique Besnehard propose immédiatement d'être du voyage retour auprès de l'actrice et de sa mère. Vincent Trintignant, à bout de forces, décide de rentrer avec Roman et les autres sur un vol régulier. Informés du départ imminent de l'avion gouvernemental, les journalistes sont présents en masse devant l'hôpital. Peu avant 18 heures, malgré la présence de gardes du corps recrutés par le producteur lituanien, les caméras filment le départ de la victime. On aperçoit le visage intubé de Marie, entouré de bandages, couvert d'un gros hématome à l'œil droit. Sur le tarmac de l'aéroport, nouvelle bousculade. Quand le brancard est extrait de l'ambulance, Nadine Trintignant tente désespérément de masquer le visage de sa fille avec ses mains. « Bande de chiens », lance-t-elle aux journalistes avant de s'engouffrer dans l'avion avec Besnehard. Au tout dernier moment, le chef décorateur, Jean-Marc Kerdelhué, décide de les rejoindre. C'est un intime de la famille Trintignant et un grand ami de Marie.

Il est 18 h 10 exactement quand le Falcon décolle de la capitale balte. Roman, Vincent, Ruta et Patrick Millet sont restés sur la piste. Il faudra deux heures et vingt minutes à l'appareil pour rejoindre l'aéroport du Bourget, en Seine-Saint-Denis, où photographes et caméras affluent déjà. « C'était de la folie pure, se souvient un journaliste. On n'avait pas vu une telle hystérie médiatique depuis la mort de la princesse Diana, en 1997. » Dans l'avion, Nadine Trintignant est loin de se douter du « déchaînement » qui l'attend en France. Pendant que les médecins français examinent Marie, sa mère lui parle d'une voix douce. Très éprouvé par le drame, Dominique Besnehard semble prier près de Marie, silencieux, les mains jointes, tandis que Jean-Marc Kerdelhué discute avec les pilotes[3].

À 19 h 30, heure française, quand le Falcon se pose au Bourget, l'atmosphère est digne des grandes tragédies nationales. La foule des journalistes est tenue à l'écart par les forces de l'ordre. Les images de l'ambulance transportant Marie et sa mère vers la clinique Hartmann de Neuilly-sur-Seine, sous forte escorte policière, feront l'ouverture de tous les journaux télévisés du soir. Même présence massive de la police aux abords de l'établissement médical, dont l'entrée a été ornée de tentures noires, créant un curieux effet de mise en scène. « Le directeur avait installé un tunnel de drap sombre qui nous isolait des journalistes », expliquera plus tard Nadine[4].

Dès l'arrivée de Marie Trintignant dans son service, le docteur Delajoux pratique un scanner du cerveau. Le verdict est sans appel : « Électroencéphalogramme totalement plat », comme le rapporte le neurochirurgien à 21 h 30 dans une courte déclaration à l'AFP, où il précise qu'il n'y a « vraiment plus aucun espoir ». Ce soir-là, malgré les ultimes réticences de la cinéaste, Stéphane Delajoux arrive à convaincre Nadine qu'il n'y a plus lieu de maintenir sa fille artificiellement en vie. Le temps de passer voir son compagnon Alain Corneau, toujours hospitalisé à Paris, et Nadine est de

---

3. *Ibid.*
4. *Ibid.*

retour à la clinique Hartmann pour une dernière nuit auprès de Marie. Elle y est rejointe par un cercle d'amis très proches, d'Anouk Aimée à Jacques Higelin, en passant par l'écrivain Jorge Semprun et son épouse. Le couple était déjà là, trente-quatre ans plus tôt à Rome, auprès des Trintignant frappés par la mort accidentelle de Pauline, la petite sœur de Marie. L'acteur Lambert Wilson participe aussi à la veillée. Il chante pendant des heures pour son amie mourante, assis à côté du corps immobile. Nadine serre très fort la main de sa fille, comme pour prolonger sa dernière soirée parmi les siens. Pendant ce temps, à deux mille cinq cents kilomètres de là, Bertrand Cantat, malgré une forte dose d'antidépresseurs et de somnifères, peine à trouver le sommeil. Dans quelques heures le décès de Marie fera de lui l'accusé d'une affaire criminelle.

Le vendredi matin, premier jour du mois d'août, la tension est encore montée d'un cran. Après plusieurs jours de service minimum, *Libération* consacre pour la première fois un grand dossier aux « Noirs Destins » des amants de Vilnius. Le quotidien, dont la relation tumultueuse et passionnelle à Bertrand Cantat ne date pas d'hier, fait sa couverture avec la photo noir et blanc de Marie figurant sur l'affiche du film *Betty* de Claude Chabrol. Reprenant la plupart des informations déjà parues, plus le compte rendu de la terrible audience de la veille, le journal tente de prendre un peu de hauteur, explique-t-il, pour dépasser le cadre du simple fait divers. « Un drame intime qui se transforme en cauchemar collectif charriant peine, compassion, stupeur », écrit Antoine de Baecque dans son éditorial, qui renvoie l'opinion publique à ses « très anciennes fascinations pour les histoires d'amour qui finissent mal » et pour « les malheurs des hommes et des femmes célèbres ». « Drame passionnel triste à en pleurer », poursuit l'éditorialiste pour résumer le sentiment mêlé de « trahison » et de « compassion » qui agite la rédaction du quotidien et – bien au-delà – toute une certaine gauche trentenaire. Celle-là même qui vouait un immense respect à Bertrand Cantat. « Trahison d'un ami qui ne peut pas comme ça, d'un seul coup, ne plus l'être, écrit-il. Compassion pour une amie dont on découvre trop tard combien elle nous est proche. » Sur la même page, un fan de Noir Désir reconnaît son profond désarroi : « J'ai peur, dit-il. Peur de regarder le journal télévisé. Peur d'apprendre des nouvelles pires encore sur cette affaire. »

À la fin de la matinée, le docteur Delajoux convoque les journalistes dans l'un des salons de la clinique Hartmann, à Neuilly. Tout aussi laconique que lors de son point-presse à Vilnius, le chirurgien annonce la nouvelle que tout le monde attendait comme une fatalité : « Marie Trintignant est décédée ce matin à 10 h 20. » La famille de la défunte est alors informée que le corps, sur ordre de la juge d'instruction Nathalie Turquey, sera transféré dans l'après-midi à l'Institut médico-légal de Paris, où une autopsie doit être réalisée.

Au cours des heures qui suivent, les hommages officiels se multiplient. Le président Jacques Chirac, qui suit l'affaire de près, exprime aussitôt son « émotion » à l'annonce du décès de la comédienne. « Elle servait son art avec beauté, sensibilité et intelligence, peut-on lire dans le communiqué de l'Élysée. Chacun mesure avec effroi l'injustice d'un destin si brutalement brisé. » Le Premier ministre Jean-Pierre Raffarin, qui voyait en Marie « l'une de [nos] plus vibrantes actrices », constate pour sa part que sa disparition « plonge de très nombreux Français dans une profonde tristesse ». Quant au ministre de la Culture, Jean-Jacques Aillagon, resté proche des Trintignant tout au long de cette semaine tragique, il s'envole un peu pour dire tout ce que Marie représentait à ses yeux : « Une femme libre qui menait sa carrière comme elle l'entendait, en obéissant à sa passion. Elle agissait par amour, elle faisait ce qu'elle aimait et elle travaillait avec ceux qu'elle aimait. C'est ce qui la rendait si émouvante, si convaincante dans les rôles de personnages qui jouent avec les marges. » Mais c'est à Marc Tessier, le président de France Télévisions, pour qui les Trintignant tournaient *Colette* à Vilnius, que revient, en ce jour de deuil, la palme de la formule sinueuse : « Une comédienne sensible et singulière, incarnant avec infiniment de subtilité des personnages à la fois forts et fragiles, puisant dans les sentiments les plus extrêmes pour les mettre au service des rôles proches ou loin d'elle. »

Le directeur du Centre national de la cinématographie, David Kessler, pousse un peu l'analyse en affirmant que « les circonstances de sa mort rendent sa disparition encore plus douloureuse ». Car, malgré l'émotion du moment, certains regards se tournent déjà vers le nouveau pensionnaire de l'administration pénitentiaire lituanienne. Sans le nommer, le collectif d'associations féministes Solidarité-Femmes pointe du doigt la brutalité de Bertrand Cantat, comme celle de beaucoup d'hommes à l'égard des femmes : « La notoriété de Marie Trintignant, soulignent ses responsables, artiste créative, productive, femme sensible et autonome, mère de quatre enfants, entourée de l'affection des siens, admirée de tous, rappelle brusquement au public qu'une violence qui s'exerce dans le huis clos de la vie privée, nimbée de silence et de culpabilisation des victimes, continue à exister. Elle est toujours inacceptable[5]. » Voilà comment, dans la chaleur de ce début de canicule, Marie Trintignant est soudainement devenue un symbole pour celles et ceux qui luttent contre les violences conjugales. Voilà comment, aussi, un chevalier des nobles causes nommé Bertrand Cantat a pu, en quelques jours, endosser les habits infamants du compagnon machiste, cogneur et finalement tueur.

Infiniment plus justes et plus mesurés seront les hommages rendus par les cinéastes. Le réalisateur Alain Bévérini, avec qui elle avait tourné *Total Khéops* en 2002, se souviendra des relations de l'actrice avec son équipe. Un témoignage qui contraste avec son attitude à Vilnius pendant le tournage de *Colette* : « Elle a été un rayon de soleil. Elle donnait envie de vivre à tout le monde. Elle avait le contact avec les jeunes, le goût de la fête et un sens aigu de la famille. Quand elle jouait, au cinéma ou au théâtre, elle organisait son plan de travail en fonction de ses enfants. Je l'avais choisie pour cette humanité[6]. » Pierre Salvadori, qui avait fait jouer Marie dans *Les Apprentis* et *Comme elle respire*, gardera surtout l'image d'une mère très dévouée : « Contrairement à ce que l'on croit, c'était une femme extrêmement solide. Je me souviens, quand nous étions voisins, qu'elle était capable de me parler du film que nous allions faire avec un enfant dans les bras, un autre sur les genoux et un autre en train de jouer dans le jardin. Elle n'était pas coupée des réalités de la vie, bien au contraire. » Confirmation d'une ancienne voisine de Marie, à l'époque où elle vivait dans le Gard : « Je me souviens qu'elle avait aidé les enfants pour une animation, lors du spectacle de fin

5. *Le Monde*, daté samedi 3 et dimanche 4 août 2003.
6. *Le Parisien-Aujourd'hui en France*, 2 août 2003.

d'année scolaire. Quand il y avait la fête, elle faisait des cadeaux. Comme toutes les mamans[7]. »

« *Le destin brisé de Marie Trintignant* », titrera sur deux pages *Le Parisien*. Six jours après le drame de Vilnius, le journaliste Pierre Vavasseur se penche sur le sens à donner au mot destin en ces heures sombres. « Destin ; tout est dit, écrit-il. Cette tragédie dépasse le malaise que suscite d'habitude pareil fait divers. La mort de Marie Trintignant, parce qu'elle témoigne des comportements extrêmes auxquels conduit la passion, bouscule notre imaginaire. Elle le maltraite d'autant plus que l'actrice avait souvent confié son attirance pour l'envers du bonheur. En plein milieu de l'été, ce drame est venu imposer son soleil noir[8]. »

---

7. *Ibid.*
8. *Ibid.*

7

Comme un bébé secoué

Marie Trintignant est morte. La descente aux enfers de son amant ne fait que commencer. Le décès de l'actrice a une conséquence juridique immédiate pour Bertrand Cantat. Cette fois, c'est la justice française qui est la plus rapide. Dans l'heure qui suit l'annonce officielle du décès, la juge d'instruction Nathalie Turquey modifie l'intitulé de l'information judiciaire ouverte contre le chanteur de Noir Désir trois jours plus tôt. Il s'agit désormais d'enquêter sur des « coups et blessures volontaires ayant entraîné la mort sans intention de la donner ». Pour faire bonne mesure, la magistrate ajoute la qualification de « non-assistance à personne en danger ». En France, Cantat risque désormais la cour d'assises et une peine maximum de quinze années de réclusion criminelle. La justice lituanienne attendra une audience de prolongation de détention provisoire, le 8 août suivant, pour prendre en compte la mort de Marie. Le parquet régional de Vilnius décide de poursuivre désormais le Français pour « homicide volontaire », qualification correspondant à l'article 129 du tout récent code pénal lituanien. Ramutis Jancevicius, le procureur de Vilnius, avait la possibilité d'opter pour deux autres qualifications : l'homicide accidentel et le crime passionnel. Il estime, au vu des premiers éléments de l'enquête, que Bertrand Cantat a « consciemment donné la mort ». « Cette conclusion, précise-t-il, repose à la fois sur la violence des coups infligés à Madame Trintignant et sur l'attitude passive du suspect juste après les faits[1]. » Le parquet lituanien choisit donc une approche plus sévère que son homologue français. Reste que, sur le plan pénal, le risque est le même côté balte : quinze ans de prison maximum.

Sans perdre de temps, Nathalie Turquey ordonne à deux médecins légistes réputés, la professeur Dominique Lecomte, directrice de l'Institut médico-légal (IML) de Paris, et le docteur Walter Vorhauer, attaché au même centre, de procéder à une autopsie de Marie Trintignant. En fin de matinée, ce premier jour d'août, une ambulance transporte la dépouille de la défunte de la clinique Hartmann de Neuilly-sur-Seine jusqu'au petit bâtiment de brique rouge qui abrite, dans le XIIe arrondissement, l'IML. Trois policiers de la brigade criminelle, deux officiers et une spécialiste de l'identité judiciaire, accompagnent la dépouille et le remettent aux légistes. « Marie Trintignant, 41 ans, 1,66 mètre pour 60 kilos » est enregistrée à la morgue sous le numéro 1784. Dominique Lecomte et Walter Vorhauer se mettent immédiatement au travail. Les trois fonctionnaires de police assistent à l'autopsie et prennent des notes. Ils pourront ainsi rédiger un procès-verbal dit « d'assistance à autopsie » qui permettra d'orienter l'enquête sans attendre le rapport définitif des experts. L'examen du corps meurtri de Marie Trintignant se poursuivra durant tout l'après-midi de ce vendredi. Il

1. Entretien avec les auteurs, Prokuratora de Vilnius, 28 novembre 2003.

permettra de préciser les circonstances de sa dispute fatale avec Bertrand Cantat.

Les légistes commencent par retirer le bandage qui enserre le crâne de Marie Trintignant. La première impression est terrifiante. Les cheveux de la comédienne ont été complètement rasés. De chaque côté de son crâne apparaissent deux longues cicatrices curvilignes, stigmates des interventions chirurgicales subies en Lituanie[2]. Dans un premier temps, les médecins procèdent à un examen externe du corps. Ils constatent, « au niveau de la face, la présence de plusieurs hématomes de coloration bleu violacé ». Sur le côté gauche du visage apparaissent trois gros hématomes, dont l'un, situé dans la partie basse de la joue, se prolonge à l'intérieur de la bouche. Deux griffures parallèles, longues de 3 centimètres, sont également visibles. Bertrand Cantat est droitier. Ces traces correspondent bien à une gifle très forte, infligée du plat de la main. Les griffures peuvent avoir été provoquées par les bagues ou les ongles du chanteur. Le côté droit du visage présente sur sa partie basse, à hauteur du menton, deux hématomes plus modestes. La zone oculaire, elle, est très abîmée. Les légistes relèvent « une plaie à l'arcade sourcilière droite de 1,5 centimètre, aux bords joints avec un point de suture intérieur », ainsi que des hématomes profonds au niveau des paupières. Marie Trintignant semble avoir reçu au moins deux gifles de ce côté, probablement du revers de la main. Un des coups a atteint son arcade sourcilière. L'entaille s'expliquerait par l'impact des bagues

2. Sauf indications contraires, tous les détails sont extraits du rapport médico-légal de Dominique Lecomte et Walter Vorhauer, 12 août 2003.

de Bertrand Cantat, avec un effet proche de celui d'un « poing américain ». L'autre coup, moins fort, a atteint l'actrice au niveau du menton. Jusque-là, les constatations médico-légales sont compatibles avec les « gifles vraiment très fortes » que le chanteur de Noir Désir avoue lui avoir administrées.

La suite de l'examen bute sur un premier mystère. « Les os propres du nez sont mobiles avec une coloration violacée de l'arête nasale », remarquent les légistes, avant de conclure, après examen interne, à une « fracture éclatement des os propres du nez par écrasement ». Cette lésion pose problème : elle ne peut correspondre, comme les autres blessures du visage, à une simple gifle latérale, mais plutôt à un coup très fort porté d'arrière en avant. Comme un coup de poing ou un coup de tête. Dans ce premier rapport, les légistes se garderont pourtant de se prononcer définitivement sur ce point capital. Nathalie Turquey leur demandera d'ailleurs une expertise complémentaire à ce sujet, après avoir pris connaissance des comptes rendus opératoires effectués en Lituanie. Georges Kiejman, l'avocat de la famille Trintignant, lui, insistera sur cette constatation. Depuis ce rapport, il veut démontrer que Bertrand Cantat a menti et qu'il a infligé « un coup de poing » à Marie. L'entourage de l'actrice y voit, lui, la preuve de l'acharnement du chanteur.

Les médecins légistes examinent ensuite les « membres supérieurs » de Marie Trintignant. Sur chacun d'eux, à hauteur et au-dessus des coudes, ils recensent huit hématomes. Un autre, portant des traces de griffures, apparaît sur le dos de la main droite de l'actrice. La trace d'un geste de défense. Pour le professeur Lecomte et le docteur Vorhauer, ces marques sur les bras correspondent à des « lésions de prise ». Ce qui confirme que

Bertrand Cantat a sans doute, avant d'asséner les gifles destructrices, tenté de maîtriser sa compagne en lui étreignant, avec une force extrême, le haut du corps. Ces éléments médicaux accréditent la « lutte de folie » décrite par le chanteur lors de ses premiers interrogatoires.

Les experts se penchent ensuite sur le crâne de Marie Trintignant, à la recherche des signes d'une éventuelle chute contre un objet dur. Mais ils ne trouvent qu'une « ecchymose de 5 centimètres de diamètre à l'arrière du cuir chevelu, sans plaie cutanée ». L'examen interne de la boîte crânienne permettra de préciser l'impact de cette blessure d'apparence légère. Il n'y a pas, en regard de cette ecchymose, de « fracture crânienne ». Les légistes estiment donc qu'elle est « compatible avec une lésion de chute sur un plan mousse ». En clair, il ne s'agit que d'une trace de frottement, sans doute apparue lorsque Bertrand Cantat a « jeté[3] » le corps inanimé de Marie Trintignant « contre le sofa ». De toute évidence, cette blessure ne peut expliquer le coma profond de l'actrice. Par ce simple constat, la première hypothèse suggérée par Bertrand Cantat, celle d'une chute accidentelle, d'un choc fortuit contre le bord d'une porte ou un radiateur, s'effondre. C'est donc ailleurs qu'il faut chercher les causes de la mort.

La réponse se trouve à l'intérieur du crâne de Marie Trintignant. Pour la dernière fois, il est à nouveau ouvert. Le cerveau, notent les médecins, est « le siège d'un œdème très important avec un aspect hémorragique pétéchial[4] multiple ». En affinant leurs observations, les

---

3. Terme employé par Bertrand Cantat lors de son premier interrogatoire, 29 juillet 2003, dans les locaux de la brigade criminelle de Vilnius.

4. Les pétéchies sont des petites lésions rouge vif ou bleutées qui apparaissent sur les muqueuses en cas d'infiltration sanguine. *(N.d.A.)*

experts décèlent des infiltrations hémorragiques plus marquées au niveau de la tempe gauche et dans la « région occipitale droite et frontale ». Perplexes, ils soulignent que « les remaniements dus à l'intervention chirurgicale ne permettent pas d'étudier le cerveau en détail sans fixation formolée préalable » et poursuivent leur travail en s'intéressant à la région oculaire. C'est là qu'ils trouvent un indice déterminant : « On observe une lésion hémorragique du nerf optique droit et gauche », écrivent-ils, déduisant que cet « hématome du nerf optique droit et gauche [plaide] en faveur [d'une] lésion traumatique à type ébranlement[5] ». Le nerf optique est le point fragile de la boîte crânienne. Et il est toujours le premier touché lors des décès de nourrissons victimes du syndrome dit du « bébé secoué ». Dans leur rapport, remis le 12 août 2003 à Nathalie Turquey, Dominique Lecomte et Walter Vorhauer mentionnent donc « des lésions cérébrales telles qu'on les observe dans les ébranlements du cerveau dans la boîte crânienne, avec hémorragie des nerfs optiques » et concluent : « L'aspect d'ensemble évoque des lésions cérébrales dues à des secousses multiples et violentes, des traumatismes de la face par coups directs ainsi que des lésions dans les régions de prise et défense. » Prudents, ils ajoutent : « Il est indispensable d'avoir les renseignements concernant les interventions chirurgicales avant toute conclusion définitive. »

En dépit de cette ultime réserve, qui va nécessiter un rapport médico-légal complémentaire, l'autopsie de Marie Trintignant permet donc d'éclaircir considérablement les circonstances des violences qui l'ont plongée

5. Ce passage du rapport médico-légal a été légèrement réécrit pour une meilleure compréhension. La version originale du texte est la suivante : *« Hématome du nerf optique droit et gauche en faveur de lésion traumatique à type d'ébranlement. »*

dans un coma profond. Dès le soir du 1er août, les enquêteurs de la brigade criminelle et la juge Nathalie Turquey savent, grâce au PV d'assistance à autopsie, que Marie Trintignant n'est pas décédée accidentellement. Ou, pour être plus précis, que sa tête n'a heurté aucune surface dure qui aurait pu provoquer un traumatisme crânien aux conséquences irréversibles. Ils ont également la confirmation que Bertrand Cantat a bien infligé à l'actrice des gifles très fortes, trois ou quatre au minimum. Ils apprennent enfin que les coups ont été précédés d'une violente empoignade au cours de laquelle le chanteur aurait pu secouer sa compagne pour la faire taire. L'actrice serait donc morte comme un de ces bébés maltraités dont les parents ne supportent plus les cris ? Reste une inconnue, qui jette un doute terrifiant. Le nez de Marie a été littéralement « écrasé ». Les policiers de la « crime », habitués à faire « parler » les cadavres, sont persuadés que cette blessure ne peut avoir été causée que par un coup de poing ou un coup de tête. Les secousses et les gifles peuvent s'expliquer dans le cours d'une dispute. Un coup de poing ou de tête relève d'une logique différente.

Sollicités par des journalistes les jours suivants, des enquêteurs laissent filtrer quelques éléments de l'autopsie. Marie Trintignant, expliquent-ils, a « succombé à des coups violents au visage ». Pour eux, la thèse de Cantat, qui parle d'une chute accidentelle, n'est pas convaincante. Lundi 4 août, un long article du *Parisien-Aujourd'hui en France* est titré : *« L'autopsie de Marie Trintignant accable Bertrand Cantat »*. Le lendemain, un commissaire de la brigade criminelle rédige une première synthèse du dossier Trintignant-Cantat, adressée au juge d'instruction. Lui aussi parle de « coups violents portés au visage », tout en précisant que « Bertrand Cantat ne confesse qu'une simple dispute et une chute fortuite[6] ». À cet instant, les enquêteurs français n'ont pas eu accès aux procès-verbaux des interrogatoires du Français menés par leurs collègues lituaniens. Ils ignorent que ce dernier a immédiatement reconnu avoir infligé des gifles « vraiment très fortes » à sa compagne et qu'il ne s'est jamais montré affirmatif à propos d'une chute. À leurs yeux, le rocker déchu apparaît alors non seulement comme une brute, mais aussi comme un menteur.

Le mardi 12 août, le rapport des légistes est officiellement remis à Nathalie Turquey. Deux jours plus tard, une copie du document est transmise à Georges Kiejman, qui représente les parties civiles. Olivier Metzner lui, n'a pas accès au document puisque son client n'est toujours pas formellement mis en examen en France. Après avoir pris connaissance du rapport, l'avocat des Trintignant alerte la presse. À 12 h 50, le jeudi 14 août, l'Agence France Presse annonce : *« Rapport définitif d'autopsie : Marie Trintignant décédée à la suite de coups. »* Georges Kiejman commente : « La thèse d'une simple gifle ayant entraîné une chute fatale est incompatible avec l'éclatement des os du nez constaté par les experts et avec l'état de Marie tel qu'il est visible sur les photos prises au terme de la première intervention chirurgicale. » À 14 heures, *Le Monde* publie un article titré : *« L'autopsie de Marie Trintignant met à mal la version de la gifle et de la chute. »* Pressé par les journalistes, Olivier Metzner refuse de s'exprimer tant qu'il n'a pas pris connaissance du rapport médico-légal. Anticipant un passage difficile, l'avocat de Bertrand Cantat a tout de même pris soin d'inspirer un article de Jean-Marie Pontaut et

6. Rapport de synthèse, brigade criminelle, Paris, 5 août 2003.

Laurent Chabrun paru le matin même dans l'hebdomadaire *L'Express*. Il y est question de plusieurs gifles... mais aussi d'une chute contre le radiateur. C'est la première fois que la version du chanteur est rendue publique. Elle passe presque inaperçue, balayée par les conclusions implacables de l'autopsie.

Le corps de Marie Trintignant est remis à sa famille dans la matinée du 2 août 2003. Auparavant, les légistes ont procédé à différents prélèvements, qui sont envoyés au laboratoire d'analyse toxicologique du professeur Pépin, à Paris. D'autres sont stockés à l'IML, au cas où des contre-expertises seraient nécessaires. Nathalie Turquey délivre alors un permis d'inhumer aux parents de Marie. Les Trintignant peuvent désormais préparer les obsèques de leur fille chérie.

Pour Jean-Louis, rentré le mardi 29 juillet en France après un séjour de vingt-quatre heures en Lituanie, il n'y a aucune place pour le doute. Sa fille doit être enterrée à Uzès, près de sa propriété et de l'ancienne bergerie qu'elle avait acquise à l'époque où elle vivait avec François Cluzet. Un choix qui semble acquis dès le lendemain de l'autopsie. Pourtant, au cours du week-end qui suit, cette douloureuse question donne lieu à d'intenses négociations entre l'acteur et son ex-femme Nadine, qui vit dans le quartier du Marais, à Paris, avec son compagnon Alain Corneau. Elle aussi veut pouvoir se rendre le plus souvent possible sur la tombe de Marie. Finalement, Jean-Louis Trintignant va céder à la volonté de la réalisatrice.

Le lundi 4 août, Dominique Besnehard, le fidèle agent de Marie Trintignant, décroche son téléphone et contacte quelques journalistes parisiens. Il semble formel. Les obsèques, dit-il, auront lieu au cimetière parisien du Père-Lachaise deux jours plus tard en début d'après-midi. Elles seront précédées, dans la matinée, d'un hommage privé au théâtre Édouard-VII, où les proches et des artistes salueront, en textes ou en musique, la mémoire de l'actrice disparue. Conformément à la volonté de sa famille, il n'y aura pas de cérémonie religieuse. Quant aux anonymes qui souhaitent se rendre au Père-Lachaise, il leur est demandé, dans les avis d'obsèques parus dans *Le Monde* et *Le Figaro,* de respecter la consigne suivante : « Tous ceux qui l'aiment pourront lui rendre hommage habillés de clair. » En ce début de canicule sur la France, tous les ingrédients sont là pour que l'hommage à Marie Trintignant soit digne de l'émotion suscitée par sa disparition.

Tandis que les Trintignant s'apprêtent à investir solennellement le cimetière du Père-Lachaise, lieu historique de Paris, Bertrand Cantat, lui, découvre un monument centenaire de Vilnius : le centre de détention de Lukiskiu. Un endroit dont la tristesse vaut bien celle d'un cimetière. Construite entre 1901 et 1904 près du centre de la capitale, alors que la Lituanie était sous le joug de la Russie impériale, cette immense bâtisse de brique rouge se distingue par son architecture. À l'époque, le tsar Nicolas II croyait aux vertus rédemptrices de la religion. Le cœur de la prison est donc formé de trois bâtiments religieux. Une haute basilique orthodoxe domine la rue. Elle masque une chapelle catholique, plus petite, puis une synagogue, encore plus discrète. Après la Seconde Guerre mondiale et le retour de la Lituanie dans le giron soviétique, Lukiskiu est devenu un haut lieu de la répression stalinienne. Située à quelques centaines de mètres de l'ancien siège du KGB, elle accueillait les prisonniers politiques en cours d'interrogatoire, pour l'essentiel des Lituaniens accusés de séparatisme. La basilique orthodoxe, elle, avait été transformée en salle de bal pour les ouvriers méritants du quartier. À Vilnius, la plupart des habitants ont au moins un membre de leur famille qui a été enfermé à Lukiskiu. Les autres y sont allés danser.

Aujourd'hui, cette prison de sinistre mémoire tourne le dos à la ville. Autour d'elle, plusieurs bâtiments modernes et hideux, construits sous Brejnev pour abriter la bureaucratie soviétique, sont en cours de destruction. La prison elle-même est à moitié désaffectée. Toute son aile ouest, en totale décrépitude, a été fermée. Elle ne répondait plus aux normes de sécurité. Juste après l'indépendance, dans les années quatre-vingt-dix, l'établissement pénitentiaire avait été montré du doigt par plusieurs organisations humanitaires. Surpopulation, hygiène déplorable, taux de sida alarmant : les maux habituels d'une prison hors d'âge dans un pays alors en ruine. Les choses ont évolué depuis. À l'image de la Lituanie, Lukiskiu a été rénovée en profondeur. Les murs de brique rouge et les barbelés aux pointes acérées sont toujours là. Mais à l'intérieur, les conditions de détention se sont améliorées. Parce qu'il se trouve à proximité des principales instances judiciaires et policières du pays, l'établissement s'est spécialisé dans l'accueil des individus en détention provisoire. « Il y a actuellement 1 241 prisonniers dans cette prison, explique Alexandras Davidonis, son directeur, un Lituanien d'origine russe. Parmi eux, 900 sont en détention provisoire et 189 sont des condamnés définitifs. Les condamnés purgent de longues peines. Ils sont incarcérés à Vilnius parce que leur famille habite ici[7]. » Les condamnés, reconnaissables à leur crâne rasé et à leur uniforme gris-bleu, sont enfermés à l'écart des personnes en détention provisoire.

7. Entretien avec les auteurs, prison de Lukiskiu, Vilnius, 28 novembre 2003.

Tout comme Bertrand Cantat, ces prisonniers sont « suspectés » mais pas encore condamnés. Soucieuse de donner une bonne image sur le plan international, l'administration pénitentiaire lituanienne tient donc à ce que ses pensionnaires soient traités convenablement. Les trois corps de bâtiment où est enfermée cette catégorie de population carcérale ont été repeints et nettoyés. Aujourd'hui, les couloirs sentent le désinfectant. Les installations sanitaires ont été refaites. La plupart des cellules sont même câblées, ce qui permet de recevoir la télévision. L'hôpital de la prison, construit en 1929, a lui aussi été modernisé.

C'est dans cet hôpital que Bertrand Cantat est accueilli le 31 juillet 2003, en toute fin de matinée. Très éprouvé par l'audience qui s'est déroulée auparavant au tribunal de Vilnius, le nouveau prisonnier n'apparaît pas capable d'affronter d'emblée le régime normal de détention. Il est donc placé en observation dans une des cellules de l'annexe médicale, celle qui porte le numéro 28. Le médecin qui l'examine le découvre prostré, choqué et très fatigué mais dans un état psychique jugé « acceptable ». Il lui prescrit des somnifères. Cantat s'endort sans toucher au plateau repas déposé à côté de son lit métallique.

Il est le seul prisonnier français de la prison. Seulement quarante ressortissants étrangers sont recensés à Lukiskiu[8]. Ils sont, dans une large majorité, originaires des territoires frontaliers de la Lituanie, comme la Lettonie, la Biélorussie ou l'enclave russe de Kaliningrad, mais l'on y trouve également des Tchétchènes, des Roumains et quelques Scandinaves. Il y a aussi deux Italiens et un Américain en cours d'extradition – des

8. Source : Direction de la prison de Lukiskiu, novembre 2003.

« mafieux » impliqués dans le trafic de stupéfiants – mais pas l'ombre d'un autre détenu francophone.

Au matin du 1er août, Bertrand Cantat reçoit la visite de son avocat lituanien, Virginijus Papirtis. Le juriste lui a apporté un dictionnaire « français-lituanien ». C'est la première fois que les deux hommes peuvent s'entretenir longuement. En Lituanie, les avocats disposent d'un droit de visite illimité. La rencontre dure près de trois heures. Cantat parle peu. Les yeux dans le vide, il écoute son interlocuteur lui préciser, dans un français parfois hésitant, le régime de détention auquel il va être confronté. Virginijus Papirtis lui apprend que, comme tous les prisonniers dont le dossier est en cours d'enquête, il sera soumis à un régime d'isolement très strict. Il n'aura pas le droit d'avoir de contact avec les autres détenus. Il mangera dans sa cellule, n'accédera à la douche qu'à des horaires déterminés et n'aura droit qu'à une heure de promenade par jour, toujours seul et dans une cour étroite. Il ne pourra recevoir la visite de ses proches que si le procureur en charge de l'enquête en donne l'autorisation, *via* des permis de visite nominaux. « L'isolement est justifié par les nécessités de l'enquête, explique Alexandras Davidonis, le directeur de la prison. Dans notre pays, les investigations sont plus brèves qu'en France. La plupart des personnes amenées ici sont impliquées dans des réseaux de trafic de drogue. Nous voulons surtout éviter qu'elles aient des contacts avec des complices pendant l'enquête car cela peut gêner le travail de la police[9]. » Maître Papirtis promet à son client de faire tout son possible pour obtenir rapidement des permis de visite à Kristina Rady, que Cantat souhaite voir en priorité, pour s'expliquer et avoir des nouvelles d'Alice

9. Entretien avec les auteurs, prison de Lukiskiu, Vilnius, 28 novembre 2003.

et Milo, ses enfants. Le prisonnier demande ensuite, d'une voix nouée, des nouvelles de Marie. L'avocat sait déjà que l'actrice est alors cliniquement morte. Kristina, puis les médecins, lui ont recommandé de ne rien dire à Bertrand. Il se contente donc de lui annoncer qu'elle va être transportée en France et qu'elle n'est pas sortie de son coma. « Si elle meurt, je ne peux pas vivre », lui lâche Cantat avant de s'effondrer en sanglots, le corps tremblant. Affolé, Virginijus Papirtis alerte les médecins. Le docteur Rimantas Gagys, directeur adjoint de l'hôpital pénitentiaire, examine le Français et décide de le faire transporter dans la salle de soins, « en raison de son état psychologique ».

Le rocker survolté n'est plus que l'ombre de lui-même. Il est placé dans l'un des lits de la salle des soins, isolé du regard des autres détenus malades par un paravent. Bertrand Cantat délire. Parle effectivement de « mort », de « suicide », veut « aller rejoindre Marie ». Mais il semble trop faible pour mettre ses paroles à exécution. Il ne parvient pas à s'alimenter. On le place donc d'office sous perfusion. Une dose de somnifères encore plus puissante lui est administrée. Il s'endort à nouveau. Jusqu'au lundi 4 août, il n'émergera de son sommeil artificiel que de brefs instants, toujours en prononçant des phrases incohérentes. Les médecins lituaniens lui ont tout simplement imposé une « cure de sommeil ». Interrogé plus tard sur l'état réel de Bertrand Cantat, le docteur Rimantas Gagys livre ce diagnostic : « Je ne crois pas à un risque réel de suicide. Je ne sais pas d'où vient cette spéculation. Peut-être y a-t-il songé les premiers jours, dans une idée inconsciente. Il souffre énormément mais son état est satisfaisant et stabilisé. Il n'a pas de maladie psychique mais une perturbation psychosensorielle dans un environnement absolument étranger pour lui[10]. » Le chanteur ne présente pas, aux yeux des psychiatres, le profil d'un individu capable d'attenter à ses jours. Il ignore toujours que Marie est morte et espère des nouvelles de ses enfants. Il est rongé par la culpabilité et le doute. Comme si l'incertitude le maintenait en vie.

Le lundi 4 août, en début d'après-midi, Virginijus Papirtis peut à nouveau rencontrer son client. Il vient lui annoncer qu'Olivier Metzner, son avocat français, viendra le voir le lendemain. Le juriste parisien est arrivé discrètement à Vilnius le samedi précédent. Maître Papirtis avait sollicité le parquet de Vilnius dès le vendredi afin d'obtenir un permis de visite pour son confrère. Les magistrats lituaniens, informés de l'état de santé de Bertrand Cantat, ont laissé passer le week-end avant de donner une réponse positive. Ils se montrent encore moins empressés pour accorder un permis de visite à Kristina Rady. La justice lituanienne a maladroitement fait savoir à la mère d'Alice et Milo que le procureur du district de Vilnius, Ramutis Jancevicius, n'avait pas le temps de signer les documents administratifs nécessaires. En réalité, le substitut en charge de l'enquête, Vladimiras Serguejevas, veut faire procéder à un nouvel interrogatoire de Bertrand Cantat. Il entend maintenir la pression sur son « suspect » et ne veut pas lui accorder la moindre faveur. Virginijus Papirtis demeure donc le seul lien de Bertrand Cantat avec ses proches. Le parloir du 4 août dure encore près de trois heures. Comme lors du précédent rendez-vous, le prisonnier s'enquiert de l'état de santé de Marie Trintignant. L'avocat esquive la question, gêné. Cantat lui dit alors qu'il a entendu des infirmiers prononcer le nom de Marie. Les ayant interrogés en anglais, il a cru comprendre que sa maîtresse

10. Cité par Renaud Lecadre, *Libération* du 15 août 2003.

était morte. D'une voix douce, Virginijus Papirtis lui confirme la terrible nouvelle. Bertrand Cantat sait désormais qu'il a tué de ses propres mains la femme qu'il aimait passionnément.

Avant même de réaliser la conséquence de cette issue fatale, Bertrand Cantat rencontre Olivier Metzner. Au cours de cette première et longue visite, son défenseur lui donne l'occasion de présenter sa version des faits. Cantat raconte en détail, pour la quatrième fois, la nuit du 26 au 27 juillet. Pourtant réputé pour son implacable froideur, l'avocat parisien est touché par la sincérité de cet homme de presque quarante ans, qui lui parle comme un adolescent ayant commis une grosse bêtise. Bertrand Cantat répète à plusieurs reprises à son avocat qu'il se sent responsable d'avoir tué celle qu'il aimait. Ensemble, ils définissent une stratégie de défense. Elle tient en quatre points. Un : Bertrand Cantat n'a jamais menti aux enquêteurs. Deux : il reconnaît avoir frappé Marie mais n'a jamais voulu la tuer. Trois : il n'a pas eu conscience de la gravité de son état. Quatre : ce sont les cris de la jeune femme, son « hystérie » initiale, qui ont entraîné le déchaînement de violence. Ce dernier point est évidemment le plus délicat à manier pour le défenseur de Bertrand Cantat.

À Paris, les obsèques de l'actrice sont annoncées pour le lendemain. L'émotion va être à son comble. Olivier Metzner attendra donc. Il sait que l'emploi du mot « hystérie » est une bombe à retardement et que tout propos un peu critique sur Marie Trintignant serait alors perçu comme un scandaleux manque de respect. Il n'hésitera pas à l'utiliser le moment venu, car il est convaincu que son client lui a dit la vérité.

De retour dans sa cellule de l'hôpital pénitentiaire, Bertrand Cantat a griffonné nerveusement ces mots sur le mur près d'un lavabo : « Marie, je t'aime. »

8

Chagrin et colère

De hautes et lourdes tentures plantées dans un cadre mi-intimiste, mi-luxueux. Posés sur la scène, un canapé en cuir, une table, quelques chaises, un piano, des tournesols. Au fond de la salle, sur le mur, une grande photo de Marie, le sourire radieux, visage cerné de fleurs. Cinq jours ont passé depuis le décès de l'actrice. L'heure des adieux a sonné. Elle débute par l'hommage de la famille, du premier cercle d'amis et des personnalités que les Trintignant ont réunis, ce mercredi matin, 6 août 2003, dans le décor imposant du théâtre Édouard-VII à Paris. Il n'y aura aucun service religieux. À 14 heures, le cercueil blanc de Marie sera simplement conduit du funérarium des Batignolles, au nord-ouest de Paris, vers le cimetière du Père-Lachaise pour y être inhumé. C'est là que les anonymes pourront, à leur tour, lui rendre un dernier hommage. En moins d'une semaine, les proches de la défunte ont tout fait pour que l'événement soit à la hauteur du choc provoqué par sa disparition.

Près de cinq cents invités triés sur le volet, vêtus de blanc pour la plupart, se bousculent à l'entrée du théâtre. L'accès en a été protégé par des barrières métalliques, derrière lesquelles les badauds s'extasient face à la concentration au mètre carré de visages connus. Un casting digne d'un dîner de gala pendant le festival de Cannes. C'est qu'à l'intérieur, protégée par la douce fraîcheur du lieu, la grande famille du cinéma français a répondu présent à l'invitation de Nadine et Jean-Louis Trintignant. Le couple s'installe au premier rang. À leurs côtés, Alain Corneau, Marie-Anne, l'épouse de Jean-Louis, Vincent et Roman. Presque tous ceux qui, de près ou de loin, ont vécu l'aventure *Colette* avec Marie et les siens participent à la cérémonie. Sont présents le producteur Jérôme Minet et les principaux interprètes du film, Lambert Wilson, Vladimir Yordanoff, Jacques Higelin, Lio, Barbara Schultz, Catherine Jacob, Marie-José Nat, le fidèle Dominique Besnehard bien sûr, ainsi qu'une partie de l'équipe technique. On croise aussi Catherine Deneuve, Anouk Aimée, Jane Birkin, Daniel Auteuil, Richard Berry, Guy Bedos, Vincent Lindon, Claude Lelouch, Bertrand Tavernier, Patrice Chéreau, Agnès Varda... Ou encore l'ex-chanteur de Téléphone Jean-Louis Aubert aux côtés de son vieux copain batteur, le père de Roman, Richard Kolinka. On aperçoit même furtivement Lionel Jospin, que Marie Trintignant avait soutenu pour l'élection présidentielle de 2002, serrant la main du ministre de la Culture Jean-Jacques Aillagon, venu représenter le gouvernement.

Sur scène, les hommages succèdent aux hommages. Jorge Semprun, l'écrivain et ami de toujours, lit un texte. Ses mains tremblent : « Il y a deux événements qui nous font et nous défont, résonne sa voix dans la salle. Notre naissance et notre mort. Entre les deux, il faut que nous fassions confiance aux autres, à leur amour et à leur mémoire. » Jacques Higelin, micro en main, dirige les opérations. « Parce que la vie est belle, dira le chanteur d'une voix émue, la vie doit continuer. Marie est avec nous, on va chanter avec elle. » En prose, en poèmes ou en refrains, chacun y va de son clin d'œil, de son tendre souvenir ou de son anecdote. On fredonne les vieilles chansons un peu désuètes que Marie aimait tant, comme « Le Tourbillon de la vie », musique du film *Jules et Jim*. Barbara Schultz s'attaque à « Une Petite Cantate », puis c'est à Lio d'entonner « Un gamin de Paris », l'un des airs favoris de son amie. La salle reprend doucement. Plus tard, des larmes coulent sur les visages quand la voix grave et envoûtante de Marie Trintignant surgit des haut-parleurs. C'est l'enregistrement (récent) d'une berceuse écrite et composée pour elle par Thomas Fersen : « Bonne nuit mon amour... Fais de beaux rêves... Je vais me coucher... » Le chagrin cédera un peu de terrain au ressentiment, au moment de la conclusion amère de Jacques Higelin : « Elle méritait la vie, Marie. C'est pour ça qu'on est en colère. »

Début d'après-midi, changement de décor. Le thermomètre a franchi les 40 degrés, mais c'est déjà l'affluence dans les allées à peine ombragées du Père-Lachaise. Là aussi, des barrières sont installées. Elles courent le long de l'itinéraire qui mène à la dernière demeure de Marie Trintignant, au détour de la 23e avenue, 45e division. Entre celles de Gilbert Bécaud et de Daniel Toscan du Plantier, récemment disparu. Entre un chanteur populaire et le grand manitou de cinéma français, au cœur du plus célèbre des cimetières d'artistes, où la vraie Colette repose elle aussi depuis presque cinquante ans.

C'est la première fois que l'on peut mesurer l'impact des événements de Vilnius sur l'opinion publique française. Dans la foule des anonymes, une courte majorité de femmes se dégage. Imitant les nombreux photographes et cameramen, certains finissent par grimper sur les sépultures pour tenter d'apercevoir les couronnes et les fleurs qui entourent la tombe. « Petits vandales... Vous n'avez pas honte ? Mais vous ne respectez rien... » s'énerve une grand-mère en nage, un mouchoir collé sur le front. Personne ne lui prête vraiment attention. On aperçoit des monceaux de fleurs, des bouquets, des roses. Moment irréel de recueillement collectif. « Cette histoire m'a profondément bouleversée, glisse une femme d'une quarantaine d'années. Ce qui est terrible dans tout ça, c'est qu'une actrice comme elle, engagée dans les luttes féministes, libre et indépendante, finisse sa vie de manière aussi atroce. Battue à mort. La violence conjugale, ça commence par un petit geste et voilà comment ça se termine si on laisse faire. On parle beaucoup de sécurité routière actuellement, mais c'est là-dessus aussi qu'il faudrait appliquer la tolérance zéro. » À côté d'elle, sa voisine acquiesce, les yeux rougis : « Cette affaire touche tout le monde parce qu'elle était proche de nous, cette fille. Elle n'était pas star pour un sou. Et puis c'était une actrice formidable, qui donnait beaucoup d'elle dans ses rôles. Voyez son ami, maintenant. Il avait beau défendre des idées formidables de générosité, il s'est quand même transformé en pauvre mec violent avec sa femme. Comme quoi nous sommes bien peu de choses. Tout peut basculer d'un seul coup. Je suis triste pour elle mais je ne peux pas m'empêcher de penser à ce type qui a détruit sa vie – et la sienne. » Des touristes britanniques, italiens et espagnols se sont mêlés à la foule, la mine compatissante. Difficile en France, même pour les étrangers, d'échapper au triste feuilleton de l'été.

Le véhicule funéraire, suivi d'une longue procession, apparaît finalement au fond d'une allée. Nadine, Jean-Louis et Vincent sont là, en tête du cortège. Dignes mais anéantis. Derrière eux, on reconnaît les mêmes qu'au théâtre Édouard-VII. Les quatre fils de Marie et leurs pères respectifs sont présents. Chacun tient qui un tournesol, qui un petit bouquet. Portée par la sono, la voix du ministre de la Culture Jean-Jacques Aillagon sonne creux. Presque autant que son éloge à Marie Trintignant, cette femme « née au cinéma et qui disparaît en lui ». Vincent Trintignant s'approche ensuite du micro, un œil sur ce qu'il appelle « la boîte vide » : le cercueil blanc satin de sa grande sœur. « Tu es toujours dans mon cœur », lâche-t-il, les yeux brillants. Puis vient le tour de Nadine. Face à la montagne de fleurs et sous le crépitement des flashes, la réalisatrice raconte d'une voix sourde son arrivée à l'hôpital de Vilnius. L'angoisse. Comment elle a compris que « c'était grave, très grave ». Cachée derrière ses grandes lunettes fumées et sous son béret sombre, comme en Lituanie, la mère parle à son enfant défunte, comme elle le fera plus tard dans son livre : « Ma fille, dit-elle face au micro. Tu seras toujours dans mon ventre. »

Dans la foule hétéroclite du Père-Lachaise, on s'éponge le front et on sèche ses yeux avec le même mouchoir. Le moment le plus poignant arrive quand Jean-Louis Trintignant, nu-tête et chemise blanche, s'avance vers la dépouille de sa fille qui lui était si proche. Parmi les centaines de messages de sympathie reçus, l'un d'eux a tout particulièrement retenu son attention. C'est un message d'espoir, qu'il lit mot à mot d'une voix brisée : « Ne pleure pas celle que tu as perdue… » Silence absolu. Le père de Marie éclate en sanglots, mais parvient à finir sa phrase : « Au contraire… réjouis-toi de l'avoir connue… » Tordu de douleur, Jean-Louis regagne sa place. Des larmes coulent sur les visages. Ceux de la famille, des amis, des anonymes aussi. Des femmes et des hommes, jeunes et moins jeunes, recueillis dans un même sentiment de gâchis absolu, quelque part entre chagrin et colère.

Après l'inhumation, les membres du cortège « officiel » quittent rapidement les lieux. C'est maintenant aux centaines d'anonymes de défiler devant la sépulture de Marie Trintignant. Des files de badauds aux regards rougis viennent grossir l'amas impressionnant de fleurs et de couronnes, dont l'une envoyée par le président Jacques Chirac, qui cernent la tombe de l'actrice. « Cela faisait bien longtemps qu'il n'y avait pas eu d'obsèques comme ça ici », confie un gardien. Des registres de condoléances ont été installés à l'entrée du cimetière. Les gens refont la queue pour inscrire quelques mots sur les pages blanches. « Merveilleuse Marie, peut-on lire sous la plume d'une Parisienne. Vous avez fait beaucoup pour les femmes, vous et votre mère. » Ou encore : « Bravo et merci pour vos films, bravo et merci pour votre vie, pour l'exemple que vous nous avez donné. Nous ne vous oublierons jamais. Mon Dieu, quelle injustice… »

Chagrin et colère au Père-Lachaise. Chagrin et colère partout en France. Chagrin et colère, aussi, chez les très nombreux fans de Noir Désir. Alors que le cercueil de Marie vient d'être porté en terre, l'affaire Marie Trintignant redevient l'affaire Bertrand Cantat. La victime enterrée, les regards se tournent à nouveau vers le prisonnier de Vilnius. Le même jour, sous les toits brûlants de l'île de la Cité, dans leurs bureaux du 36, quai des Orfèvres, les hommes de la brigade criminelle attaquent la deuxième phase de leur enquête.

L'équipe du commandant Nouvion a convoqué, entre 15 et 20 heures, les proches du chanteur et les trois autres membres de Noir Désir. Depuis six jours, les policiers disposent d'un témoignage troublant : celui d'Agnès Tassel. Sur procès-verbal, la maquilleuse du téléfilm *Colette* a relaté l'intégralité de sa conversation avec Kristina Rady, dans le hall du Radisson, relative aux supposés antécédents de violences du suspect. Pourtant, personne, dans l'entourage immédiat de Cantat, ne va confirmer cette hypothèse. Ni Kristina, ni la famille de Bertrand, ni ses copains du groupe. Tous ou presque décrivent ce jour-là le chanteur comme un être « impulsif » et « colérique », mais certainement pas violent « au sens physique du terme ».

Hantés par l'expression « docteur Jekyll et mister Hyde », jamais les policiers français n'arriveront à percer le mystère Bertrand Cantat. Pas plus que n'y parviendront ses légions d'admirateurs, pour qui la terrible nouvelle de Vilnius mettra du temps à être digérée. Le leader charismatique de Noir Désir est en prison, soupçonné d'avoir tué de ses mains la femme de sa vie. La nouvelle a l'effet d'une bombe à fragmentation pour toute une génération de trentenaires et de quadras qui ont grandi dans une certaine idée du rock. Et de l'engagement politique citoyen si cher au charismatique Bordelais.

La première onde de choc passée, place à la réflexion collective. En quelques jours, les sites consacrés au groupe, les forums Internet spécialisés, les courriers des lecteurs des journaux sont bombardés de messages vengeurs, incrédules ou carrément désespérés. « Je ne pouvais pas imaginer pire nouvelle, dit une mère de famille de trente-cinq ans sur un forum. Ce groupe m'accompagne depuis mes années lycée. J'ai grandi avec Bertrand et sa bande et je ne peux me résoudre à jeter tout cela à la poubelle comme ça, d'un seul coup. » Certains assurent qu'ils vont se débarrasser de tous leurs disques de Noir Désir, que leur « seule compassion » ira à la famille Trintignant. Parfois, le chagrin fait place à l'amertume. Premiers visés : ceux qui oseraient faire l'amalgame entre le coup de sang de Bertrand et l'univers du rock. Un internaute rebelle prédit : « Tous les bourgeois, les dirigeants, les flics et les cons vont se faire un malin plaisir à mettre le rock au tapis. » Puis il avoue son malaise intime : « J'ai beaucoup de mal à trouver les mots, mais les idées sont là. Ce qui lui est arrivé aurait pu vous arriver. Ou aurait pu m'arriver. »

À Bordeaux, « la » ville du groupe, le cauchemar estival dépasse l'entendement. S'il y a trois choses dont on est fier ici, c'est bien le vin, le club de football des Girondins… et Noir Désir. Le quartier populaire Saint-Michel, berceau du groupe, a vu l'une de ses légendes urbaines s'écrouler d'un bloc. « Bertrand Cantat est ce *gars du coin* qui arpente les boulevards avec femme et enfant, et que l'on croise au café de la Fraternité ou au marché des Capucins », écrit le journaliste Bruno Masi pour décrire cette relation si particulière qui unit l'artiste à sa ville, avant d'ajouter : « Même si le chanteur partage désormais sa vie entre la capitale et la cité girondine, son engagement du côté de la Belle Endormie n'a jamais failli. Mais à la froideur légendaire des Bordelais s'ajoute l'incapacité de mettre des mots sur une situation aussi abrupte, rendue d'autant plus complexe qu'une procédure judiciaire est en cours[1]. » Peu de mots donc. Juste quelques graffitis « Libérez Cantat ! » taggés, durant l'été, par des mains rageuses sur les murs de « Saint-Mich ».

1. *Libération*, 19 septembre 2003.

Dans le microcosme du milieu rock parisien, l'événement provoque d'autres réactions en chaîne. L'affaire Cantat n'ayant pas d'équivalent en France, c'est ailleurs qu'il faut chercher des précédents, des éléments de comparaison. Et il n'y en a guère. Sauf peut-être Sid Vicious, bassiste du fulgurant groupe punk les Sex Pistols, accusé d'avoir massacré au couteau sa copine, Nancy Spungen, dans un hôtel de New York en 1978. Ou plus récemment Phil Spector, producteur et légende vivante du rock, inculpé du meurtre d'une actrice de série B, à Los Angeles, six mois avant la nuit de Vilnius. Or, même avec la pire mauvaise foi, ces deux exemples ne « collent » pas au dossier Cantat. Trop trash, trop extrêmes, trop « ricains ». Trop « sex, drogue et rock'n roll ». Sid Vicious est mort d'overdose à vingt et un ans, sans avoir été jugé, et Spector a traîné toute sa vie une vilaine réputation. Aux antipodes de l'image du père tranquille qui promène sa famille dans les marchés de Bordeaux.

Preuve que le geste de Cantat est une énigme, autant pour ses fans en détresse que pour les policiers chargés d'y voir plus clair dans le personnage. « Cette affaire restera l'un des faits majeurs de notre époque dans ce pays, analyse à chaud le chroniqueur rock Patrick Eudeline. Si elle dépasse l'entendement, c'est que Cantat était à l'opposé de ce qui fait une certaine mythologie du rock. Contrairement à beaucoup d'autres, il n'a jamais sombré dans la défonce. Il était respecté. Il était beau gosse. Il avait la terre entière ou presque à ses pieds. Il incarnait la figure rassurante du grand frère, une sorte d'anti-Joey Starr[2]. » Pessimiste quant aux chances de survie du groupe, le collaborateur du

2. Entretien téléphonique avec les auteurs, 12 août 2003.

mensuel *Rock'n'Folk* place déjà Noir Désir au centre du Panthéon rock français : « Tout le monde a été touché par cette affaire. Et comme le rock se nourrit de mythes, si possible les plus sombres, Noir Désir est en train de devenir un groupe culte. On verra bientôt qu'il y a eu les années Noir Désir comme il y a eu les années Téléphone. »

Dans les courriers des lecteurs des journaux rock, l'interminable débat autour du drame tourne à la surchauffe. L'hebdomadaire *Les Inrockuptibles*, organe de presse réputé le plus proche de Noir Désir, publiera des pages et des pages de commentaires de journalistes et de lecteurs dans ses numéros d'août et de septembre. Si « les histoires d'amour finissent mal, en général[3] », écrit le chroniqueur Arnaud Viviant, c'est que notre société y est forcément pour quelque chose. Bernard Comment, lui, jure à qui veut l'entendre qu'il « n'oublie pas qui est Bertrand Cantat ». Certains lecteurs tendent même à minimiser l'acte du chanteur, en pointant du doigt soit la pureté de sa passion pour Marie Trintignant, soit l'effet de l'alcool et – peut-être – de la drogue. Entre les lignes, Cantat y apparaît implicitement comme une sorte de « héros romantique » au destin maudit, davantage victime que coupable. Victime aussi de ces « requins de la presse généraliste » qui n'hésitent pas à « salir un peu plus la mémoire de Bertrand ».

Par sa complexité, l'affaire ne torture pas seulement la conscience de la presse spécialisée. Depuis les premiers jours, *Le Monde* a mis un journaliste à plein temps sur le dossier, et consacré plusieurs pages au

---

3. Arnaud Viviant, « Les Histoires d'A. », *Les Inrockuptibles* n° 401, 6 août 2003

drame de Vilnius et à ses développements. Très vite, de nombreux lecteurs font savoir leur mécontentement de voir leur cher « journal de référence » courir derrière la presse populaire. Le médiateur du quotidien s'en tirera, comme à son habitude, par quelques acrobaties sémantiques. Mi-août, le titre publie une vibrante tribune de soutien à Cantat cosignée par trois de ses proches : la cinéaste Hélène Châtelain, le journaliste Claude Faber et le dramaturge Armand Gatti. « Bertrand Cantat reste des nôtres, écrit le trio. Il est plus qu'un ami. Il est notre frère d'écriture, de conviction et de cœur. Nous aimons tout de lui, son regard sur le temps, *ses épaules larges comme l'horizon*, sa poésie en forme d'étoile. [...] L'histoire retient que Marie et Bertrand sont plus que jamais liés. Unis et indissociables. Si ce n'est qu'elle est morte et lui vivant. Le drame est total. [...] Nous restons solidairement convaincus que Bertrand n'est pas fait pour le rôle que l'on veut lui attribuer. Ceux qui le connaissent [...] ne peuvent l'oublier et taire la réelle personnalité de Bertrand. À moins que l'amnésie doublée de mauvaise foi ne soit une maladie de notre temps. [...] Notre compagnon a besoin de retrouver son honneur. Au nom de ce qu'il est réellement. Un homme digne d'être considéré comme un frère[4]. »

À trop vouloir différencier la « brute de Vilnius » du Cantat « d'avant », ce texte va provoquer une avalanche de réactions indignées. Y compris chez les très pointus *Inrocks*, où l'on ne manquera pas de stigmatiser ce « texte consternant ». Belle occasion, en tout cas, d'attiser la mauvaise humeur légendaire de certains lecteurs du *Monde*. Des lecteurs qui n'en croiront pas leurs yeux, à la fin de l'été, en découvrant la une et deux pages intérieures sous le titre : « *La génération*

4. *Le Monde*, daté 18 août 2003.

Noir Désir face au drame de Vilnius[5] ». Du jamais vu. Nouvelle pirouette du journal fin août, lorsque Thomas Sotinel revient, en rubrique « analyse », sur le texte de soutien à Cantat publié par *Le Monde* quelques jours plus tôt : « Cette réaction publique atteste la difficulté qu'ont rencontrée certains admirateurs à dépouiller Bertrand Cantat des attributs dont son parcours d'artiste l'avait paré[6]. » Voilà qui « témoigne » en tout cas de la « difficulté », pour le plus célèbre des quotidiens francophones, à suivre une ligne éditoriale claire sur l'affaire de Vilnius.

Au sein des *Inrocks*, l'examen de conscience fut violent. Et si c'était un bon « gros pourri de droite » qui avait frappé à mort sur sa « bonne femme » ? Bonne question. Quelques semaines plus tard, dans les colonnes du même hebdomadaire, la journaliste Nelly Kaprièlan pousse un violent coup de gueule en pleine page. « Un homme est la somme de ses actes, n'en déplaise aux *frères* de Cantat. Le coupable, ironise-t-elle, ce n'est pas lui – lui qui est bon, responsable et de gauche – mais le contexte. Comme si cet acte ne lui appartenait pas. Cet acte n'est pas celui de Bertrand Cantat, mais la conséquence de l'absolu de son amour pour Marie Trintignant. Ridicule romantisation de la situation : en France, le romantisme excuse tout, y compris la violence induite par ce désir inconscient d'annuler symboliquement l'autre et sa parole dès qu'elle est source de souffrance – et qui n'a rien de romantique ni d'amoureux. Ce qui est bel et bien inexcusable depuis quelques semaines dans ces articles, c'est cette esthétisation rétrospective de la mort de

5. *Le Monde*, daté 24 et 25 août 2003.
6. *Le Monde*, daté 31 août 2003.

Marie Trintignant, tout simplement parce que son amant est le leader d'un groupe de rock, "rebelle" et "rimbaldien". Obscène, cette façon de faire de Cantat un héros romantique, dont le passage à l'acte serait la preuve exemplaire d'une façon d'aimer extraordinaire, ou encore d'y voir la conséquence d'une situation générale ou universelle[7] ». « Romantisation » et « esthétisation »: deux mots que l'avocat des Trintignant, Georges Kiejman, emploiera plusieurs fois pour exprimer la douleur et le dégoût inspirés par certaines envolées à ses clients, pourtant eux aussi clairement marqués « à gauche ».

Le malaise autour de Bertrand Cantat se propage également à l'univers très fermé des radios et à l'industrie du disque. Dès l'annonce du drame, la quasi-totalité des stations FM françaises – et au-delà francophones – décrètent un boycott de fait des morceaux de Noir Désir. Le groupe n'a pas sorti de disque depuis presque deux ans, mais des titres de leur dernier album, *Des visages des figures*, étaient encore régulièrement programmés, voici peu, sur certaines antennes. Depuis une dizaine de jours, plus rien. Même la radio rock bordelaise Wit FM, où l'on vénère « Noir Dez » depuis toujours, s'est jointe au mouvement. « On ne passe plus rien d'eux, explique alors un responsable de la station. Cela pourrait être mal interprété, notamment par nos auditrices. Ensuite, on verra. Disons que ce sera difficile de tirer un trait définitif sur ce groupe majeur que restera Noir Désir. » La plupart des antennes semblent s'être passé le mot : il s'agit

7. Nelly Kaprièlian, « *Cantat, un héros romantique ?!* », *les Inrockuptibles* n° 405, 3 septembre 2003.

d'observer un « délai de décence » avant de replacer le groupe bordelais à sa juste place.

À Paris, la station rock Ouï FM ne sait trop sur quel pied danser. Comme beaucoup de ses concurrentes, elle reprendra progressivement la diffusion de Noir Désir à partir de septembre. Mais pas question de communiquer là-dessus. Stéphane Jaouën, l'attaché de presse de Ouï FM, est prié de répondre aux journalistes par un très sec « sans commentaire ». Il sera licencié, par la suite, pour avoir conseillé à une collaboratrice de *Voici* d'aller « écouter la radio » pour savoir si Ouï passait encore Noir Désir. Un signe de la fébrilité qui règne dans ces milieux juste après le drame. Plus pragmatique et plus philosophe, Max Guazzini, patron du groupe NRJ, première radio musicale de France, résume assez bien la situation : « Pour ne pas choquer, nous ne surprogrammons pas les morceaux du groupe. On verra par la suite. Cela dit, il faudra tôt ou tard faire la différence entre les agissements d'un homme, Bertrand Cantat en l'occurrence, et l'œuvre de tout son groupe. Et puis, si on devait arrêter de programmer ses disques à chaque fois qu'un artiste fait une connerie, on ne passerait plus grand-chose[8]. »

Dans les jours qui suivent le drame, la presse va aussi s'intéresser aux répercussions de l'affaire Trintignant-Cantat sur les ventes de Noir Désir. De deux choses l'une : ou elles sont en baisse, et c'est une information, ou elles sont en hausse, et c'en est une autre. Deux semaines après le drame, *Le Parisien* prend contact avec le bureau de presse de Barclay, maison de disques du groupe depuis seize ans. Visiblement, la maison-mère Universal Music France

8. Entretien avec les auteurs, 12 août 2003.

(filiale de la multinationale Vivendi) a déjà donné ses consignes en matière de communication. La règle est simple : silence absolu. On ne parle ni de l'affaire ni de son impact sur les ventes. « Il n'est pas question de donner ces chiffres », répétera en boucle l'attaché de presse de Barclay pendant tout le mois d'août[9].

Reste alors une solution, afin de cerner la tendance : joindre directement les principaux points de vente, à savoir Virgin Megastore et la Fnac. « Les données ne sont pas disponibles », répond la première enseigne, tandis que la seconde annonce, du bout des lèvres, un « doublement des ventes » de Noir Désir par rapport aux dix jours précédant le drame. Sans autre précision. Quelques coups de fil aux rayons rock d'une douzaine de magasins Virgin et Fnac, à Paris et en province, confirment cette information. Selon les albums et les points de vente, les professionnels ont constaté une progression des ventes comprise entre 60 et 140 %. La moyenne se situerait donc aux alentours de 100 %. C'est plus que substantiel. Des vendeurs se plaignent même d'être en rupture de stock sur certains titres. À la Fnac de Bordeaux, on a retiré le matériel de promotion autour du groupe, mais les disques se vendent toujours : « Ça continue de marcher, et plutôt très bien, avoue un chef de rayon. Certaines personnes disent qu'elles achètent ça *pour comprendre*, et d'autres simplement *par curiosité*. En tout cas, la plupart des acheteurs n'ont pas grand-chose à voir avec le public rock habituel. »

Le résultat est là. Malgré le boycott des radios, un curieux phénomène d'engouement commercial s'est créé autour du groupe emmené par Bertrand Cantat. Le 8 août 2003, l'un des titres de une du *Parisien* annonce

9. Entretiens téléphoniques avec les auteurs, 11 août 2003 et suivants.

une « explosion des ventes » de Noir Désir. En page intérieure, un article au titre plus sobre souligne la « forte hausse » relevée dans les rayons rock français. L'expression « explosion des ventes » va surtout entraîner une « explosion » de colère de Pascal Nègre, puissant patron d'Universal Music France et vieille connaissance du groupe bordelais. L'employeur de Noir Désir est d'autant plus furieux que l'information est aussitôt reprise par d'autres médias. La polémique enfle, mais Barclay-Universal se refuse toujours à livrer le moindre chiffre. Il n'empêche : le disque *Des visages des figures*, disparu du classement hebdomadaire officiel des ventes depuis six mois, réapparaît en 49e position (sur 150) une semaine après le drame[10].

Fin août, alors que l'effet de curiosité semble avoir un peu marqué le pas, Pascal Nègre sort du bois pour régler ses comptes. D'abord dans un entretien au quotidien régional *Nice-Matin*, de son lieu de vacances, puis au micro d'une radio nationale. « On se fout de la gueule du monde », s'énerve-t-il, « très choqué » par « un certain nombre de papiers sortis dans la presse ». Il avance le chiffre de 1 200 ventes hebdomadaires, contre 700 à 800 avant l'affaire, mais sans préciser la période de référence. Juste après les faits ? Sur l'ensemble du mois d'août ? Mystère... Et Pascal Nègre de demander solennellement à la presse de faire preuve de « pudeur » et de « dignité », plutôt que de « chercher le sensationnalisme ». « On a l'impression que Noir Désir est numéro 1, lâche-t-il, qu'on n'achète plus que ça. C'est n'importe quoi ! Une plaisanterie sur patte ! La vraie problématique, c'est qu'il y a un mec

10. Classement des meilleures ventes du Syndicat national de l'édition phonographique (SNEP), semaine du 2 au 9 août 2003. En août, quatre albums de Noir Désir se sont également classés dans le Top 50 des ventes du site Internet de la Fnac.

qui est en taule, en Lituanie, et qui doit malheureusement se sentir bien seul confronté à sa vie[11]. »

Reprenons. Leçon un : la marque Noir Désir, produit-phare de la branche musicale de Vivendi-Universal, a bien été relancée par le geste insensé d'un « mec bien seul » nommé Bertrand Cantat. Leçon deux : il est juste « indécent » d'évoquer publiquement cette vulgaire « problématique » financière. Difficile de ne pas y voir une certaine forme d'hypocrisie. Sollicité par les auteurs, Pascal Nègre a refusé de répondre à leurs questions. Mais il est vrai que l'affaire Cantat a aussi marqué le début d'une période « problématique » pour sa maison de disques, marquée d'abord par les gros soucis fiscaux de Florent Pagny, puis par la démission surprise de Johnny Hallyday. Deux autres poids lourds du catalogue Universal.

11. Pascal Nègre, interview à RTL, 28 août 2003.

9

Une affaire lituanienne

En France, dans la torpeur d'un mois d'août caniculaire, la mort tragique de Marie Trintignant et la brutale déchéance de Bertrand Cantat sont au cœur d'un débat passionné. Le drame suscite d'autres déchirements, plus feutrés, derrière les portes closes des ambassades et des ministères. Peu à peu, le sort du chanteur de Noir Désir va créer d'absurdes tensions diplomatiques entre la France et la Lituanie. Dès le 29 juillet, deux jours seulement après la dispute fatale du Domina Plaza, les ministères français de la Justice et des Affaires étrangères font clairement savoir, par des déclarations informelles à la presse, qu'ils souhaitent que Bertrand Cantat soit extradé vers son pays natal et jugé à Paris. Le gouvernement ne fait que relayer, de manière plus ou moins discrète, le souhait de la famille Trintignant, savamment orchestré par l'influent Georges Kiejman. La réponse des autorités lituaniennes est ferme mais polie : il faut d'abord laisser les enquêteurs lituaniens boucler leur enquête de flagrance avant de débattre de l'avenir judiciaire du ressortissant français. Tous les policiers du monde le savent : dans une enquête criminelle, les éléments recueillis dans les heures qui suivent les faits sont primordiaux.

La question de l'extradition passe donc au second plan pour quelques jours. D'autant que les proches de Marie Trintignant ont une autre requête depuis qu'ils savent que l'actrice est condamnée. Ils veulent qu'elle soit rapatriée à Paris pour y mourir. Une première négociation s'engage le mercredi 30 juillet. Le rapatriement se heurte à deux difficultés majeures. Il faut d'abord passer outre l'avis des médecins lituaniens qui soignent la Française à l'hôpital universitaire des premiers secours. Le lendemain, à l'issue d'un « conseil médical », la direction de l'hôpital souligne en effet que « l'état de Mme Trintignant reste très critique » et déclare cette patiente « intransportable ». Seule une décision judiciaire peut infléchir cet avis. La décision appartient donc au procureur du district de Vilnius, Ramutis Jancevicius.

Ce magistrat, au caractère aussi imposant que son physique – il pèse au bas mot cent cinquante kilos –, va jouer un rôle central dans la crise qui s'annonce. Le rapatriement de Marie Trintignant lui pose un problème technique. Si la victime meurt en France, cela signifie que l'autopsie devra être réalisée à Paris. Il sait que les constatations qui seront faites sur le corps de la victime constituent un élément essentiel des investigations. Elles seules permettront de valider ou de démentir les premiers aveux de Bertrand Cantat. Le procureur pose ses conditions. Il n'autorisera le départ de Marie que si la France lui remet le plus rapidement possible le rapport d'autopsie. À Paris, Dominique Perben, ministre de la Justice, et Dominique de Villepin, son collègue des Affaires étrangères, s'engagent en ce sens. L'accord, purement verbal, ne donne lieu à aucun document officiel. La semaine suivante, le procureur aura la désagréable surprise d'apprendre par la presse, française puis lituanienne, les premières conclusions de l'autopsie pratiquée le 1er août à l'Institut médico-légal de Paris. Agacé, il demande copie du « procès-verbal d'assistance à autopsie » rédigé par la brigade criminelle de Paris. Le parquet de Paris lui fait alors savoir qu'il doit pour cela délivrer à la France une commission rogatoire internationale. Sur un plan purement juridique, cet argument est parfaitement recevable. Sur un plan personnel, Ramutis Jancevicius se sent floué par ses interlocuteurs. Il devra attendre plus de deux semaines pour avoir une copie du premier rapport d'autopsie. Et trois mois de plus pour obtenir l'expertise médico-légale définitive !

Cette première contrariété pèsera constamment, par la suite, sur les relations entre Lituaniens et Français. Elle est la plus marquante, mais d'autres initiatives prises à Paris ont contribué au raidissement progressif des Baltes. Le parquet de Vilnius n'a pas apprécié que son homologue parisien décide d'ouvrir, dès le mardi 29 juillet, une information judiciaire « parallèle ». Cette décision a été ressentie par les Lituaniens comme une manœuvre pour les dessaisir d'une partie des investigations. Les raisons invoquées à ce moment par la justice française donnent une idée de la façon dont les institutions lituaniennes sont perçues à Paris. Le cabinet du procureur de la République, Yves Bot, explique alors que l'information judiciaire est ouverte « par précaution », parce que l'on ignore à ce moment-là si Bertrand Cantat sera poursuivi en Lituanie. Les Français soupçonnent la justice lituanienne de pouvoir laisser filer leur illustre pensionnaire. Cette défiance implicite est parfaitement perçue à Vilnius. Tandis que Georges Kiejman réclame, au nom de la famille Trintignant, et avec quelques précautions à l'endroit des Lituaniens, une extradition rapide de Bertrand Cantat, le chanteur contribue au malaise lors de sa première comparution publique, le 31 juillet. Face au pointilleux juge Dimitri Kostakovas, il supplie le tribunal de le renvoyer chez lui, parce qu'il n'a « rien à faire en Lituanie » et qu'il veut « être arrêté en France ». Par la suite, ses geôliers n'auront de cesse de souligner – et de démontrer – le caractère « humain » de ses conditions de détention.

En dépit de l'intransigeance de plus en plus manifeste du parquet de Vilnius, les autorités françaises multiplient les déclarations intempestives. À Paris, on estime qu'il s'agit d'une affaire « franco-française » car la victime, le suspect et la plupart des témoins sont de nationalité française. En oubliant que les faits ont été commis sur le territoire lituanien. Le vendredi 1er août, lors d'une mini-conférence de presse, un porte-parole du ministère français de la Justice affirme tranquillement : « Il n'y a pas de raison de penser que les Lituaniens auront des difficultés à accepter la demande de la France d'extrader Bertrand Cantat. » Le 3 août, un membre du cabinet de Dominique Perben se montre encore plus affirmatif. Il évoque une incarcération prochaine du chanteur français au quartier « VIP » de la prison de la Santé à Paris et ajoute : « On table sur un délai de dix à quinze jours, en tout, dès que l'enquête sera bouclée là-bas[1]. » Des propos en total décalage avec la réalité. D'abord parce que les Lituaniens ne semblent pas du tout disposés à laisser partir leur prisonnier. Ensuite, et surtout, parce que la France n'a jamais formulé officiellement la moindre demande d'extradition. En résumé, ministres, conseillers techniques et diplomates se sont heurtés à un écueil incontournable, existant, qui plus est, dans les deux pays : l'indépendance des juges.

1. Entretien téléphonique avec les auteurs, Paris, 3 août 2003.

Désignée pour conduire l'information judiciaire française, Nathalie Turquey s'est refusée d'emblée à délivrer un mandat d'arrêt international contre Bertrand Cantat. Contrairement à ce que le parquet avait demandé dès l'ouverture du dossier. Elle seule peut signer ce document nécessaire au déclenchement d'une procédure d'extradition. On ne peut donc que supposer que cette jeune magistrate, qui n'a pas souhaité s'exprimer dans ces pages, n'a jamais cru à l'extradition et qu'elle n'a pas voulu compromettre la suite de son travail en « braquant » d'emblée ses homologues lituaniens. Une analyse que confirme, sous le sceau de l'anonymat, un officier de la brigade criminelle qui a travaillé sur le dossier : « La juge d'instruction, comme nous d'ailleurs, n'a jamais cru à une extradition rapide. On a très vite compris que les Lituaniens tenaient à juger eux-mêmes Bertrand Cantat. Nous n'avons fait que compléter une enquête qui, sur le plan strictement policier, était d'ailleurs assez simple. » En France, le décalage entre les « techniciens » en charge des investigations et les politiques, diplomates et hauts fonctionnaires, plus ou moins influencés par l'émotion collective et la pression des Trintignant, est évident. Les premiers adoptent immédiatement un profil bas, les seconds persistent à se livrer à des déclarations intempestives qui achèvent de vexer les autorités lituaniennes.

Dans ce dossier, le gouvernement français a commis plusieurs erreurs d'appréciation. Il a d'abord négligé le droit international, qui précise que les faits doivent être jugés, sauf accord exprès des autorités locales, dans le pays où ils ont été commis. Un principe de droit antique ajoute que le même crime, ou délit, ne peut être jugé deux fois, par deux États différents

Paris a également sous-estimé l'attachement des Lituaniens à leur toute jeune indépendance. Une décennie après avoir arraché sa liberté au puissant voisin russo-soviétique, la petite république balte s'apprête à intégrer l'Union européenne. Elle entend montrer que son système judiciaire est à la hauteur de celui des vieilles démocraties occidentales. « Dès le départ, le parquet de Vilnius a publiquement affiché son intention de mener la procédure jusqu'à son terme, estime une source proche du dossier. Différents magistrats lituaniens ont pris des positions très claires à ce sujet. Dominique Perben et Georges Kiejman ont fait comme si cela n'avait aucune importance. L'attitude des Français a été perçue, non sans raison, comme une forme de mépris. Et puis, cette histoire a fait resurgir en Lituanie les mauvais souvenirs de l'affaire Rumsas[2]. » Fin juillet 2002, à l'entrée du tunnel du Mont-Blanc, la douane française arrête Édita Rumsas. Dans le coffre de l'Audi conduite par cette Lituanienne, mère de trois enfants, sont retrouvés des dizaines de médicaments suspects, pouvant être utilisés comme produits dopants. Édita est l'épouse de Raimondas Rumsas, coureur cycliste professionnel. La veille de cette arrestation, celui-ci était devenu un héros national en Lituanie après s'être hissé, à la surprise générale, à la troisième place du classement final du Tour de France. En apprenant la mésaventure de son épouse, le champion quitte précipitamment la France pour l'Italie, où il réside avec sa famille. La justice française décide alors d'incarcérer Édita à la prison de Bonneville, en Haute-Savoie. Les policiers français sont convaincus que les produits retrouvés dans la voiture appartiennent en réalité à Raimondas. Contre toute vraisemblance, son épouse affirme que les médicaments étaient destinés à

2. Entretien avec les auteurs, Paris, novembre 2003.

sa belle-mère « gravement malade ». Édita refuse de dénoncer le père de ses enfants. Elle restera écrouée à Bonneville pendant trois mois. En Lituanie, l'affaire cause une émotion considérable. La presse accuse les Français d'avoir « pris en otage » la jeune femme. Elle publie ses lettres de prison, dans lesquelles elle exprime sa souffrance et sa solitude, s'inquiète pour ses enfants. Les journaux sportifs lituaniens, eux, soulignent aussi que Raimondas n'a jamais été contrôlé positif pendant le Tour de France et vont jusqu'à prétendre que cette affaire est montée de toutes pièces parce qu'il est impensable que le représentant d'un « petit pays » puisse accéder au podium de la plus prestigieuse épreuve cycliste du monde. Mise en examen pour « possession illicite et trafic de médicaments », Édita Rumsas devrait être jugée courant 2004 par le tribunal correctionnel de Bonneville. Elle risque une peine minime. Aucune charge n'a pu être retenue contre son époux. Les avocats français de la famille Rumsas ont lancé une procédure contre le juge d'instruction Franck Guesdon, qui, dans un journal suisse, a affirmé, alors que l'instruction n'était pas terminée, que Raimondas avait triché. Ces événements ont laissé des traces profondes dans l'opinion publique lituanienne. Avec Bertrand Cantat, les Baltes tiennent leur revanche, d'autant que les maladresses françaises ont piqué leur fierté au vif.

Dans ce contexte tendu, le procureur Ramutis Jancevicius tient un rôle majeur. Patron du parquet du district de Vilnius, le plus important du pays, il supervise l'enquête sur Bertrand Cantat. L'un de ses adjoints, le substitut Vladimiras Serguejevas, dirige directement les investigations. Le procureur Jancevicius a la fibre patriotique. « La justice lituanienne possède un vrai savoir-faire. C'est une institution qualifiée, très solide. Elle l'a déjà démontré, répète-t-il à ses visiteurs étrangers. Certains de nos magistrats enseignent hors de nos frontières. Nous n'avons rien à prouver. Récemment, j'ai eu l'occasion d'aller consulter, à Strasbourg, les archives de la cour européenne des Droits de l'Homme. J'ai compulsé des dossiers. J'ai pu constater que la justice française, pour qui j'ai le plus grand respect, n'est pas exempte de tous reproches. Nos structures judiciaires sont prêtes à être intégrées par l'Union européenne. La procédure ouverte contre Bertrand Cantat ira à son terme sans problème. Je suis très confiant. Je note d'ailleurs que ni la famille Cantat ni la famille Trintignant n'ont jamais formulé le moindre reproche envers notre travail[3]. »

Ramutis Jancevicius ne lâchera jamais ce dossier emblématique. Il fait campagne au plus haut niveau du pouvoir lituanien pour que l'extradition de Bertrand Cantat ne fasse l'objet d'aucune négociation. Il se battra avec opiniâtreté pour obtenir des enquêteurs français les éléments utiles, selon lui, à la manifestation de la vérité. Il pique une nouvelle colère lorsqu'il apprend, par la presse française, que les policiers parisiens ont recueilli, dès le 1er août, la déposition d'un témoin essentiel : Samuel Benchetrit. Celui qui est toujours l'époux de Marie Trintignant a eu une longue conversation téléphonique avec Bertrand Cantat durant la nuit des faits. Il a confirmé qu'un de ses SMS, envoyé dans l'après-midi à Marie, avait déclenché le ressentiment du chanteur. Cet élément offre un argument de plus au bouillant procureur. Il n'a aucun mal à convaincre ses supérieurs que les Français ne jouent pas le jeu et mènent une enquête

3. Entretien avec les auteurs, Prokuratora de Vilnius, 28 novembre 2003.

parallèle, sans tenir compte des prérogatives lituaniennes. Le magistrat obtient gain de cause. Le jeudi 7 août 2003, le bureau du procureur général Klamevicius, la plus haute autorité judiciaire du pays, déclare à quelques journalistes qu'une « extradition de Bertrand Cantat est absolument impossible avant un procès en Lituanie ». Il est désormais acquis que le rocker français sera jugé à Vilnius.

Face à cette nouvelle donne, les Français s'adaptent. Le clan Trintignant fait part de sa déception et prend acte. « Ils n'ont pas envie de retourner là-bas », commente, laconique, Georges Kiejman. Le Quai d'Orsay se retire du jeu et le ministère de la Justice laisse carte blanche à Nathalie Turquey. La juge d'instruction hérite d'une lourde charge. Elle va devoir renouer les liens avec les Lituaniens, rétablir le contact avec la justice balte afin de mettre en place une véritable coopération. Sinon, l'enquête ne pourra pas aboutir. Les Lituaniens ont besoin, au minimum, de l'expertise médico-légale réalisée sur la dépouille de Marie Trintignant. Les Français, eux, doivent récupérer les éléments recueillis « à chaud » par la police lituanienne. Nathalie Turquey remplira sa mission, grâce à son calme et à son respect pointilleux de la procédure. « Elle a su ramener de la sérénité dans ce dossier », se félicite un proche de Bertrand Cantat[4]. La magistrate prend son temps, respecte les formes et agit avec pragmatisme face à ses interlocuteurs. D'entrée, elle leur fait savoir qu'elle souhaite se déplacer elle-même en Lituanie pour mettre en examen Bertrand Cantat. Elle ajoute qu'elle remettra, à cette occasion, l'expertise médico-légale, ainsi qu'une copie complète de tous les témoignages recueillis à Paris par la brigade criminelle. C'est la première fois, depuis le début de

4. Entretien avec les auteurs, Paris, novembre 2003.

l'affaire, qu'un officiel français fait une proposition positive aux Lituaniens. Ces derniers apprécient. Ils acceptent le principe d'une visite de Nathalie Turquey et suggèrent même à celle-ci de rédiger une liste de requêtes – demandes d'auditions, de copies de procès-verbaux, rapports d'expertises – qui pourront être satisfaites lors de son voyage à Vilnius. Il ne reste plus qu'à régler les détails juridiques et administratifs de ce déplacement, ce qui prendra tout de même près de deux semaines.

De l'hôpital de la prison de Lukiskiu, Bertrand Cantat n'a qu'une vision très partielle des manœuvres de couloir dont il est l'enjeu. Le Français est toujours dans un état psychologique déplorable, même si les médecins notent une lente amélioration. Il mange peu, pleure souvent, parle difficilement. Outre son sentiment de culpabilité, qu'il ressasse sans cesse, le Français répète qu'il veut rentrer en France le plus vite possible. Cantat tient à parler, à s'expliquer. À se faire comprendre. Les quelques mots qu'il échange en anglais avec ses médecins et ses gardiens ne lui suffisent pas. La perspective d'un procès en lituanien le terrorise mais, à Paris, Olivier Metzner comprend très vite qu'une extradition en France ne serait sans doute pas la meilleure issue pour son client. À Vilnius, Cantat est désormais poursuivi pour « homicide volontaire », un crime passible de quinze années de prison. Il s'agit de la qualification retenue par le parquet, mais, selon la procédure lituanienne, les charges peuvent faire l'objet d'une requalification en cours de procès. Olivier Metzner apprend, par son homologue lituanien, que le nouveau code pénal lituanien prévoit deux qualifications qui pourraient, moyennant une argumentation solide, s'appliquer à cette affaire. Le délit dit « d'homicide par imprudence » s'applique quand la mort est la conséquence secondaire d'un acte involontaire. La peine maximale n'est alors que de quatre années de prison. Il est toutefois difficile de soutenir que Bertrand Cantat a frappé Marie Trintignant « par inadvertance ». Une seconde qualification présente plus d'intérêt aux yeux des avocats du Français. « L'homicide sous l'empire de la passion », qui s'applique aux meurtres commis par un conjoint sous le coup d'une colère ayant altéré sa lucidité, n'est passible que de six ans de prison. Cette qualification pourrait s'appliquer au cas de Bertrand Cantat, à ceci près que la jurisprudence lituanienne précise que ce type d'homicide ne peut être retenu que si la cause de la « colère » est fermement établie. En clair, il faut qu'un adultère, ou tout autre manquement aux obligations conjugales, soit démontré.

En dépit de cette réserve, Olivier Metzner décèle là une perspective intéressante pour son client. Il sait que la qualification retenue en France, « coups et blessures volontaires ayant entraîné la mort sans intention de la donner », ne pourra pas évoluer et qu'elle est passible de quinze ans de prison. Il sait aussi que Bertrand Cantat sera jugé en Lituanie par trois magistrats professionnels alors qu'il devra affronter en France les jurés d'une cour d'assises. L'avocat explique la situation aux membres de la famille du chanteur. « Il faut choisir entre son intérêt quotidien et son intérêt à long terme, résume l'un d'eux. Au quotidien, il était évident que Bertrand avait intérêt à être extradé. Dans une prison française, il se serait senti moins seul, près de sa famille, sans la barrière linguistique. À plus long terme, les avantages d'une extradition étaient beaucoup moins évidents. Nous sommes finalement parvenus à la conclusion qu'un procès en France, devant une cour d'assises, serait trop passionné. Il était clair que la justice pourrait être rendue avec plus de sérénité à Vilnius. En réalité, Bertrand était *moins mal* en Lituanie. » Olivier Metzner est donc parvenu à convaincre la famille de son client qu'un rapatriement en France avant le procès n'était pas souhaitable. Le 12 août, après une visite à son frère à la prison de Lukiskiu, Xavier Cantat déclare à la presse : « Tant d'un point de vue médical qu'humain, les conditions de détention sont bonnes. » La même semaine, les Cantat louent un appartement dans une résidence hôtelière du centre de Vilnius. Ils s'organisent pour que ce logement soit toujours occupé et que Bertrand reçoive chaque jour la visite d'un proche. Eux aussi ont compris et intégré le fait que son avenir se jouerait là-bas, si loin de Bordeaux.

À Paris, au troisième étage du 36, quai des Orfèvres, dans les locaux de la brigade criminelle, c'est le passé immédiat de Bertrand Cantat et de Marie Trintignant qui est décortiqué. Dès le jeudi 31 juillet, alors que l'actrice n'est pas encore officiellement décédée, les policiers parisiens entament une enquête très inhabituelle pour eux. La spécialité de la « crime » est d'identifier et de conduire devant la cour d'assises des tueurs de toute espèce. Cette fois, les inspecteurs se trouvent face à une affaire apparemment résolue. Leur rôle va consister à préciser le contexte qui a conduit à la dispute fatale. Le dossier paraît simple. Ils ignorent encore qu'ils vont avoir affaire à deux clans déterminés à défendre coûte que coûte l'image de leur protégé. Les trois auditions du 31 août permettent d'emblée d'identifier les points sensibles de l'enquête. À 16 heures, le neurochirurgien Stéphane Delajoux vient livrer son diagnostic sur les blessures infligées à Marie Trintignant, telles qu'il a pu les constater à Vilnius. Il est sévère pour Bertrand Cantat : « Un seul coup porté ne peut pas générer de telles conséquences cérébrales. Une seule chute sur un objet dur non plus. La cause ne peut être qu'un traumatisme crânien d'une extrême violence[5]. » Évoquant la blessure constatée sur l'œil droit de Marie, il affirme : « C'était le syndrome de l'œuf de pigeon. Compte tenu de mon expérience, cette marque m'a fait penser à un coup de poing. » Un peu plus tard dans l'après-midi, les enquêteurs interrogent Agnès Tassel, la maquilleuse de Marie Trintignant pendant le tournage de *Colette*. L'essentiel de son témoignage est consacré à sa fameuse conversation avec Kristina Rady, durant laquelle celle-ci aurait affirmé avoir subi des violences de la part de Bertrand Cantat. Elle parle aussi de la dispute survenue lors du dîner chez Andrius Leliuga, qui lui a été rapportée par ce dernier. Les policiers prennent note. L'image d'un homme impulsif et colérique transparaît de ces premiers procès-verbaux. En fin de journée, ils interrogent Lambert Wilson. Rétrospectivement, le témoignage du comédien apparaîtra aux policiers comme l'un des plus neutres et des plus fiables recueillis au cours de cette enquête. Il qualifie « d'adolescente » la relation amoureuse entre le chanteur et l'actrice, puis s'attarde sur la personnalité de Cantat, « mélange d'angélisme et de maturité[6] ». Enfin, il fait part de l'étrange réflexion d'Andrius Leliuga concernant le « danger de certaines substances chimiques ». Dès le premier jour d'enquête de la « crime », trois interrogations majeures apparaissent déjà : Bertrand Cantat a-t-il, contrairement à ce qu'il affirme, donné un ou plusieurs coups de poing à Marie Trintignant ?

5. Audition de Stéphane Delajoux, brigade criminelle, Paris, 31 juillet 2003.
6. Audition de Lambert Wilson, brigade criminelle, Paris, 31 juillet 2003.

Le chanteur frappait-il ses compagnes précédentes ? Le couple a-t-il absorbé des drogues chimiques le soir du drame ? Trois points qui, plusieurs mois après les faits, constituent encore les principales zones d'ombre de ce dossier.

Dans la matinée du 1er août, tandis que Marie Trintignant vient de mourir à la clinique Hartmann de Neuilly-sur-Seine, Samuel Benchetrit se présente au quai des Orfèvres. Le metteur en scène dresse, sans surprise, un portrait élogieux de son épouse. Il raconte surtout, en détail, ses conversations téléphoniques avec Bertrand Cantat des 26 et 27 juillet, en commençant bien sûr par le message SMS qui, selon lui, a tout déclenché. Les enquêteurs tiennent ce qu'il y a lieu d'appeler « le mobile ». Ils ont aussi un éclairage très précis sur l'état d'esprit du leader de Noir Désir au cours de ces heures tragiques. Ils peuvent enfin établir le minutage des faits, d'autant que Georges Kiejman leur a également transmis une déposition écrite en anglais de Gary Tuck, le voisin de Marie et Bertrand au Domina Plaza. L'audition d'Anaïs Minet, assistante de production sur le tournage de *Colette*, n'apporte pas d'éléments nouveaux. La jeune fille parle aussi de la première dispute, survenue chez Andrius Leliuga, et livre sa perception du couple maudit. « Les voir si proches me faisait plus penser à un couple d'adolescents qu'à un couple de quarante ans[7]. » Le lendemain, samedi 2 août, les policiers ont prévu d'entendre, dans l'après-midi, tous les membres de la famille Trintignant présents à Vilnius, à savoir Nadine, Roman, Vincent et sa petite amie lituanienne. Avant les interrogatoires, les proches de Marie se

7. Audition d'Anaïs Minet, brigade criminelle, Paris, 1er août 2003.

retrouvent à la brasserie des Deux-Palais, à deux pas du quai des Orfèvres. Samuel Benchetrit est également présent, avec son fils Jules. Richard Kolinka est venu pour soutenir son fils Roman. Attablés au fond du café, ils renvoient l'image d'un clan soudé par la douleur.

Les témoignages de la mère, du frère et du fils aîné de Marie Trintignant, recueillis entre 16 et 18 heures, se révèlent plutôt lisses. Tous soulignent le rôle et la personnalité trouble d'Andrius Leliuga, qui apparaît alors comme un personnage-clé, et dressent un portrait sans tache de Marie. Au relatif étonnement des hommes de la brigade criminelle, ils brossent un portrait plutôt neutre de Bertrand Cantat. « Bertrand semblait être un homme charmant, de loin, déclare Vincent Trintignant[8]. » Le jeune Roman Kolinka, après avoir expliqué qu'il se sentait beaucoup plus proche de Samuel Benchetrit que de Bertrand Cantat, se montre plus précis : « Ils avaient l'air très amoureux. C'était une relation intense dans la mesure où ils étaient tout le temps ensemble. Je crois que ma mère était heureuse, comblée. Lui me paraissait heureux, mais il n'était pas très bien. Je pense qu'il s'ennuyait beaucoup en Lituanie. Ils me paraissaient normaux. Je n'ai pas senti de tension entre eux[9]. » Nadine Trintignant partage, avec plus de nuances, cette perception : « Sur le tournage, ils avaient l'air très amoureux. Ils ne se quittaient jamais. J'ai fait à ma fille des allusions sur l'absence de dîners ensemble, inhabituelle. Lambert Wilson avait la même impression que moi. Avec l'équipe, nous plaisantions de cette osmose excessive.

8. Audition de Vincent Trintignant, brigade criminelle, Paris, 2 août 2003.

9. Audition de Roman Kolinka, brigade criminelle, Paris, 2 août 2003.

Mais je pensais à mon film et, si ma fille était heureuse ainsi, c'était bien[10]. »

Lors de cette première déposition, le discours de la mère de Marie est donc très éloigné de la thèse qu'elle développera deux mois plus tard dans son livre mais aussi, et c'est encore plus étonnant, des propos très sévères qu'elle a tenue quarante-huit heures plus tôt devant la troisième chambre du tribunal de Vilnius. À la fin de son audition, elle évoque tout de même la bruyante dispute entendue mi-juillet par le comédien Vladimir Yordanoff, qui logeait dans l'appartement situé juste au-dessus de celui de Marie. Les policiers lui demandent ensuite pourquoi elle a déclaré devant le tribunal lituanien que Bertrand Cantat avait frappé ses compagnes précédentes. « Je ne sais plus qui m'a dit cela, répond-elle. Roman ou Agnès[11]. » Troublée, Nadine Trintignant fait alors part de ses doutes et laisse percer un sentiment de culpabilité : « Je n'ai jamais surpris de dispute ou d'altercation entre Marie et son compagnon. Mais je crois aujourd'hui que je n'ai pas voulu voir qu'elle subissait une forte pression de la part de son compagnon. Je veux aussi dire que Marie est une personne d'une grande douceur, qu'elle a toujours eu une attitude très libre. C'est une femme foncièrement honnête et loyale. Je n'ai rien d'autre à ajouter[12]. » La mère de Marie hésite, tâtonne, cherche une explication à la brutale disparition de sa fille et se demande si, obnubilée par le tournage de son film, elle ne l'a pas laissée dans une situation délicate. Peu

---

10. Audition de Nadine Trintignant, brigade criminelle, Paris, 2 août 2003.
11. *Ibid.*
12. *Ibid.*

à peu, ces hésitations se transformeront en une haine radicale contre Bertrand Cantat.

Cette évolution du discours est également perceptible dès le 2 août chez Vincent Trintignant. Dans son récit de la nuit du 26 au 27 juillet 2003, le petit frère de Marie ajoute un épisode qu'il n'avait pas évoqué lors de ses précédentes dépositions en Lituanie. Ce détail supplémentaire concerne l'attitude de Bertrand Cantat au moment de demander de l'aide : « J'ai pris pleinement conscience que Bertrand avait peur d'appeler les secours, précise Vincent. Il avait peur de Nadine, il avait peur simplement de ce qu'il avait fait. Je lui ai dit que j'avais l'intention d'appeler un médecin. Bertrand est alors venu me rejoindre. Il m'a dit que ce n'était pas la peine, que ce n'était certainement pas grave, que le sang qui sortait de la bouche devait être une simple coupure[13]. » Deux jours plus tard, le 4 août, la déposition d'Harald Maury, chef opérateur sur le tournage de *Colette*, va plus loin que celle de Vincent Trintignant. Le technicien rapporte aux policiers la version des faits qui lui aurait été répétée par le frère de Marie, le dimanche 27 juillet. Elle se révèle encore plus sévère pour Bertrand Cantat : « Vincent a voulu appeler un médecin mais Bertrand lui a dit que ce n'était pas la peine, parce qu'elle dormait. Vincent a prévenu les secours. Il a dit que Bertrand était un monstre car, en attendant l'ambulance, il était allé s'acheter des cigarettes. Bertrand a voulu monter dans l'ambulance et, devant la gravité des blessures, Vincent a coursé Bertrand en disant qu'il allait lui envoyer la police. Bertrand s'est sauvé et, rentrant à l'appartement, il a pris des médicaments pour tenter de se suicider[14]. »

13. Audition de Vincent Trintignant, brigade criminelle, Paris, 2 août 2003.
14. Audition d'Harald Maury, brigade criminelle, Paris, 4 août 2003.

Ainsi, par petites touches successives, Vincent Trintignant dessine le portrait d'un Cantat au profil lâche et cynique. Pour la partie adverse, il donnera l'impression de vouloir évacuer son propre sentiment de culpabilité en accentuant le trait.

Les 4 et 5 août, la brigade criminelle achève cette première série d'auditions en entendant Jean-Marc Kerdelhué, François Catonné et Patrick Millet, respectivement chef décorateur, directeur de la photographie et directeur de production sur le tournage. Ces trois témoignages n'apportent aucun élément nouveau et, le 5 août, le commissaire chef de section rédige une première synthèse sur « l'affaire Trintignant-Cantat ». En quelques lignes, le policier résume les faits : « Toutes les personnes entendues évoquent une union fusionnelle, une osmose excessive entre Marie Trintignant et Bertrand Cantat. Des tensions entre eux ont été perçues en fin de journée, le 26 juillet, suite à un SMS envoyé par Samuel Benchetrit à Marie Trintignant. Après la dispute l'ayant opposé à celle-ci, Bertrand Cantat a joint téléphoniquement Samuel Benchetrit. Il lui a confessé sa jalousie et sa tendance possessive envers Marie. Selon les dépositions de Leliuga et Tuck, le drame s'est noué entre 23 h 15 et 1 h 15, heure locale[15]. »

Lorsque cette note est rédigée, les policiers n'ont interrogé que l'entourage de l'actrice défunte. Le mercredi 6 août, tandis que se déroulent les obsèques de Marie, ils reçoivent au 36, quai des Orfèvres la famille de Bertrand Cantat et les membres de Noir Désir. Concernant le profil du chanteur, les Bordelais tiennent des propos à la fois plus directs et plus troublants que les Trintignant. Aucun d'entre eux n'était présent à

15. Note de synthèse du chef de section, brigade criminelle, Paris, 5 août 2003.

Vilnius au moment des faits, ils sont donc interrogés sur les personnalités respectives de Bertrand et Marie, puis sur la nature de leur relation. Tous décrivent un Bertrand Cantat « entier », « jaloux » et « colérique » mais incapable d'exercer la moindre violence sur les autres. « Bertrand a une forte personnalité, juge son père, Guy Cantat. Il est entier, il ne sait pas mentir. Il est colérique mais certainement pas violent[16]. » « Il a un grand besoin d'amour, déclare Kristina Rady. Il est relativement exclusif et forcément jaloux. Il a constamment besoin d'être rassuré. Il ne m'a jamais fait de scène de jalousie mais il m'a plusieurs fois dit qu'il l'était... Bertrand n'est pas un violent physique. Son domaine est plus la parole[17]. »

Kristina et les membres de Noir Désir, qui ont vu Cantat dans sa chambre d'hôpital à Vilnius, précisent également que le chanteur leur a montré sa petite blessure à la lèvre inférieure et des marques sur ses bras. Preuve, selon eux, qu'il y a eu bagarre. « Marie l'a provoqué. D'après moi, il y a eu un échange de coups », soutient la mère d'Alice et Milo[18]. L'entourage de Bertrand Cantat consigne sur procès-verbal les grandes lignes de son système de défense. Dans les bureaux mansardés de la brigade criminelle, Anne et Xavier Cantat, la « petite sœur » et le « grand frère », lancent aussi leurs premières attaques contre l'entourage de Marie et l'actrice elle-même. Ils soulignent en premier lieu l'attitude ambiguë de Samuel Benchetrit : « Samuel compliquait la vie financière de Marie, précise Anne Cantat. Il avait une carte bleue sur un

16. Audition de Guy Cantat, brigade criminelle, Paris, 6 août 2003.
17. Audition de Kristina Rady, brigade criminelle, Paris, 6 août 2003.
18. *Ibid.*

compte commun. Du coup, Bertrand assurait financièrement du côté de Marie et du côté de Kristina. Michèle Othnin-Girard, la femme de Mathias[19], a dit que Samuel voulait se venger de Bertrand et récupérer Marie[20]. » « Samuel pourrissait la vie de Marie et Bertrand par son harcèlement, complète Xavier Cantat. Sans pour autant expliquer le drame, cela peut apporter un début d'explication. Mon frère vivait dans un environnement de tension entre Samuel, le tournage du film et le fait que les Trintignant étaient un clan. Il me semble que, c'est mon sentiment profond, tous n'aient pas accepté que Bertrand sorte avec Marie. Samuel, bien sûr, mais aussi Vincent, qui semblait détester mon frère[21]. »

Anne et Xavier écornent ensuite l'image angélique de Marie Trintignant. « Elle consommait de l'alcool tout le temps et fumait du cannabis de manière quotidienne[22] », précise la première, qui l'a fréquentée sur le tournage de *Total Khéops*. Le frère de Bertrand va beaucoup plus loin : « Sans vouloir salir la mémoire de Marie Trintignant, déclare-t-il, certaines personnes du milieu théâtral ou cinématographique m'ont dit qu'elle avait la réputation d'une personne déséquilibrée, fragile, voire violente, absorbant de nombreux produits psychotropes et consommant de l'alcool. Qu'elle était très bien pour la fête et pour *baiser*. Ce qui m'a choqué. Il m'a aussi été dit que mon frère ne pouvait être heureux en ce moment, sous-entendu avec elle.

---

19. Mathias Othnin-Girard, ancien compagnon de Marie Trintignant et père de Léon.
20. Audition d'Anne Cantat, brigade criminelle, Paris, 6 août 2003.
21. Audition de Xavier Cantat, brigade criminelle, Paris, 6 août 2003.
22. Audition d'Anne Cantat, brigade criminelle, Paris, 6 août 2003.

Ces choses m'ont été répétées par plusieurs personnes qui ne se connaissent pas[23]. » Ces paroles, très dures, ne sortent pas de la sphère judiciaire. Jusqu'à l'incendie de la maison de Moustey et la parution du livre de Nadine Trintignant, aucun membre de la famille Cantat n'acceptera de s'exprimer publiquement. « Aux yeux de Nadine Trintignant, estime un ami de la famille, tout propos réservé sur Marie allait devenir un scandaleux manque de respect. Du jour au lendemain, Marie était devenue une sainte et Bertrand un pestiféré. Nadine Trintignant a fini par s'auto-convaincre. On ne peut pas lui en vouloir. C'est une mère en souffrance. Je comprends tout à fait sa réaction, mais il y a eu beaucoup d'excès. »

Dès le 6 août au soir, après avoir consigné dans leur procédure les dépositions de la famille Cantat, les policiers français ont compris que cette enquête ne ressemblerait à aucune autre. Car ce drame, relativement banal du point de vue criminologique, baigne dans un climat passionnel. Les enquêteurs ont aussi cerné les enjeux médiatiques exceptionnels de ce dossier. Les images publiques de Marie Trintignant et Bertrand Cantat peuvent se prêter à toutes les surenchères. Chaque camp les défendra avec acharnement. Pour l'honneur, mais aussi pour préserver l'avenir. Deux semaines après la nuit tragique de Vilnius, cette bataille-là ne fait que commencer.

23. Audition de Xavier Cantat, brigade criminelle, Paris, 6 août 2003.

10

Hystérie

Dans son cabinet du palais de justice de Paris, Nathalie Turquey a lu les premiers procès-verbaux établis par la brigade criminelle. La magistrate a beau n'avoir que trente-trois ans, elle a vite compris que les proches de Marie Trintignant et Bertrand Cantat n'hésiteraient pas à tordre la réalité pour défendre l'être cher. Qui pourrait le leur reprocher ? La juge d'instruction sait que ses investigations souffrent d'une autre faiblesse majeure. Aucune des personnes interrogées à Paris n'est un témoin direct des faits. Seul Bertrand Cantat connaît la stricte vérité. Le rapport d'autopsie de Marie Trintignant, qui sera officiellement remis à la magistrate le 12 août, permet de mettre en doute la version du chanteur de Noir Désir telle qu'elle a été rapportée par les journaux et par les quelques bribes d'information recueillies à Vilnius par l'ambassade de France. Nathalie Turquey est une juge d'instruction pointilleuse et opiniâtre. Elle est parfaitement consciente que ce dossier peut la faire connaître, qu'elle travaille sous l'œil des médias et qu'elle n'a pas droit à la moindre approximation. Il lui faut donc pouvoir interroger directement Bertrand Cantat. Et au plus vite.

Le 8 août 2003, la troisième chambre du tribunal de Vilnius a prolongé la détention provisoire du Français jusqu'au 15 octobre. Quelques jours auparavant, Georges Kiejman avait transmis au parquet local le certificat de décès de Marie Trintignant. En produisant ce document, le procureur local Ramutis Jancevicius a demandé et obtenu la requalification des poursuites ouvertes contre Bertrand Cantat. Celui-ci est désormais soupçonné d'« homicide volontaire » – *tycinis nuzudymas* en lituanien. « Nous considérons que M. Cantat a sciemment donné la mort, déclare le procureur. Tant à cause de la violence des coups que de son attitude passive juste après les faits[1]. » Une thèse aux antipodes de celle du chanteur. Ce crime, selon l'article 129 du nouveau code pénal lituanien, est puni d'une peine maximale de quinze ans d'emprisonnement. Aux yeux de Nathalie Turquey, la décision prise à Vilnius impose une nouvelle stratégie. Il n'est pas question d'attendre le 15 octobre et une extradition de plus en plus improbable pour signifier à Bertrand Cantat sa mise en examen et l'interroger. Elle doit trouver une solution pour se rendre dès que possible à Vilnius.

La négociation s'annonce périlleuse. Ramutis Jancevicius, on l'a vu, n'a pas digéré l'attitude un brin méprisante des autorités françaises au tout début de l'affaire. Mais Nathalie Turquey dispose de deux atouts dans son jeu. D'abord sa méthode de travail, mise à l'épreuve dans des affaires de grand banditisme et de trafic international de stupéfiants lors de sa précédente affectation à Bobigny, en Seine-Saint-Denis. Diplômée

1. Entretien avec les auteurs, Prokuratora du district de Vilnius, 28 novembre 2003.

de Sciences-Po Paris, fraîchement sortie de l'École nationale de la magistrature, la juge d'instruction n'est pas une adepte des négociations de couloir et des accords scellés par une poignée de main. Elle préfère les engagements écrits, les décisions gravées dans le marbre de la procédure pénale. D'autant que son attachement viscéral au statut d'indépendance du juge lui permet de comprendre l'agacement de ses homologues lituaniens vis-à-vis des interventions françaises. Le second atout – concret celui-là – dont dispose Nathalie Turquey est le rapport définitif d'autopsie du corps de Marie Trintignant. Les Lituaniens ne peuvent pas renvoyer Bertrand Cantat devant un tribunal sans disposer des conclusions des médecins légistes. Elles seules permettront de vérifier si l'accusé dit toute la vérité. Les Lituaniens ont d'abord cru que la France leur transmettrait ce rapport de manière informelle, selon le vague accord passé au niveau diplomatique. Nathalie Turquey, pour des raisons juridiques incontestables, s'y est opposée. Le substitut Vladimiras Serguejevas s'est donc résolu, début août, à adresser une commission rogatoire internationale à la France. Le document, qui doit passer par les ministères de la Justice et des Affaires étrangères des deux pays, chemine lentement dans les couloirs désertés de l'administration. Au grand agacement des magistrats lituaniens.

Nathalie Turquey prend donc sa plus belle plume et propose un accord au parquet de Vilnius. Munie d'une commission rogatoire internationale, elle souhaite venir en Lituanie en compagnie d'enquêteurs de la brigade criminelle de Paris. À cette occasion, elle s'engage à remettre directement à son homologue lituanien le rapport d'autopsie de Marie Trintignant, ainsi qu'une copie intégrale de tous les procès-verbaux recueillis à Paris. Soucieuse du détail, la juge d'instruction précise même qu'elle fera tout son possible, en fonction du temps dont elle dispose, pour que ces pièces soient traduites en lituanien. En échange, Nathalie Turquey souhaite que les officiers de police judiciaire qui l'accompagnent puissent accéder à la procédure établie par la brigade criminelle de Vilnius. Elle réclame également copie de plusieurs pièces : le rapport établi après la perquisition de l'appartement 35 du Domina Plaza, les deux expertises toxicologiques réalisées à partir des échantillons de sang et d'urine de Marie Trintignant et Bertrand Cantat prélevés à l'hôpital de Vilnius, de même que les rapports médicaux établis par les médecins qui ont soigné et opéré l'actrice. Elle souhaite également que les policiers français puissent visiter la chambre du drame et interroger directement Andrius Leliuga et Gary Tuck. Enfin, et c'est le volet essentiel de sa requête, Nathalie Turquey demande à rencontrer Bertrand Cantat pour lui signifier officiellement sa mise en examen dans la procédure ouverte à Paris. Elle assortit cette dernière requête d'une liste de vingt questions qu'elle aimerait poser au chanteur.

Le rugueux procureur Jancevicius apprécie le courrier de la juge d'instruction parisienne. Pour la première fois, note-t-il, les Français font une proposition constructive et semblent se placer sur un plan strictement juridique. Le magistrat lituanien a une obsession : il veut démontrer que la justice de son pays fonctionne vite et bien. Il répond positivement à la requête de Nathalie Turquey et demande à Vladimiras Serguejevas de convoquer rapidement Gary Tuck et Andrius Leliuga. Les Baltes proposent à Nathalie Turquey de venir à Vilnius durant la semaine du 18 au 25 août. Ramutis Jancevicius précise les conditions de cette visite : tous les actes effectués par les Français se feront par l'intermédiaire du substitut Serguejevas, assisté d'un interprète, étant entendu que les policiers français n'auront pas de contact direct avec les enquêteurs lituaniens. Nathalie Turquey donne son accord. Le 14 août, elle prévient les hommes du 36, quai des Orfèvres que le départ pour Vilnius est fixé au lundi 18 août.

En Lituanie, la magistrate française pourra rencontrer un Bertrand Cantat qui a retrouvé une grande partie de sa lucidité. Sous l'effet des antidépresseurs – de gros cachets bicolores que le chanteur appelle, avec ironie, « ses capsules soviétiques » – les crises de larmes et les délires nocturnes ont disparu. Le 14 août au matin, le psychiatre de l'hôpital pénitentiaire a donné son accord pour que le Français puisse quitter l'unité de soins. En début d'après-midi, le seul prisonnier francophone de la prison de Lukiskiu traverse la cour qui sépare l'hôpital du deuxième corps d'habitation, où sont regroupés les hommes placés en détention provisoire. « Les médecins ont dit que son état physique s'était amélioré, confirme Virginijus Papirtis. Il a quitté l'hôpital et est désormais soumis au régime général, dans une cellule individuelle[2]. » Le même jour, le parquet de Vilnius fait savoir au directeur de la prison, Alexandras Davidonis, qu'il autorise Bertrand Cantat à recevoir et envoyer du courrier sans aucune censure. Le régime des parloirs est également assoupli. Une liste, comportant tous les membres de la famille du chanteur ainsi que les trois membres de Noir Désir, est fournie à l'administration pénitentiaire. Pour des raisons d'organisation, Alexandras Davidonis décide que ces rencontres, limitées à deux heures par jour, se dérouleront de 14 à 16 heures. Le droit de visite des avocats, lui, reste entièrement libre.

2. Entretien téléphonique avec les auteurs, 16 août 2003.

Après une ultime visite médicale, qui révèle que Bertrand Cantat a perdu près de dix kilos depuis le début de son incarcération, le chanteur de Noir Désir découvre la cellule dans laquelle il passera désormais la plus grande partie de ses journées. La cellule, qui porte le numéro 200, est située à l'entresol du bâtiment 2. Le couloir dans lequel s'avance Bertrand Cantat, peint en vert pâle, sent le désinfectant. Derrière la lourde porte en bois, le Français découvre un lit, une table, un lavabo et des toilettes regroupés dans 7,5 mètres carrés. À Lukiskiu, toutes les cellules sont identiques. Cantat s'approche de la fenêtre, un étroit soupirail en réalité, qui débouche au niveau du sol dans une cour déserte avec, au centre, une fontaine asséchée depuis longtemps. Il faut se pencher et se tordre le cou pour apercevoir une parcelle du ciel encore bleu de ce mois d'août.

Dans ce décor nu, la nouvelle existence du rocker est réglée comme du papier à musique. Réveil à 6 heures du matin. Petit déjeuner de 6 à 7 heures. Le Français, placé à l'isolement, prend tous ses repas dans sa cellule. L'heure de sa douche varie chaque jour, puisqu'il doit se rendre dans la salle de bains commune sans croiser les autres détenus. De 7 à 8 heures, il a droit à une promenade dans une des cours individuelles de 20 mètres carrés situées à l'arrière du bâtiment. C'est le seul moment de la journée où Cantat peut entendre les bruits de la rue et faire un peu d'exercice. Il n'a pas le droit de se rendre dans la salle de gymnastique aménagée dans l'ancienne basilique orthodoxe. De 8 à 11 heures, il demeure enfermé dans sa cellule. Les instruments de musique sont interdits, le Français se consacre donc à la lecture. Par un étrange hasard, un mois plus tôt, le directeur de la prison a croisé l'ambassadeur de France lors d'une cérémonie officielle organisée à l'occasion du

14 juillet. Les deux hommes ont sympathisé et le diplomate s'est engagé à faire don de plusieurs livres en français à la bibliothèque de la prison. Ces ouvrages sont mis à la disposition du chanteur. Il reçoit également des livres recueillis par Rudy, un jeune professeur du centre culturel français de Vilnius, qui a organisé une collecte pour le prisonnier. Bertrand Cantat passe beaucoup de temps à écrire. « Il noircit des pages et des pages. Il répond à des courriers, rédige des poèmes. Même en prison, un artiste reste un artiste », constate Alexandras Davidonis, avec une pointe d'admiration[3].

Dès son arrivée dans la cellule 200, le Bordelais demande également à ses proches de lui apporter un jeu de cartes, pour « faire des réussites » dit-il, ainsi qu'une télévision. La cellule dispose d'une prise d'antenne qui ne permet de recevoir que les chaînes lituaniennes. De 11 à 13 heures, Cantat se rend au parloir où l'attend son avocat lituanien. Virginijus Papirtis est toujours fidèle au rendez-vous. Chaque jour, il donne à son client des journaux français ainsi que des e-mails et des lettres qui lui sont parvenus. En échange, Bertrand lui remet les lettres qu'il a rédigées en réponse. À 13 heures, il prend son déjeuner. De 14 à 16 heures, il retourne au parloir pour passer du temps avec un membre de sa famille ou du groupe Noir Désir, sous le regard attentif d'un surveillant – lequel, précise Alexandras Davidonis, « n'est pas là pour écouter la conversation... De toute façon, il ne comprend pas le français. » Non : « Le surveillant est là pour contrôler les colis qui sont remis au détenu. Il s'agit de vérifier qu'aucun objet interdit ne pénètre dans la prison[4]. »

3. Entretien avec les auteurs, prison de Lukiskiu, 28 novembre 2003.
4. *Ibid.*

L'essentiel des paquets reçus par le détenu est constitué de nourriture : des gâteaux, de la charcuterie, des produits apportés de France. C'est que les repas proposés à la prison n'ont rien de gastronomiques. Les quantités sont calculées au gramme près, en fonction des besoins énergétiques des prisonniers, et les menus, à base de céréales, de pommes de terre, d'œufs et de margarine, ne varient guère. Bertrand Cantat apprécie peu les spécialités lituaniennes comme la *mieziniu kruopu kose* (purée de semoule d'orge) ou l'exotique *kiselius* (une soupe à l'amidon parfumée au sirop de fruit). Il ne touche guère à ses plateaux repas. « Cela m'a inquiété au début, confie, en souriant, Alexandras Davidonis. Mais, quand j'ai su tout ce qu'il recevait lors des parloirs, j'ai été rassuré[5]. » Le dîner est servi à 17 heures précises.

Suivent alors de longues heures de solitude, dans l'espace clos de la cellule 200, jusqu'à l'extinction des feux, à 22 heures. Ces moments-là sont évidemment les plus pénibles. « Il est dans un désespoir total, déclare à la presse réunie devant la prison de Lukiskiu son avocat français, Olivier Metzner, le 20 août 2003 à l'issue d'une visite à son client. Parce qu'il a perdu celle qu'il aimait et qu'il se sent responsable. C'est quelqu'un dont je crains qu'il ne cherche pas à survivre. Il passe son temps à ressasser la scène, sans jamais se divertir. Il est enfermé avec des personnes dont il ne comprend pas la langue, c'est forcément plus difficile qu'en France. De temps à autre, il arrive à se réfugier dans la lecture, notamment celle des œuvres de Federico Garcia Lorca. Il est très faible physiquement, il essaye de s'alimenter mais n'y parvient pas toujours. »

L'avocat, et c'est légitime, noircit un peu le tableau. En réalité, l'état psychologique de Bertrand Cantat

---

5. *Ibid.*

s'améliore de jour en jour. Il rompt peu à peu son isolement. Le psychologue de la prison lui rend fréquemment visite, de même que l'aumônier catholique. Tous les deux parlent anglais. Le pensionnaire de la cellule 200 se lie aussi avec le directeur adjoint de la prison en charge de l'éducation et de la formation qui, lui, parle un peu le français. Grâce à la télévision, à son dictionnaire franco-lituanien et à son aisance linguistique, il fait un apprentissage rapide de la langue locale, ce qui lui permet d'échanger quelques mots avec ses gardiens. « Les débuts ont été difficiles mais M. Cantat est rapidement devenu un prisonnier sans histoire, souligne Alexandras Davidonis. Avec les gardiens tout se passe bien. Il fait des progrès très rapides en lituanien. » Et d'ajouter en plaisantant : « Bientôt, il pourra peut-être composer une chanson dans notre langue[6] ! » Reste que, ce 20 août, Olivier Metzner a tout intérêt à dramatiser la situation de son client, à entretenir l'image d'un homme désespéré par son acte. Dans moins de vingt-quatre heures, en effet, Bertrand Cantat se trouvera face à Nathalie Turquey. Il tient à ce que la justice française comprenne la nature exacte de ce qui s'est passé dans la nuit du 26 au 27 juillet 2003.

Nathalie Turquey est de nature coquette. Lorsqu'elle pénètre dans le hall des arrivées du petit aéroport international de Vilnius, le lundi 18 août 2003 à 18 h 40, heure locale, la juge d'instruction attire d'emblée le regard avec son élégante veste blanche et sa longue jupe fleurie. Elle est accueillie par l'ambassadeur de France en personne, Jean-Bernard Harth, qui trône, fier de ses effets, au milieu d'une meute de journalistes. Les flashes crépitent, les micros se tendent. La

6. *Ibid.*

jeune magistrate les écarte d'un revers de la main, sourire aux lèvres, mais sans un mot. Suivie par un commissaire et un commandant de la brigade criminelle de Paris, elle s'engouffre dans la berline diplomatique. Durant son séjour en Lituanie, la délégation française sera logée dans la résidence privée de l'ambassadeur, une belle demeure isolée en pleine forêt à une dizaine de kilomètres de Vilnius. « Pour ne pas être importuné par la presse », expliquera Jean-Bernard Harth.

Arrivé plus tôt dans la matinée, avec l'une de ses collaboratrices, Olivier Metzner adopte la même attitude vis-à-vis des journalistes. Victime d'un accident dans les jours précédents, l'avocat porte le bras droit en écharpe. Il refuse de donner la moindre indication sur sa stratégie de défense aux journalistes français qui ont pris le même vol que lui. « Je ne veux pas m'exprimer tant que je n'ai pas lu le dossier », déclare-t-il prudemment. En Lituanie, l'avocat de la défense n'a pas accès aux éléments rassemblés par l'accusation. La mise en examen imminente de Bertrand Cantat dans l'information judiciaire ouverte en France va donc permettre à ses avocats d'avoir une idée précise des éléments retenus contre lui. Et d'organiser enfin sa défense en s'appuyant sur des éléments fiables. Olivier Metzner sait que les trois jours à venir seront décisifs. Il part se cloîtrer à l'hôtel Europa, celui-là même où s'étaient réfugiés Kristina Rady et les membres de Noir Désir après ce qu'ils appellent toujours « l'accident ». Il y retrouve Lina, la traductrice, Virginijus Papirtis et Anne Cantat, seul membre de la famille présent cette semaine-là à Vilnius.

Mardi 19 août 2003, 9 h 30. Conduits par le chauffeur de l'ambassadeur de France, Nathalie Turquey et les deux policiers de la brigade criminelle arrivent à la

Prokuratora de Vilnius. Vladimiras Serguejevas les attend. Ce jeune magistrat à la stature imposante, un Russe qui a choisi la nationalité lituanienne, a joué un rôle équivalent à celui du juge d'instruction en France. Le dossier *Bertranas Kanta* lui appartient. Tandis qu'une secrétaire sert les cafés, il garde la main sur l'épais classeur beige où sont regroupés tous les actes de l'enquête. Le substitut parle le russe et l'allemand, pas le français. Nathalie Turquey fait sensation en lançant d'entrée quelques phrases de remerciement en lituanien apprises par cœur. L'interprète lituanien la félicite pour son excellent accent. La suite de la conversation se limite à l'essentiel. Vladimiras Serguejevas prévient la juge qu'elle pourra entendre Gary Tuck dans l'après-midi. Andrius Leliuga, lui, a été convoqué pour le lendemain matin. Il suggère que la mise en examen et l'audition de Bertrand Cantat se déroulent le jeudi matin. Il précise enfin qu'il ne sera pas possible aux policiers français de visiter la chambre 35 du Domina Plaza. L'appartement, dit-il, a été reloué depuis et les nouveaux occupants ne souhaitent pas être dérangés. Première grosse contrariété.

Une autre déception suit immédiatement. Sans expliquer pourquoi, le substitut annonce que les expertises toxicologiques sont incomplètes. Celle de Bertrand Cantat est terminée, mais l'expert n'a pas rédigé son rapport définitif. Le substitut précise qu'elles révèlent un taux d'alcoolémie de seulement 0,015 gramme d'alcool par litre de sang dans l'échantillon prélevé le 27 juillet dans l'après-midi. Le taux d'alcool baissant de 0,1 gramme par heure, cela signifie que le chanteur avait au minimum un gramme d'alcool par litre de sang au moment de la dispute. Soit un état d'ivresse significatif. La recherche de traces de drogues dures, précise Vladimiras Serguejevas, n'a rien donné. Mais on sait que cette recherche a été effectuée sur un échantillon d'urine datant du 28 juillet au matin, après le traitement de désintoxication subi par le patient. Elle n'est donc pas révélatrice. L'expertise toxicologique de Marie Trintignant, elle, n'est pas disponible. Dans la foulée, les Français apprennent qu'ils ne pourront pas, non plus, obtenir copie du procès-verbal dressé après la perquisition dans la chambre 35 du Domina Plaza. Vladimiras Serguejevas s'empresse d'ajouter qu'aucune trace de stupéfiants n'a été retrouvée sur place. Précision étrange. Dès l'après-midi du 28 juillet, des sources proches de l'enquête avaient affirmé que des substances non identifiées avaient été saisies dans l'appartement. Autant d'informations transmises par les Lituaniens « à chaud » et oralement, dès le début de l'affaire, à l'attaché du ministère français de l'Intérieur chargé des trois pays baltes.

Le procès-verbal de perquisition de la police lituanienne ne sera finalement remis à la justice française que quatre mois plus tard, en décembre 2003. Et sa lecture confirme les doutes initiaux. Outre un impressionnant stock de médicaments, les Lituaniens découvrent en effet dans la chambre, cachés « sous une grande valise rouge », « cinq comprimés blancs dans un sac en cellophane, ainsi qu'un petit pot comprenant onze comprimés blancs emballés dans un sachet blanc » puis « dans un sac à dos noir, un pot de comprimés blancs[7] ». Des photos accompagnent ce rapport. On y voit des cachets et des pilules sans marques distinctives, conditionnés dans des sachets anonymes, comme le sont habituellement l'ecstasy ou les amphétamines. Que contiennent-ils réellement ? Est-ce de la drogue ou l'un des traitements médicamenteux prescrits à Cantat pour son dos ? Les Lituaniens n'ont apparemment pas

7. Rapport de perquisition de la brigade criminelle de Vilnius, 28 juillet 2003.

cherché à le savoir. Si l'on se réfère aux pièces transmises en France, ils n'ont pas jugé nécessaire de faire expertiser ces étranges « comprimés blancs ».

Très vite, il apparaît clairement aux enquêteurs français que les Lituaniens cherchent à esquiver toute allusion à la présence de produits illicites dans ce dossier. Sans doute pour préserver l'image de leur pays, souvent présenté par les experts internationaux comme un point de passage privilégié du trafic de stupéfiants. Nathalie Turquey comprend qu'il est inutile d'insister sur ce point sensible. À son retour à Paris, elle demandera une analyse toxicologique des échantillons d'urine prélevés lors de l'autopsie de Marie Trintignant, le 1er août, soit plus de cinq jours après les faits. Ce rapport révélera la présence de morphine dans le corps de l'actrice, mais sans pouvoir expliquer son origine : traitement médical en milieu hospitalier ou produit opiacé illicite. L'influence éventuelle de produits stupéfiants sur le comportement de l'agresseur et de sa victime restera à jamais une hypothèse invérifiable.

En dépit de cette accumulation de déconvenues, la magistrate française commence à remettre à Vladimiras Serguejevas les pièces de son dossier. Les procès-verbaux des témoignages recueillis à Paris, traduits en lituanien, changent de main. Puis c'est au tour du rapport d'autopsie. Le Balte fait part de sa satisfaction et remet à son tour aux Français des éléments de sa procédure : les premières auditions de Bertrand Cantat, Vincent Trintignant et Ruta Latinyte, ainsi que les attestations écrites d'Andrius Leliuga et Gary Tuck. Mauvaise surprise : à part la lettre de Leliuga, traduite en français par l'auteur lui-même, tous les autres documents sont livrés dans leur version originale, en lituanien. Nathalie Turquey masque à peine son agacement. Nouveau contretemps : il va falloir faire traduire ces documents en urgence par l'ambassade de

France, afin de préparer au mieux la rencontre avec Bertrand Cantat.

Tandis que Vladimiras Serguejevas joue avec les nerfs de ses invités, son supérieur hiérarchique, Ramutis Jancevicius, fixe, dans un bureau voisin, les limites de la bonne volonté lituanienne. Le procureur du district de Vilnius a accepté de recevoir une équipe de France 2, qui souhaite l'interviewer pour le journal de 13 heures. Devant les caméras, il se montre très clair. Pour lui, le lieu du procès de Bertrand Cantat « ne dépend pas du bon vouloir des familles concernées ». Il réaffirme sa volonté de voir le Français « jugé en Lituanie le plus rapidement possible » et se félicite pour finir de « l'excellente coopération » entre les deux pays. Tout est désormais parfaitement clair. Bertrand Cantat ne sera pas jugé dans son pays.

À 12 h 30, Nathalie Turquey et les deux policiers de la brigade criminelle sortent de la Prokuratora. Les mines sont fermées. La magistrate se refuse à tout commentaire. Ils reviennent dans l'après-midi pour entendre Gary Tuck. Pendant la dispute, ce Britannique, professionnel de l'audiovisuel, regardait la télévision dans l'appartement 37 du Domina Plaza, mitoyen de celui de Marie et Bertrand. Son amie lituanienne, qui dormait dans la chambre, n'a rien entendu. Gary Tuck n'apprend rien de nouveau aux enquêteurs. Il a consigné un témoignage très complet dans une attestation dont les Français ont déjà copie. Gary Tuck ne comprend pas le français, il ne peut préciser la nature des mots échangés. Il confirme simplement que la « voix de l'homme était prédominante » et que « le ton était agressif ». À la fin de la journée, Vladimiras Serguejevas informe Nathalie Turquey des modalités de la mise en examen de Bertrand Cantat. Celui-ci sera extrait de sa cellule le jeudi 21 août au matin. À 9 heures, il arrivera à la Prokuratora. C'est Vladimiras Serguejevas qui, par la voix d'un interprète, lui notifiera sa mise en examen en lituanien. Le substitut précise aussi que, pour éviter toute contestation ultérieure, cette audition sera entièrement filmée. Il ajoute que l'avocat français de Bertrand Cantat pourra être présent. Nathalie Turquey demande à avoir la possibilité de poser des questions au futur mis en examen. Le magistrat lituanien accepte mais souligne qu'il sera le seul à pouvoir prendre la parole. Il demande à son homologue française de préparer à l'avance une liste de questions. À la fin de la journée, la délégation se retire dans la forêt lituanienne avec un profond sentiment d'inutilité. « On n'apprendra rien de nouveau ici, confie sur le perron de la Prokuratora l'un des deux policiers parisiens. De toute manière, les Lituaniens veulent juger Cantat. Tout cela est un peu vain. »

Ce sentiment d'impuissance s'accentue dès le lendemain matin lors de l'audition d'Andrius Leliuga. C'est par une porte dérobée que le jeune homme arrive à la Prokuratora à 8 heures, pour échapper à la presse. L'ancien moine, devenu assistant sur le tournage de *Colette* grâce à sa pratique impeccable de la langue de Molière, ne veut plus entendre parler de cette histoire. Il a même quitté Vilnius quelques jours après le drame pour aller vivre dans une petite ville, au bord de la mer Baltique. Il a changé de téléphone portable après avoir compris que son numéro circulait parmi les journalistes. C'est tête basse que le jeune homme blond et frisé prend place dans le bureau de Vladimiras Serguejevas. Andrius n'a jamais été interrogé par la police lituanienne, qui s'est contentée d'une attestation écrite de sa part. La rumeur, tenace, court selon laquelle l'un des membres de sa famille serait « très bien placé ». Il ne « comprend pas » pourquoi il doit encore s'expliquer et invite les policiers français à se référer au document écrit. Nathalie Turquey explique que cette attestation ne dit pas tout et qu'elle souhaiterait obtenir des précisions supplémentaires. À reculons, Andrius accepte de répondre. Il confirme que la cause de l'agacement de Cantat était bien le Texto envoyé plus tôt dans l'après-midi par Benchetrit. Il ajoute aussi que le chanteur a sauté du balcon de l'appartement, ce qui a obligé Andrius à s'excuser auprès de ses voisins, puis raconte comment Marie a été « bousculée » par son compagnon. Andrius se souvient aussi des paroles de désespoir de Bertrand : « Je suis un zéro et elle, elle est tout. Je l'aime très fort[8]. » Ces nouveaux détails confirment l'état d'agitation dans lequel se trouvait déjà Cantat entre 22 heures et 23 h 30.

À la demande des policiers qui l'accompagnent, Nathalie Turquey tente ensuite de faire interroger Andrius sur ses liens avec le couple. Et sur les raisons qui, selon lui, l'auraient poussé à venir chez lui. Le jeune homme, très embarrassé, ne parvient pas à répondre à cette question. « Je ne sais pas. Ils ont peut-être accepté par respect. J'avais un grand respect pour Marie Trintignant, je lui ai toujours proposé du thé, du café, de l'eau ou à manger[9]. » De plus en plus mal à l'aise, il ne dément pas avoir évoqué avec Lambert Wilson le « danger de certaines substances chimiques ». Mais il précise : « Ce n'était pas une affirmation, pas du tout. C'était en parlant des signes pouvant révéler ce qui peut se passer dans le monde. Pour montrer où va le monde. C'était des réflexions purement personnelles. Moi-même, je ne pourrais pas répéter exactement le contenu de cette discussion[10]... »

8. Audition d'Andrius Leliuga, Prokuratora de Vilnius, 20 août 2003.
9. *Ibid.*
10. *Ibid.*

Les Français perdent patience. Ils n'en sauront pas plus puisque Vladimiras Serguejevas décide de mettre brutalement fin à l'audition. « On ne comprend toujours pas pourquoi ce *dîner* a eu lieu, confiera, un peu plus tard, une source proche de l'enquête française. Selon les personnes présentes sur le tournage, Andrius Leliuga n'était pas particulièrement ami avec Marie et Bertrand. Comment a-t-il pu les convaincre de venir chez lui ? Nous restons persuadés qu'il nous cache quelque chose. Il est vraiment dommage que les expertises toxicologiques de Bertrand Cantat aient été faites trop tardivement... » Encore aujourd'hui, à la brigade criminelle de Paris, beaucoup se demandent si le chanteur et sa compagne ont absorbé dans la soirée une drogue chimique, vraisemblablement fournie par Leliuga. Après l'audition de ce dernier, ils n'auront hélas plus aucun moyen d'étayer cette hypothèse.

De son côté, Bertrand Cantat nie fermement ce point. « Au cours de cette soirée, mon client n'a strictement rien consommé en dehors de l'alcool », répète inlassablement Olivier Metzner. Le 20 août, l'avocat parisien s'entretient pendant près de cinq heures avec le leader de Noir Désir. L'occasion de préparer en détail le rendez-vous du lendemain avec Nathalie Turquey. À cette occasion, Bertrand Cantat exprime le souhait de pouvoir s'expliquer sur la totalité de son histoire d'amour avec Marie Trintignant. Ce qu'il n'a jamais pu faire à ce jour devant les policiers lituaniens. Olivier Metzner trouve l'idée excellente. Il convient maintenant de faire vibrer la corde de l'émotion.

Jeudi 21 août 2003. La journée, fraîche et orageuse, commence par une empoignade. À 9 heures, un fourgon vert et blanc de la police lituanienne s'immobilise devant la Prokuratora de Vilnius. Bertrand Cantat est à l'intérieur. Le véhicule entame une marche arrière et s'engage dans l'étroite allée bordée de haies qui mène à l'entrée du bâtiment où aura lieu l'audition. Selon le vœu d'Olivier Metzner, Nathalie Turquey a demandé aux Lituaniens de préserver l'image du chanteur. Lors de ses précédentes apparitions, il avait été exhibé, menottes aux poignets, tête basse, aux yeux de tous. Le fourgon recule lentement. Une vingtaine de photographes et de cameramen se pressent autour des portes arrière. Des cris fusent, des journalistes basculent pardessus la haie voisine. La camionnette pile à un mètre de l'entrée de la Prokuratora. À 9 h 02, deux policiers font sortir Bertrand Cantat. Les flashes crépitent. Le chanteur, plié en deux, le visage caché sous son éternel blouson en toile grise, est propulsé à l'intérieur du bâtiment. Un photographe plus malin que les autres a placé son appareil sous la mêlée. Une fois le calme revenu, il fait voir son trophée à ses confrères : une photo du visage de Bertrand Cantat, la seule prise ce jour-là. Par dessous. Les cernes sont profonds. Les yeux, presque fermés, expriment la panique. La bête de scène est devenue un animal traqué.

Trois minutes après cette scène pathétique, Olivier Metzner et sa collaboratrice font leur apparition. L'avocat parisien esquisse un léger sourire. Sa sérénité contraste avec la séquence précédente. Les micros se tendent. Il résume, en quelques mots, les enjeux des prochaines heures : « Bertrand Cantat a envie de s'expliquer. Il veut que les gens comprennent les circonstances de ce drame. Il n'a pas souhaité cette situation, c'est une évidence. Il n'a jamais prétendu n'avoir donné qu'une seule gifle. Il assumera toutes ses responsabilités mais il tient aussi à expliquer la relation extraordinaire qu'il a eue avec Marie Trintignant depuis un an et va essayer d'expliquer pourquoi, ce soir-là, les choses ont dégénéré. » L'audience se déroule au troisième étage, dans une salle de réunion dont les stores ont été tirés. Bertrand Cantat est installé sur une petite chaise entre deux tables. Ses menottes lui sont retirées. Derrière lui, à sa droite, le policier chargé de sa surveillance. À sa gauche, Olivier Metzner et sa collaboratrice, chargée de prendre des notes. Le substitut Vladimiras Serguejevas se tient face au chanteur. Un caméscope a été placé sur un trépied. Un interprète est assis à droite du magistrat lituanien. La juge Turquey, le commissaire Bonet et le commandant Vielfaure sont installés à sa gauche. La mise en scène est austère, mais la pièce qui va s'y jouer pendant près de six heures marquera à jamais tous ses acteurs.

Comme prévu, Vladimiras Serguejevas mène les débats. Il commence par notifier, au nom de Nathalie Turquey, sa mise en examen à Bertrand Cantat. La première qualification retenue, « coups et blessures volontaires ayant entraîné la mort sans intention de la donner », n'appelle aucun commentaire du Français. La seconde, « non-assistance à personne en danger », va déclencher ses premières explications. La voix est nouée, les mots s'enchaînent encore difficilement : « Je conteste cette accusation, déclare-t-il. Quand Marie est tombée, je suis sorti de la pièce pour me calmer. Quand je suis revenu, j'ai cru qu'elle s'était endormie. » L'audition proprement dite peut alors commencer. Nathalie Turquey a transmis à Vladimiras Serguejevas une liste de vingt-cinq questions. Le magistrat lituanien entre directement dans le vif du sujet en l'interrogeant sur la nature des coups infligés à Marie. « Je lui ai donné au moins quatre gifles, très fortes, avec le dos et le revers de la main… C'est ma faute si nous nous sommes battus… J'assume ma responsabilité. » Bertrand Cantat accompagne ces mots de gestes des bras. Le substitut l'interrompt. Il faut traduire la réponse. Il se tourne vers l'interprète et note la réponse avant de poser une nouvelle question, en lituanien. Olivier Metzner intervient alors. Cette manière de procéder ne lui convient pas. Il considère l'audition trop hachée et souhaite que son client puisse parler librement. Il suggère que Bertrand Cantat raconte toute l'histoire en continu, depuis sa rencontre avec Marie jusqu'à la nuit du 26 juillet. Nathalie Turquey est d'accord, le magistrat lituanien aussi. Rapidement, l'audition dépasse le cadre des questions initialement prévues et une relation directe s'établit entre le chanteur et la juge française.

Ce qui devait n'être au départ qu'un acte de procédure très formel se transforme en un formidable exutoire pour Bertrand Cantat. Le chanteur de Noir Désir est un homme de mots, de discours et de belles phrases. « Un poète grandiloquent », résumera plus tard, avec un brin d'ironie, l'un des témoins de la scène. Le rocker se lance dans un long monologue parfois interrompu par quelques crises de larmes. Cantat qualifie son histoire avec Marie de « merveilleuse et absolue[11] ». Il affirme qu'il n'y a eu aucun incident avant le début du mois du juillet. Selon lui, l'enchaînement fatal commence le dimanche 20 juillet, lorsque Marie s'agace d'une longue conversation entre lui et Kristina Rady au sujet de la maison de Moustey. « Après cette conversation, raconte Cantat, j'ai remarqué que Marie était de très mauvaise humeur. Je lui ai demandé si elle avait des problèmes. Elle a déclaré que rien n'avait changé entre moi et Kristina. Elle a ajouté que Kristina était insidieuse et méchante… Après cette conversation, j'ai subi une pression de la part de

11. Audition de Bertrand Cantat, Prokuratora de Vilnius, 21 août 2003.

Marie. Elle ne comprenait pas mes conversations avec ma femme. Pendant toute la semaine, cela nous a empoisonné la vie[12]... »

Le 26 juillet, quelques heures avant le drame, Bertrand Cantat prend la décision de « prouver à Marie [son] amour[13] ». Il appelle Kristina Rady et lui tient des « propos très durs » pour mettre un « point final » à leur relation. Un peu plus tard arrive le SMS de Samuel Benchetrit et ses trois mots dérisoires : « Ma petite Janis. » Cantat ne comprend plus : « J'ai eu le sentiment d'absence d'équilibre et d'injustice... Cela m'a énervé... Je me suis senti mal. Nous étions si loin de ce que nous voulions réaliser. » Cantat parle alors d'une « tension » qui aurait perduré toute la soirée. Il veut des explications, elle lui reproche de « gâcher l'humeur[14] ». Il élude la bousculade décrite par Andrius, dit ne pas s'en souvenir, précise qu'ils ont ce soir-là bu un peu d'alcool et fumé quelques joints. Arrive ensuite son récit de la dispute fatale. L'artiste parle à un rythme lent et régulier, d'une voix profonde. Ses auditeurs semblent captivés. Il décrit l'arrivée dans l'appartement. Lui qui met de la musique pour briser le silence. Elle qui file dans la salle de bains pour se démaquiller.

Selon Cantat, Marie Trintignant a explosé quand il a de nouveau exigé une explication à propos du message de Samuel. « J'ai posé la question avec insistance. Elle a élevé le ton de sa voix. Elle n'a rien expliqué puis elle s'est mise à me parler hystériquement en me disant : "Va chez ta femme !" Une hystérie a pris Marie. J'ai essayé de continuer une conversation normale mais elle est devenue complètement hystérique et

12. *Ibid.*
13. *Ibid.*
14. *Ibid.*

répétait sur tous les tons : “Va chez ta femme !” Elle ne se contrôlait plus. Je ne l’avais jamais vue comme ça auparavant. Elle hurlait, elle insultait Kristina[15]. » Il raconte alors qu’elle s’est jetée sur lui, a commencé à le frapper et qu’il est tombé. Objection perplexe de Nathalie Turquey. « Comment a-t-elle réussi à me faire tomber ? Je suis d’accord, la question se pose. Je crois que c’est parce que j’ai perdu l’équilibre[16]. » « Elle était ensuite dans une colère noire et j’ai vu rouge », enchaîne-t-il, avec un sens de la formule un peu déplacé à ce moment du récit. « Je suis sorti de mes gonds, poursuit-il. Quand elle est entrée dans cette hystérie, j’aurais dû partir de moi-même, mais je suis sorti de moi-même comme elle est sortie d’elle-même. » Devant la juge, il agite les bras, mime les « gifles » qu’il aurait infligées à Marie. Puis l’ultime empoignade, le corps qui s’affaisse, la chute sur le sofa. La tension retombe. Des larmes coulent des yeux de Bertrand. Le silence dans la pièce est seulement brisé par les chuchotements de l’interprète, un peu dépassé par les événements, et le crissement du stylo de Vladimiras Serguejevas, qui note scrupuleusement, dans sa langue, les propos du Français. Olivier Metzner est surpris. Il pense que son client vient de marquer un point. « La sincérité qu’il dégageait était évidente pour tout le monde, se souvient-il. Tout comme son amour pour Marie et son absence de volonté de tuer[17]. » À la fin de l’audition, Bertrand Cantat va plus loin encore dans sa confession : « Je veux vous dire à quel point j’ai mal, lance-t-il. J’ai eu le sentiment d’être un assassin, quand ils ont dit que Marie ne vivrait pas. Tout le monde aujourd’hui me

15. *Ibid*
16. *Ibid*.
17. Déclaration à la presse, Prokuratora de Vilnius, 21 août 2003

demande de continuer la lutte. Je n'en ai aucune envie. Je ne peux imaginer la vie autrement. Une lourde culpabilité m'oppresse[18]. » Il est 15 heures à Vilnius. Vladimiras Serguejevas note alors, d'une formule laconique : « L'entretien est interrompu car le suspect est en train de pleurer. Il est impossible d'accomplir avec lui aucun acte. »

Lorsqu'ils quittent la Prokuratora, la magistrate et les deux policiers masquent difficilement leur fatigue et leur émotion. Nathalie Turquey a le regard vide. Elle semble ne pas même voir les journalistes qui l'interpellent. Les hommes de la « crime », pourtant habitués aux confessions douloureuses, sont mal à l'aise. À l'évidence, ils ont été touchés par la sincérité des propos de Cantat. Olivier Metzner entend pousser immédiatement son avantage. Il s'entretient quelques minutes avec son client, l'informe en quelques mots de ce qu'il compte dire aux journalistes. Cantat esquisse un « oui » de la tête avant d'être reconduit dans le fourgon cellulaire. Sa sortie est plus paisible que son arrivée. Les policiers lituaniens ont réussi à plaquer l'arrière du véhicule à la porte de l'immeuble, ce qui a calmé l'ardeur des caméras et des photographes. Au moment où Bertrand Cantat file à toute vitesse vers sa cellule de la prison de Lukiskiu, son avocat s'avance d'un pas mesuré vers la grappe des journalistes. Il n'a préparé aucune note mais sait ce qu'il va dire. Avant de prendre la parole, Olivier Metzner s'assure que les équipes des deux grandes chaînes de télévision française, TF1 et France 2, sont bien présentes. L'avocat tient absolument à ce que sa déclaration soit diffusée

18. Audition de Bertrand Cantat, Prokuratora de Vilnius, 21 août 2003.

dans les journaux télévisés de 20 heures. « Bertrand Cantat a expliqué qu'il n'était pas le salaud que certains voudraient présenter, commence Olivier Metzner de sa voix ferme. Il reconnaît avoir frappé Marie Trintignant, au moins quatre fois. Il dit qu'il est responsable de sa mort mais qu'il n'a pas voulu la tuer. Il a longuement expliqué que lui et Marie s'aimaient d'un amour absolu et exigeant. Ces derniers temps, l'un et l'autre avaient du mal à préserver l'harmonie. » Passé ce préambule, l'avocat décoche sa première flèche : « Marie posait beaucoup de questions sur Kristina, l'épouse de Bertrand. Elle était très jalouse et ne voulait plus que Bertrand ait de contact avec son ancienne compagne. » Une deuxième attaque – la plus violente – succède à la première : « Marie a commencé à frapper Bertrand. Elle était hystérique. Il ne l'a pas reconnue. Bertrand Cantat est tombé, s'est fait mal et est devenu furieux. » La troisième charge vise Vincent Trintignant : « Mon client conteste l'accusation de non-assistance à personne en danger. Si lui doit être poursuivi, alors le frère de Marie doit l'être aussi. Durant la nuit, il a pu voir sa sœur longuement et en pleine lumière[19]. »

Ces déclarations sont diffusées *in extenso* en ouverture des journaux des principales radios françaises puis à 20 heures, sur TF1 et France 2. Georges Kiejman a été alerté en fin d'après-midi par des journalistes présents à Vilnius. Il a prévenu Nadine Trintignant. Celle-ci entre dans une colère extrême en voyant Olivier Metzner sur son écran de télévision. « L'ignominie de ton meurtrier n'a plus de limites, écrira-t-elle plus tard, s'adressant à sa fille disparue... Ton meurtrier a changé de mensonge. Tu serais jalouse, hystérique ! Quelle belle déclaration d'amour faite à celle qu'il dit aimer[20]. » Dans la

19. Déclaration à la presse, Prokuratora de Vilnius, 21 août 2003.
20. Nadine Trintignant, *op. cit.*

soirée, Georges Kiejman prend l'initiative d'organiser au plus vite une conférence de presse. Cette décision aura pour conséquence de transformer ce fait divers en une guerre médiatique sans merci.

Boulevard Saint-Germain, Paris, vendredi 22 août. En fin de matinée, une vingtaine de journalistes se pressent dans la salle de réunion du vaste cabinet de Georges Kiejman. Les quotidiens du jour circulent de main en main. *Le Parisien* titre sur *« La poignante confession de Bertrand Cantat »*, *Le Monde* qualifie l'audition d'« émouvante » tandis que *Le Figaro* évoque un récit jugé « convaincant » par les enquêteurs. Tous, bien sûr, mentionnent « l'hystérie » supposée de Marie Trintignant. Le chanteur de Noir Désir et son avocat ont atteint leur objectif. « J'ai utilisé le mot *hystérie* parce qu'il était temps de rétablir quelques vérités, quitte à ce qu'elles fassent mal, avait expliqué Olivier Metzner. Depuis trois semaines, il se disait n'importe quoi. La vérité, c'est qu'il s'agit d'une histoire à deux. On ne va pas cacher la vérité pour sauvegarder l'image de Marie Trintignant[21]. » La réponse des proches de Marie va être cinglante.

Il est 11 h 30 lorsque la haute silhouette voûtée de Georges Kiejman apparaît aux journalistes. Mâchoire serrée, l'avocat s'assied et prend la parole : « Jusque-là, commence-t-il, nous n'avions aucune raison d'avoir une hostilité systématique à l'égard de Bertrand Cantat. Mais ce monsieur est en train de ruiner tout le capital de sympathie dont il pouvait encore disposer. La famille Trintignant est indignée par les propos de Bertrand Cantat. Ce qu'il a dit est grotesque, intolérable et inadmissible. Il s'agit d'un tissu de mensonges et de

21. Entretien avec les auteurs, Vilnius, 22 août 2003.

contradictions qui relève du système de défense de n'importe quel type machiste et violent. Sous ses airs de romantique, Cantat est un menteur et un pragmatique qui trouve une justification à son acte dans la mise en cause d'une morte qui n'est plus là pour se défendre. » Les phrases claquent comme des balles. Georges Kiejman ne se contente pas de mots. Il ouvre une pochette, en sort un document et une enveloppe, et invite les journalistes à s'approcher. Le document est la fameuse attestation d'Andrius Leliuga. Pour Kiejman, ce témoignage est la preuve du « comportement agressif » et de la « propre hystérie » de Bertrand Cantat. Au nom du « secret de l'instruction », l'avocat refuse de fournir des photocopies de l'attestation à la presse. Les journalistes jouent des coudes pour prendre des notes. La lettre d'Andrius sera pourtant reproduite la semaine suivante dans *Paris-Match*, hebdomadaire qui, depuis le début, a largement relayé les arguments de la famille Trintignant.

Dans la foulée, maître Kiejman ouvre l'enveloppe qu'il tient à la main. Il pose une série de photos sur la table. Ces images, réalisées à l'hôpital de Vilnius le 29 juillet, montrent le visage tuméfié de Marie. Georges Kiejman ne précise pas qu'elles ont été prises à l'issue de la deuxième opération subie par l'actrice. Elles sont livrées aux regards de l'assistance. Sans commentaire, simplement pour marquer les esprits. Pour que les journalistes, en s'imprégnant du visage souillé et boursouflé de la victime, partagent la colère de ses proches. Marie a bien reçu des coups et les marques qu'ils ont laissées témoignent de leur sauvagerie. La manœuvre médiatique est osée, mais efficace. Plus tard, en voyant ces photos, l'entourage de Bertrand Cantat dénoncera la « malhonnêteté » du clan Trintignant : « Ces photos ont été prises alors que Marie venait de subir deux opérations très lourdes, confie un des proches du chanteur. On lui a découpé une partie du cerveau, imaginez ce que cela peut entraîner sur l'aspect du visage. Je trouve particulièrement indécent que Kiejman ait ensuite montré ces photos à des journalistes. Soit il les publie, soit il les garde pour lui. S'il les publie, cela ne manquerait pas de sel pour quelqu'un qui a fait poursuivre en justice les paparazzi qui avaient pris des photos de Diana accidentée[22]. » Ces images ne seront jamais reproduites dans la presse. Seule la télévision osera les montrer, en coup de vent et en ayant pris soin de « mosaïquer » le visage de Marie. Georges Kiejman, lui, gardera toujours la fameuse enveloppe à portée de main. Les photos qu'elle contient demeureront, avec les larmes de Bertrand Cantat, le symbole d'une affaire qui, en ce caniculaire mois d'août 2003, a définitivement basculé dans la sphère passionnelle.

---

22. Maître Kiejman est l'avocat de la famille de Dodi Al-Fayed, le compagnon de la princesse de Galles. *(N.d.A.)*

11

« Sois sage, ô ma douleur »

En ce début septembre, la température est enfin retombée à des niveaux supportables sur la vieille Europe. Pas la tension. Côté français, la passe d'armes entre Olivier Metzner et Georges Kiejman par médias interposés, une dizaine de jours plus tôt, a laissé des traces profondes entre les familles Trintignant et Cantat. Pour ne rien arranger, la justice lituanienne vient d'annoncer – un peu hâtivement – l'ouverture du procès pour l'automne et des articles haineux sur Cantat fleurissent dans la presse d'extrême droite, trop heureuse de s'acharner sur l'un de ses adversaires les plus influents. En clair, la balle est dans le camp de Noir Désir. Hormis des bribes de commentaires lâchées au cours des pénibles journées de Vilnius, l'entourage du chanteur ne s'est toujours pas exprimé publiquement.

Jusque-là, l'épouse de Bertrand et les trois musiciens ont refusé toutes les demandes d'interviews. Toutes, sauf celle présentée par Hervé Chabalier, le patron de Capa, une société de production audiovisuelle proche de Canal +. Depuis longtemps, la chaîne cryptée se fait l'écho des actions de Noir Désir dans son engagement contre le Front national, à Vitrolles notamment. Plusieurs sujets sur le groupe, produits par l'agence Capa, ont été programmés dans « Le vrai journal » de Karl Zéro, Canal ayant d'ailleurs diffusé, début 2003, le dernier concert de la tournée *Des visages des figures*. Même dans ces conditions, les proches de Bertrand hésitent. Hervé Chabalier devra faire montre de persuasion pour obtenir cette exclusivité. « La négociation a été très difficile, reconnaît ce dernier. L'approche a été longue, mais tout s'est joué sur les affinités communes et nos relations anciennes avec le groupe. Car nous partageons les valeurs que Marie et Bertrand incarnaient : le féminisme et le combat anti-FN[1]. »

Si Noir Désir et Kristina finissent par accepter, c'est surtout qu'il y a urgence à défendre l'image de Bertrand, sérieusement écornée depuis le coup de gueule de Kiejman. Et puis la volonté de Canal + n'est pas d'enquêter sur le drame proprement dit, mais de raconter en images les « destins croisés » des deux protagonistes. Ce qui donnera un sujet prudent de cinquante-deux minutes – le premier de cette envergure à la télévision –, diffusé le lundi 8 septembre 2003 dans le magazine « Lundi Investigation ».

Cette initiative reçoit la bénédiction d'Olivier Metzner. De même qu'il autorise les proches de son client à organiser une mini-conférence de presse devant plusieurs journalistes de la presse écrite. Discrètement, rendez-vous est donné durant l'après-midi du mardi 2 septembre, près de Bordeaux, dans la maison de Bègles utilisée comme studio de répétition par Noir Désir. Jugeant sans doute que certains journaux avaient eu la dent dure envers leur ami, le groupe choisit ses invités. Seuls les représentants de *Libération*, du

1. Entretien téléphonique avec les auteurs, 5 septembre 2003.

Monde, de trois quotidiens régionaux, dont *Sud-Ouest*, ainsi que François Ausseil de l'AFP sont conviés. Ni *Le Figaro*, pourtant resté sobre sur l'affaire, ni *Le Parisien*, ni *Paris-Match*, ni aucun titre de la presse magazine ne sont présents. Bien qu'en état de mort annoncée, le groupe reste fidèle à la stratégie de communication ultra-sélective instaurée par Cantat depuis les origines. Un choix qui contribuera à creuser – du moins en partie – le fossé entre la mouvance des « défenseurs » de l'artiste et le reste de l'opinion publique.

Même face à ces journalistes, les Noir Désir et Kristina Rady savent qu'ils marchent sur des œufs. L'équation s'annonce délicate : défendre l'honneur et la réputation de Bertrand sans pour autant minimiser la gravité de son geste. Tous ont bien compris qu'au moindre faux pas la partie adverse rendrait coup pour coup. Qu'elle n'hésiterait pas à diffuser les photos du visage meurtri de Marie. Le coup de semonce de maître Kiejman a porté ses fruits.

Kristina et les trois membres du groupe sont assis autour d'une table. Une cafetière circule de main en main. Ils ont fait en sorte que la rencontre avec les médias soit sobre. « OK » pour une photo « vite fait », mais pas l'ombre d'une caméra ou d'un micro.

Serge Teyssot-Gay, « l'autre » tête pensante de Noir Désir, n'a pas le cœur à l'ouvrage. Ni les mots pour le dire : « Nous aussi, on aimerait comprendre, mais on a plus de questions que de réponses », lâche sobrement le guitariste avant de se mettre en retrait. Il n'en dira guère plus. C'est Denis Barthe, le batteur, qui se dévoue pour la bonne cause. Avec son solide accent du Sud-Ouest et son bon sens terrien, « Nini » a souvent joué les juges de paix au sein de ce groupe au parcours tumultueux. Plusieurs fois, alors que Noir

Désir était au creux de la vague, le musicien a su recoller les morceaux entre le duo infernal – mais extraordinairement créatif – formé par Cantat et « Sergio ». Denis Barthe est d'abord questionné sur l'avenir de la formation : « Pour l'instant, notre copain Bertrand est en prison et on est là pour essayer de le soutenir, sans juger, sans prendre parti. Cela fait vingt-trois ans qu'on se connaît et on a fait pas mal de choses ensemble. Quoi qu'il ait pu faire pendant une heure, il l'assume. On ne va pas le renier comme ça et ce n'est certainement pas un salaud. Mais là, le groupe, sans bluffer, on s'en fout. Tout est en suspens. L'album *live* et tous les autres projets sont arrêtés. On n'a pas vraiment le cœur à ça. » En plus du concert de Langon, le groupe a annulé sa participation à la fête de l'Humanité et au festival Septembre Ensemble, qui devait avoir lieu à Bordeaux et Toulouse avec Zebda, autre groupe de l'écurie Universal au discours militant proche de celui de Noir Désir. « Une réunion où on dépassait la musique, où on allait sur des problèmes sociaux, explique Denis. Avec prises de parole. » Un nouvel engagement politique fauché net par le drame de Vilnius, au même titre que l'élan artistique du groupe : « Il y avait de nouvelles compositions, révèle le batteur. On avait envie de faire un nouvel album assez rapidement. Peut-être plus *jeté* que le dernier. Il nous restait encore de l'énergie pour envisager un avenir proche[2]. »

Pour Denis Barthe, le leader du groupe n'est pas celui que certains présentent maintenant comme une brute : « Dans le groupe, on n'a jamais eu affaire avec une violence hors scène. Et, sur scène, ça n'a rien à voir avec de la violence, même si Bertrand est très

2. Propos recueillis par François Ausseil, AFP, Paris, 2 septembre 2003.

démonstratif », poursuit-il en parlant de « fougue », de « transe » et de « chamanisme » pour qualifier la vitalité déployée par le chanteur lors de leurs concerts.

Kristina Rady, dont les « confidences » à la maquilleuse de *Colette* intriguent la justice et la presse, prend la défense du père de ses enfants. Non, il n'a pas une seule fois levé la main sur elle. « Je n'ai jamais subi de violences de la part de Bertrand, assure-t-elle. Il pouvait y avoir de la violence dans les discussions, mais jamais dans les gestes. Voilà ce que j'ai dit à la maquilleuse[3]. » Cela dit, impossible pour elle de trouver un début d'explication : « Je ne sais pas ce qui s'est passé. Je connaissais Marie. On avait des rapports très, très affectueux. » Une précision qui contraste avec les propos tenus par Bertrand Cantat, trois semaines plus tôt, devant les juges lituaniens : « Marie disait que Kristina était insidieuse et méchante, affirmait le chanteur. La jalousie paranoïaque de Marie était très forte. Je voulais garder des relations normales avec Kristina, mais Marie exerçait sur moi une pression permanente[4]. »

S'agissant d'une éventuelle prise de drogue « dure », Denis Barthe est formel. Le lundi 28 juillet, quand il l'a vu à l'hôpital, Bertrand lui a juré qu'il n'avait rien pris. Oui, ils avaient « beaucoup bu », mais lui n'avait « rien pris ». Serge sort de son silence pour dire que son copain avait « surtout l'air abattu, qu'il avait envie d'oublier et qu'il était obsessionnel sur l'état de santé de Marie ».

Ces propos seront largement repris dans les médias invités ainsi que dans la presse régionale. Alors

---

3. Conférence de presse de Noir Désir et Kristina Rady, Bègles, 2 septembre 2003.
4. Audition de Bertrand Cantat, Prokuratora de Vilnius, 8 août 2003.

que Noir Désir se bat pour sauver ce qui peut l'être encore, la famille Cantat fait bloc autour de Bertrand. Guy et Danièle, ses parents, ont rejoint leur fille Anne à Vilnius. Ils ont compris que Bertrand risquait de passer plusieurs mois en Lituanie et envisagent dès lors de quitter leur résidence hôtelière pour louer un appartement. Cinq semaines se sont écoulées depuis le drame et un mouvement de solidarité s'est progressivement créé parmi la petite communauté francophone de Vilnius. La disparition de Marie et le drame vécu par la famille Cantat ont profondément ému ces expatriés, dont beaucoup ont participé au tournage de *Colette*. Un Belge prénommé Rudy, professeur au centre culturel français, a même organisé une collecte auprès des expatriés. Il a réuni un nombre important de livres et de bandes dessinées, que la vice-consul de France a remis à Cantat lors d'une visite en prison.

C'est pour remercier ces « donateurs » que Rudy émet l'idée d'organiser une soirée. Il est vrai que la passion des premiers jours et l'hystérie médiatique se sont un peu calmées. Les Cantat, pensant que cela lui « remontera un peu le moral », n'y voient aucun inconvénient, d'autant que Bertrand s'est déclaré « très content » à l'idée que les gens l'ayant aidé se réunissent. Il insiste pour que l'on rende aussi hommage à Marie. Une initiative qui part d'un bon sentiment, mais qui va de nouveau provoquer la fureur du clan Trintignant. Essentiellement à cause de la publicité très maladroite faite à l'événement.

Au soir du vendredi 5 septembre, les quelques dizaines de Français vivant à Vilnius et des Lituaniens francophiles se rassemblent au Café de Paris, un établissement qui dépend du centre culturel, lui-même rattaché à l'ambassade. L'ambiance est détendue. On boit du vin, on grignote un morceau, on bavarde. Des journalistes lituaniens sont là. C'est la première fois qu'ils peuvent s'entretenir longuement avec les proches du célèbre détenu. Anne Cantat prend d'abord la parole pour dire combien le climat local est plus apaisé qu'en France : « Je ne sais pas combien de gens soutiennent Bertrand en Lituanie, mais je pense que l'opinion publique générale est meilleure ici. Les gens doivent savoir que, dans cette affaire, Bertrand est aussi victime. Ce qui s'est passé ici à Vilnius est une tragédie entre deux personnes qui s'aimaient énormément. Maintenant, Bertrand souffre beaucoup. S'il essaie de survivre, c'est pour nous. » Danièle, la mère de Cantat, ne peut retenir ses larmes. « Excusez-moi si je pleure, dit-elle aux journalistes. Je suis désolée si je n'arrive pas à être objective. Parce que je suis une mère. Parce que j'aime mon fils... » Son mari ne sort de son silence que pour dire qu'il est « inquiet » devant l'état psychologique de Bertrand[5].

L'homme qui s'est installé aux platines n'est autre que le gendarme affecté à la sécurité de l'ambassade de France. « DJ Reggie » – c'est son nom de scène – assure en fait l'animation musicale de toutes les soirées du centre culturel. Et, ce jour-là, ses préférences vont tout naturellement à Noir Désir. Surtout le tube « Le vent nous portera », qu'il passera plusieurs fois au cours de la soirée. Cette belle chanson est devenue très en vogue en Lituanie, où des disques pirates du groupe circulent au marché noir, avec traduction des textes de Cantat. Tout comme en France, le drame a entraîné ici un effet de curiosité autour du groupe bordelais. Alors que les invités commencent à danser, le visage pâle de Marie Trintignant apparaît sur l'écran

5. Quotidien national lituanien *Respublika*, Vilnius, 8 septembre 2003.

géant installé au fond de la salle. On y projette *Betty*, ce film de Claude Chabrol où l'actrice incarne une paumée en pleine dérive alcoolique. L'un de ses rôles les plus troublants.

Faute de goût ? Provocation ? Cette « soirée de soutien » va, en tout cas, relancer brutalement la guerre médiatique entre les deux parties. Des images de la fête de Vilnius sont diffusées le lendemain à la télévision lituanienne. En France, personne n'est au courant. Pas pour longtemps. Les journalistes français ont en effet, au cours de la semaine tragique, puis lors du voyage à Vilnius de Nathalie Turquey, établi des contacts avec leurs confrères lituaniens. Durant le week-end, Mindaugas Peleckis, reporter au quotidien national *Respublika*, prévient la rédaction du *Parisien-Aujourd'hui en France*. Le journaliste lituanien, qui trouve « l'idée de cette fête un peu macabre », décrit l'atmosphère « très particulière » de la soirée, avec « tous ces gens qui dansaient sur Noir Désir[6] ».

Informé le dimanche en milieu de journée, Georges Kiejman pique une froide colère devant « l'indécence » de cette initiative. Ses mots claquent : « Soutenir Bertrand Cantat de la sorte et rendre hommage simultanément à Marie Trintignant est quelque chose d'inconciliable, embraye l'avocat parisien. Il faut en finir avec ce prétendu romantisme qui ferait de Cantat et de Marie les deux victimes d'un drame amoureux. C'est vrai qu'il s'agit d'une histoire à deux, mais il y a ici quelqu'un qui a tué et quelqu'un qui a été tué. Je le dis encore une fois, il fallait faire preuve d'une grande brutalité, pour ne pas dire d'une grande bestialité, pour faire du visage de Marie ce qu'il est devenu dans la mort. » Il brandit à nouveau la menace de diffuser les photos de la figure de la victime : « Si

---

6. Conversation téléphonique avec les auteurs, 7 septembre 2003.

les soutiens de Bertrand Cantat étaient confrontés à ces clichés, ils seraient pris de nausées et renonceraient à leurs propos romantiques[7]. »

Depuis sa maison de Flaux, dans le Gard, Jean-Louis Trintignant est abasourdi par la nouvelle. L'« hystérie » de sa fille, puis cette « fête » pour « remonter le moral » de son bourreau, c'en est trop pour lui. Le vieil homme songe un instant à faire une déclaration publique. À répondre à ce qu'il considère comme des atteintes répétées à la mémoire de sa fille. Quatre jours plus tôt, il a effectué un aller-retour à Paris pour témoigner devant Nathalie Turquey. Pour dire que, « si Bertrand Cantat s'était assumé », il « ne serait pas sorti de [son] silence ». Pour dire que sa fille « n'a jamais eu le comportement violent qu'on lui prête » et que, d'après lui, « la violence des coups révèle l'intention de tuer ». Pour dire enfin combien lui était insupportable le fait que « Cantat se retranche derrière la thèse de l'accident[8] ».

Ces déclarations, recueillies par la juge d'instruction, en présence d'un chef de groupe de la brigade criminelle, pèseraient autrement sur l'affaire si elles étaient rendues publiques. Le dimanche après-midi, *Le Parisien* transmet donc, par l'intermédiaire de Georges Kiejman, une demande d'interview à Jean-Louis Trintignant. Celui-ci hésite, mais finit par renoncer. En début de soirée sur TF1, dans l'émission « Sept à huit », l'actrice Lio ne mâche pas ses mots : « Marie était inquiète et stressée sur le tournage, explique l'amie de la défunte. Elle n'était plus que l'ombre d'elle-même. Elle m'avait dit que Bertrand Cantat était jaloux et que

7. Entretien avec les auteurs, 7 septembre 2003.
8. Audition de Jean-Louis Trintignant, TGI de Paris, 3 septembre 2003.

c'était difficile. » Explicitement, Lio répond à ceux qui cherchent à « romantiser » l'affaire : « Ce n'est pas un drame de l'amour. Ce n'est pas de l'amour quand on prend le visage d'une femme pour un champ de bataille. Frapper par amour, ça n'existe pas. » C'est la première fois que l'on exprime publiquement cette hypothèse, à laquelle certains, dans l'entourage de la comédienne, continuent de croire aujourd'hui. Une thèse selon laquelle Marie « vivait dans la peur ». Et qu'elle envisageait même de quitter Bertrand Cantat.

C'est sans les propos de Jean-Louis Trintignant, mais avec ceux de Lio, que *Le Parisien* titre, lundi 8 septembre, sur *« L'étrange fête du clan Cantat »*. Deux pages intérieures sont consacrées à cette nouvelle polémique qui fera scandale pendant plusieurs jours. À Bordeaux, les membres de Noir Désir n'en reviennent pas en écoutant la radio. Même incompréhension chez Kristina Rady et Olivier Metzner, qui n'ont pas été consultés par les parents et la sœur de Bertrand Cantat. L'avocat parisien en veut à ses clients d'avoir, en se prêtant à cette soirée, commis une erreur stratégique. En privé, passe encore. Mais pas devant une foule de journalistes lituaniens. C'était forcément s'attirer les foudres de la partie adverse.

En milieu de journée, alors que maître Metzner refuse de s'exprimer, Noir Désir se désolidarise de la famille Cantat. Dans un communiqué très sec envoyé au bureau bordelais de l'AFP, les musiciens précisent que la fête de Vilnius a été « organisée par des personnes qui n'ont aucun lien avec eux ». Et que cette initiative va, disent-ils, « à l'encontre de la démarche des membres du groupe, qui tiennent à ce que le respect et la dignité soient observés par tous et dans tous les cas ». Difficile d'être plus clair. Les proches de

Bertrand Cantat sont désormais divisés. Une mauvaise nouvelle de plus pour le chanteur

À Vilnius, l'affaire a déjà fait une « victime collatérale » en la personne du gendarme qui avait passé des morceaux de Noir Désir le vendredi précédent. Le malheureux « DJ Reggie » en a été quitte pour une franche remontée de bretelles par sa hiérarchie. Cela dit, l'ambassade de France s'en est finalement bien tirée en terme d'image, puisque la soirée était tout de même organisée dans les locaux de son centre culturel. Avec la bénédiction du corps diplomatique.

À Paris, Nadine Trintignant prépare sa contre-attaque. Elle sera multiple et violente. À l'inverse de Jean-Louis, la mère de Marie n'a pas l'intention de se taire. La réalisatrice passe le plus clair de son temps entre des studios proches des Champs-Élysées, où elle s'occupe du montage du téléfilm *Colette*, et son grand appartement du Marais. C'est là qu'elle rédige une « lettre » à sa fille, dont elle fera finalement un livre. Dans le milieu de l'édition, le bruit circule déjà à cette époque que la maison Fayard, filiale du groupe Hachette-Lagardère, serait sur le coup.

Mais c'est d'abord sur le terrain purement judiciaire que Nadine lance l'offensive. À son retour de Vilnius, elle a retrouvé dans la mémoire de son téléphone portable un SMS que lui avait envoyé Marie sur le tournage. Sur le moment, sa mère n'y avait prêté qu'une attention distraite. Ce qu'elle croit y déceler après coup lui glace le sang. Et si Marie avait été victime de violences… avant ce qu'elle appelle « ce sale samedi »? Le Texto, envoyé par l'actrice le 14 juillet à 21 h 07, après une dure journée de tournage, dit à la lettre près : « soisage oma douleur étientoi plustrankil ». Surtout, il est signé : « fifille battue ». Deux mois plus tôt, en Lituanie, elle avait pensé que Marie faisait référence à une scène d'amour filmée le même jour entre Colette et Henry de Jouvenel, alias Lambert Wilson, où elle avait trouvé sa fille particulièrement mal à l'aise. Marie avait même reproché à sa mère de faire durer la prise de vue inutilement.

Nadine Trintignant n'en démordra plus. Selon elle, non seulement Cantat a battu d'autres femmes avant Vilnius, mais elle est maintenant certaine qu'il n'en était pas à son coup d'essai avec Marie. Et puis, pour Nadine, la citation de Charles Baudelaire contenue dans le SMS ne semble rien devoir au hasard. Il s'agit du tout premier vers de « Recueillement », l'un des poèmes les plus noirs de ses *Fleurs du mal*:

> Sois sage, ô ma douleur, et tiens-toi plus tranquille.
> Tu réclamais le soir ; il descend ; le voici :
> Une atmosphère obscure enveloppe la ville,
> Aux uns portant la paix, aux autres le souci.
>
> Pendant que des mortels la multitude vile,
> Sous le fouet du plaisir, ce bourreau sans merci,
> Va cueillir des remords dans la fête servile,
> Ma douleur, donne-moi la main ; viens par ici,
>
> Loin d'eux. Vois se pencher les défuntes années,
> Sur les balcons du ciel, en robes surannées ;
> Surgir du fond des eaux le regret souriant ;
>
> Le soleil moribond s'endormir sous une arche,
> Et, comme un long linceul traînant à l'orient,
> Entends, ma chère, entends la douce nuit qui marche.

Un texte qui se passe de commentaire. Cette « atmosphère obscure, [...] aux uns portant la paix, aux autres le souci », ce « bourreau sans merci », ce « long linceul traînant à l'orient »: bien plus encore que la chanson « L'Appartement » de Bertrand Cantat, le poème choisi par la future victime prend une résonance prémonitoire. Ou pire, comme le pense maintenant Nadine Trintignant, persuadée qu'il s'agissait en fait d'un appel au secours de sa fille.

Elle a bien sûr parlé du SMS à Georges Kiejman. Elle veut absolument que cet élément – plus que troublant à ses yeux – soit porté à la connaissance de la justice. Du Baudelaire dans un dossier d'enquête criminelle ! Les policiers n'en reviennent pas. Ils reçoivent Nadine à sa demande, dans la matinée du mardi 9 septembre, au dernier étage du 36, quai des Orfèvres. On est alors en pleine polémique sur la fête de Vilnius. Le clan adverse est aux abois. Voilà qui risque de le déstabiliser un peu plus encore. En examinant le portable de Nadine Trintignant, les hommes de la police judiciaire authentifient l'expéditeur, ainsi que la date et l'heure du message. Aucun doute, c'est bien Marie qui, douze jours avant sa mort, citait le vers endeuillé d'un poète maudit et signait « fifille battue ».

Trois jours plus tard, Nadine est amenée à s'expliquer sur le SMS devant la juge Nathalie Turquey. C'est sa troisième audition en tant que témoin et partie civile. Elle qui, dans sa première déposition, parlait volontiers d'amour-passion entre Bertrand et Marie, a radicalement changé de discours. Comme Lio, elle pense désormais que « ça n'était pas de l'amour, mais juste une volonté de possession ». Elle n'a plus qu'une obsession : prouver que sa fille était victime de violences conjugales avant la dispute fatale du Domina Plaza : « Le même jour, dit-elle à la jeune magistrate, on avait tourné une scène d'amour où Marie était terriblement bloquée. Je pensais qu'elle parlait de moi. Et le lendemain, elle avait tellement mauvaise mine que j'ai renoncé à lui parler de ce SMS, pour ne pas l'embêter. » Se doutait-elle de quelque chose ? « C'était inimaginable pour moi qu'elle soit battue, même si j'ai remarqué un état d'anxiété chez ma fille sur ce tournage. Quand je lui demandais si elle était heureuse, elle ne me répondait pas. Elle avait une façon bien à elle d'éluder la question[9]. »

Nathalie Turquey demande alors à la cinéaste si elle avait « remarqué des bleus ou des traces de coups sur le corps de sa fille » en Lituanie. « Non, répond-elle. Mais les costumes étaient tous à manches longues. » Pourtant, dans le téléfilm *Colette*, projeté en avant-première cinq mois plus tard, on découvrira Marie Trintignant bras nus dans plusieurs scènes. Nadine va-t-elle jusqu'à travestir en partie la réalité pour appuyer sa thèse ? Elle poursuit : « Une fois, elle devait porter une chemise à fines bretelles dont je pensais qu'elle lui plairait. Mais elle a refusé et mis un vêtement à manches longues. »

Nadine tient sa version, sa vérité, qu'elle expose en quelques mots à la juge d'instruction : « Je pense que, cette nuit-là, Marie lui a tenu tête parce qu'il lui a demandé de rompre ses liens de tendresse avec Samuel, et de moins vivre avec les quatre enfants. Et il nous avait tous évincés sur le tournage. La seule fois que j'ai parlé avec lui, son *meurtrier*, on a parlé de séparation[10]. » Son « meurtrier » ! Le ton est donné. C'est le seul mot que Nadine Trintignant a trouvé pour désigner Bertrand. Celui qu'elle emploie systématiquement dans le réquisitoire qu'elle est en train de rédiger. Un terme qui suppose l'intention de tuer et que l'on retrouvera, en moyenne, une fois toutes les deux pages dans son livre.

---

9. Audition de Nadine Trintignant, cabinet de Nathalie Turquey, Paris, 12 septembre 2003.
10. *Ibid.*

12

« Le grand incendie »

Tandis que Nadine Trintignant aiguise sa plume vengeresse, Kristina Rady se voue à la défense de celui qui l'a quittée un an auparavant. Elle se sacrifie pour ses enfants, Alice et Milo, et se bat pour préserver l'image de leur père. La courageuse Hongroise est bien mal récompensée. Le lundi 8 septembre, la polémique autour de la fête de Vilnius a complètement occulté sa première interview télévisée, diffusée le soir même dans le magazine « Lundi Investigation » de Canal +. Elle y a tenu le même discours que lors de la conférence de presse avec Noir Désir. À savoir que jamais Bertrand n'avait été violent avec elle ou avec ses enfants. Au moment où elle se jette dans l'arène médiatique, un nouvel événement va directement l'atteindre et accroître davantage encore la tension dans laquelle baigne l'affaire.

Il est 5 h 10 du matin, ce jeudi 11 septembre 2003, lorsque Jean-Pierre, un habitant de Moustey, tranquille village situé en pleine forêt dans le département des Landes, compose le numéro d'urgence des pompiers. Réveillé par « des crépitements » et « une lumière inhabituelle », il a très vite réalisé que la maison voisine de la sienne était en train de brûler. Un quart d'heure plus tard, deux camions, venus des bourgs de Sore et Pissos, arrivent sur place, au lieu-dit La Pendelle. Le toit de la maison est en flammes. Le feu semble avoir pris au premier étage. Il se propage rapidement le long des poutres en bois qui composent la charpente. Les sapeurs luttent pendant plus d'une heure, sans pouvoir éviter le pire. Le plancher du premier étage s'effondre sur le rez-de-chaussée. Tout est détruit. Lorsque l'incendie est éteint, peu avant 7 heures du matin, la bâtisse n'est plus qu'une ruine. Seuls la grande cheminée de pierre de la pièce principale et les épais murs du rez-de-chaussée sont encore debout. Tout a brûlé, hormis le réfrigérateur et quelques pièces de vaisselle. Depuis le printemps 1998, cette maison était la propriété de Bertrand Cantat et Kristina Rady. Elle constituait le seul véritable « signe extérieur de richesse » du chanteur. Elle a également joué un rôle important dans son aventure avec Marie Trintignant.

Moustey est un peu le symbole du bonheur perdu de Bertrand Cantat. Lui et Kristina se décident à acheter cette maison un an après la naissance de Milo. Ils habitent alors Paris, dans le XXe arrondissement, et comprennent vite que la capitale n'est pas le lieu idéal pour élever un petit garçon. Le couple envisage de regagner la région de Bordeaux. Bertrand cherche alors, d'après son frère Xavier, « un lieu de repos et de calme ». Son choix s'arrête sur cette maison discrète aux volets bleus, perdue dans les pins à deux kilomètres du village. « Bertrand était super content de cette maison, précise son frère aîné. Il était juste gêné parce qu'il y avait une piscine. Il trouvait que ça faisait un peu trop bourgeois. Il ne voulait pas d'une maison de star[1]. » L'endroit n'a pourtant rien de clinquant. La surface habitable est de cent cinquante mètres carrés, répartis sur deux niveaux. Quelques travaux permettent de transformer la grange voisine en annexe afin de recevoir des amis. Pendant trois ans, la maison de Moustey va devenir le refuge de la famille Cantat et des membres de Noir Désir. Le clan au grand complet y passe de longs week-ends ponctués de promenades en forêt, d'apéros sous la tonnelle, de parties de badminton, de pétanque ou de foot. Les soirs d'hiver, Bertrand et ses potes refont le monde devant l'imposante cheminée.

Lorsqu'ils décident de se séparer, à l'automne 2002, Kristina et Bertrand sont d'accord pour garder la maison. Ils tiennent à ce qu'elle reste un lieu préservé pour Milo et la petite Alice, qui vient de naître. Ils s'organiseront pour l'occuper alternativement pendant les week-ends et les vacances. Au cours de l'hiver 2002-2003, le chanteur y vient à deux reprises en compagnie de Marie Trintignant, qui fait alors la connaissance des enfants de son nouveau compagnon. L'actrice avait gentiment rebaptisé cet endroit la « maison de Milo ».

Le 20 juillet 2003, soit une semaine avant le drame, la villa de Moustey va se retrouver au cœur d'une dispute entre les deux amants. Kristina appelle Bertrand à Vilnius. Nous sommes dimanche. Marie ne travaille pas. Elle est présente et écoute la conversation. Bertrand explique que lui, Marie et ses trois plus jeunes garçons arriveront à Moustey le 31 juillet. « Nous avions prévu que Milo ferait visiter la maison aux

1. Interview de Xavier Cantat au *Journal du Dimanche*, 14 septembre 2003.

enfants de Marie », précisera-t-il plus tard[2]. Kristina, qui doit partir chez ses parents à Budapest le 28 juillet, n'oppose aucune objection. Elle demande simplement à Bertrand si l'un de ses amis, musicien, peut s'installer dans la grange pour répéter. Il donne son accord et, à l'issue de la conversation, envoie même un Texto à son épouse : « Merci. Précision. Pour le reste, considère Moustey à toi. Tu n'as pas besoin de me prévenir, de me demander mon avis sur les allées et venues. Juste tranquille quand on arrive. Bises. » À l'issue de cet échange, Marie aurait accablé Bertrand de reproches. C'est du moins ce que le chanteur dira à Nathalie Turquey lors de sa venue à Vilnius. D'après lui, l'actrice l'aurait accusé d'être trop conciliant avec son « ex », s'emportant contre le caractère « hypocrite » et « insidieux » de cette dernière[3]. Un motif de discorde qui conduira six jours plus tard, toujours selon Bertrand Cantat, à la dispute fatale.

En ce matin du 11 septembre, Moustey n'est plus qu'un tas de cendres et Marie est morte depuis quarante jours. Aussitôt prévenue à Bordeaux, où le couple possède également un appartement, Kristina arrive sur les lieux en compagnie de Denis Barthe, le batteur de Noir Désir, vers 8 heures du matin. Elle est terrifiée par cette vision de cauchemar. La veille, dans l'après-midi, elle avait envisagé de partir le soir même pour Moustey avec Alice et Milo, afin d'y passer le week-end loin du tourbillon médiatique. Elle avait finalement renoncé, se sentant trop fatiguée pour prendre la route. Que se serait-il passé s'ils avaient été

---

2. Audition de Bertrand Cantat, Prokuratora de Vilnius, 21 août 2003.
3. *Ibid.*

dans la maison ? Xavier Cantat, qui a rejoint sa belle-sœur sur place, ne cache pas sa colère : « Ce n'est pas uniquement l'histoire de Bertrand qui s'est envolée, mais aussi celle de son ex-compagne Kristina et de leurs enfants, qui n'ont rien fait ni rien demandé[4]. » Les gendarmes de Parentis-en-Born, accompagnés d'une magistrate du parquet de Mont-de-Marsan, inspectent les ruines fumantes à la recherche d'indices. Et ne tardent pas à relever des éléments qui laissent penser que l'incendie a été allumé par une main criminelle. Les traces d'une tentative d'effraction sont visibles sur la porte de la grange. Et, sur la pelouse, près de la maison, les enquêteurs trouvent deux indices troublants. Le premier est un petit bout de papier à moitié brûlé sur lequel est inscrite l'adresse de la maison. Le second est une photo – d'un format légèrement inférieur à une photo d'identité – représentant le visage d'un adolescent. Les gendarmes le montrent à Kristina, qui déclare ne pas connaître ce garçon.

L'hypothèse de l'incendie volontaire est renforcée en milieu de matinée, lorsque Serge Teyssot-Gay, le guitariste de Noir Désir, arrive à son tour à Moustey. Avant de venir, le musicien est passé dans le pavillon de Bègles, en banlieue bordelaise, qui sert de studio et de bureaux au groupe. Il a découvert sur le répondeur un effrayant message de menaces, laissé par une voix féminine : « On va vous cramer, vous allez payer. » L'enquête démontrera qu'il a été enregistré à 2 h 54 du matin. Ce qui, selon les experts sollicités par la justice, correspond approximativement à l'heure de départ du feu. Kristina déclare aux gendarmes qu'elle a elle aussi reçu récemment des coups de téléphone étranges.

---

4. Interview de Xavier Cantat au *Journal du Dimanche*, 14 septembre 2003.

Enfin, dans l'après-midi du 11 septembre, des messages de revendication anonymes sont enregistrés sur le répondeur de la mairie de Moustey. Cette fois, c'est un homme, parlant avec un léger accent suisse, qui appelle à deux reprises. Cet interlocuteur parle de vengeance et se réclame de l'extrême droite. Mais il ne donne aucun détail sur les faits, sinon ceux déjà divulgués en fin de matinée par les radios et les télévisions. Des spécialistes, venus d'un laboratoire de Toulouse, inspectent les décombres. Ils excluent rapidement l'hypothèse d'un court-circuit. Deux mois plus tard, leur rapport confirmera que l'incendie était bien d'origine criminelle. Le ou les auteurs n'ont utilisé ni engin incendiaire ni substance combustible. Ils sont entrés dans la maison par un moyen inconnu, sont montés au premier étage et ont mis le feu à des objets présents dans l'une des chambres. Les flammes se sont ensuite propagées grâce aux tissus et aux pièces de bois composant la charpente.

Le dimanche 14 septembre, le procureur de la République de Mont-de-Marsan, Jean-Pierre Lafitte, ouvre une information judiciaire contre X visant à identifier le ou les pyromanes de Moustey. Kristina se constitue partie civile au nom de Bertrand, Milo et Alice Cantat. Parallèlement, Denis Barthe et Serge Teyssot-Gay se rendent au commissariat de Bordeaux. Ils y font enregistrer une main courante à propos des menaces laissées sur le répondeur téléphonique de Noir Désir. Sur les conseils des gendarmes, ils ont également fait appel à une société de sécurité privée. Désormais, le domicile de Kristina, celui des trois membres du groupe à Bordeaux et en région parisienne, ainsi que le studio de Bègles seront constamment surveillés par des vigiles. Les investigations, confiées à la brigade de recherches de la gendarmerie des Landes, se révèlent très compliquées. Les revendications reçues à la mairie de Moustey n'apparaissent pas très sérieuses. Aucune empreinte, digitale et génétique, n'a pu être retrouvée dans les ruines, ni sur les deux indices découverts à proximité de la maison. Et si la photo n'offre aucune piste, c'est que le juge et les gendarmes ont renoncé à lancer un appel à témoin pour tenter d'identifier le visage qui y apparaît. Selon l'entourage de Bertrand Cantat, deux hypothèses sont possibles. Soit une vengeance de l'entourage de Marie Trintignant, soit une agression venue de l'extrême droite, dont Bertrand Cantat était un adversaire acharné. La première n'apparaît guère crédible : on imagine mal des proches de la famille Trintignant se compromettre dans une telle exaction. La seconde reste ouverte mais n'est accréditée par aucun élément concret à ce jour.

Au fil des semaines, une autre piste semble attirer les enquêteurs. Le point de départ en est fourni par Xavier Cantat lui-même. « Le 11 septembre n'est pas seulement le jour anniversaire des attentats de New York, explique-t-il. C'est aussi celui de la sortie, en 2001, du dernier album de Noir Désir, *Des visages des figures*[5]. » La deuxième chanson du disque s'intitule « Le grand incendie »... En résumé, le feu aurait pu être provoqué par n'importe qui connaissant bien l'œuvre du groupe.

Début 2004, la personne qui a laissé un message vers 3 heures du matin sur le répondeur du studio de Bègles est identifiée par les enquêteurs. Il s'agit d'une jeune femme, originaire de la région bordelaise, qui voue un culte irraisonné à Noir Désir. Les membres du groupe ont déjà eu affaire à elle. Elle est considérée comme « déséquilibrée ». Les gendarmes l'interrogent mais ne peuvent que constater qu'elle n'a pas participé

---

5. Interview de Xavier Cantat au *Journal du Dimanche*, 14 septembre 2003.

à l'expédition nocturne contre la maison des Cantat. A-t-elle été manipulée par d'autres ? Son coup de téléphone, donné à l'heure de départ du feu, n'est-il qu'une simple coïncidence ? Dans le doute, Kristina refuse de porter plainte contre cette femme fragile et perturbée par le sort de son idole. Cet épisode montre en tout cas la dangereuse intensité des passions suscitées par l'affaire. Celles-ci perdureront. Le 9 février 2004, Danièle Cantat, la mère de Bertrand, déposera plainte au commissariat de Bordeaux pour « menaces et injures », après avoir reçu, pendant dix jours, des appels anonymes à son domicile.

Depuis sa cellule de la prison Lukiskiu, le chanteur de Noir Désir a su que la maison de Moustey avait été détruite. « Cela a encore aggravé son état d'angoisse. Cet incendie a été une terrible épreuve pour lui. Et il est toujours très inquiet pour sa famille », raconte l'avocat bordelais Pierre Hurmic[6]. Cet élu écologiste, proche de Noël Mamère – député-maire de Bègles – et vieil ami de la famille Cantat, est devenu depuis peu le porte-parole officieux de Bertrand Cantat.

En ce mois de septembre, le rocker emprisonné encaisse difficilement ce nouveau coup dur, qui accroît d'autant son sentiment de culpabilité. Il ignore encore qu'à Paris Nadine Trintignant vient de remettre à son éditeur, Fayard, le manuscrit d'un texte qui va achever de le clouer au pilori.

Avant d'investir les rayons des libraires, la guerre entre les deux clans va d'abord se jouer sur les écrans de télévision. Les chaînes publiques, dont l'une,

6. Entretien avec les auteurs, Bordeaux, 20 novembre 2003.

France 2, est directement associée à la production de *Colette*, ont préféré assurer un service minimum sur l'affaire Trintignant-Cantat. Dans le privé, en revanche, on s'agite beaucoup depuis le mois d'août. Étienne Mougeotte, le vice-président de TF1 et directeur général de l'antenne, a compris tout le potentiel médiatique du drame. Il a chargé Charles Villeneuve, animateur-producteur du magazine « Le droit de savoir », de lancer ses journalistes sur le dossier. Une équipe travaille en France, une autre à Vilnius. L'objectif est de faire une émission spéciale, pour un budget légèrement supérieur à 150 000 euros[7]. La Une veut frapper fort. Une première date de diffusion est fixée le 7 septembre au soir, soit la veille du sujet annoncé sur Canal +. Mais la diffusion sera finalement repoussée au dimanche suivant, 14 septembre, en deuxième partie de soirée. C'est-à-dire au moment où, sur M6, l'émission « Secrets d'actualité », animée par Laurent Delahousse, sera elle aussi entièrement consacrée au drame de Vilnius. La « petite chaîne qui monte » a également mis deux équipes sur le dossier, mais pas autant de moyens financiers.

Charles Villeneuve veut à tout prix « griller » la concurrence. Il a en ce sens proposé une collaboration à la rédaction du *Parisien*, qui a refusé. Malgré plusieurs demandes insistantes, les Trintignant rejettent catégoriquement toute idée d'interview. Du côté de Noir Désir, l'accueil est glacial. À l'initiative de Bertrand Cantat, le nom de TF1 a été plusieurs fois hué lors de concerts de Noir Désir. Charles Villeneuve incarne, presque à lui seul, tout ce que le chanteur de rock peut détester. Au lendemain du 21 avril 2002, certains, à gauche, avaient reproché à cet influent dirigeant de la

7. Charles Villeneuve, interviews à *France-Soir* et au *Figaro*, 13 septembre 2003.

Une d'avoir contribué au succès électoral de Jean-Marie Le Pen. Accusé de remuer, à coups d'images chocs, le couteau dans la plaie du sentiment d'insécurité, l'animateur avait à l'époque dénoncé une manœuvre de basse « calomnie ». C'est dire si Kristina Rady n'a guère envie d'aller s'épancher sur TF1. Mais Villeneuve dispose d'un argument de poids pour la convaincre. Il a obtenu en exclusivité un entretien filmé avec Agnès Tassel, la maquilleuse de *Colette.* Ce témoin important y répète ce qu'elle a déclaré sur procès-verbal devant la brigade criminelle à son retour de Vilnius : les confidences de Kristina au Radisson, la supposée « violence » de Bertrand, l'expression « docteur Jekyll et mister Hyde ». Kristina se sent obligée de répondre aux propos d'Agnès. De même qu'elle accordera, au dernier moment, une interview à Laurent Delahousse, pour M6.

Le soir de la double diffusion, TF1 dispose d'un atout. Charles Villeneuve s'était du reste montré quelque peu condescendant envers M6. « Nous ne boxons pas dans la même catégorie », avait déclaré, un brin méprisant, le producteur de la Une[8], qui était parvenu à acheter les confidences de Cantat filmées le 9 juillet à Vilnius par la télévision lituanienne. Mais TF1 part avec un handicap de poids. « Le droit de savoir » ne commence qu'à 23 h 05, soit un bon quart d'heure après « Secrets d'actualité ». Le magazine de M6, créé au printemps 2000, va profiter de ce léger avantage pour réaliser le meilleur score d'audience de son histoire. Sur un mode plus sobre que son concurrent, Laurent Delahousse restera jusqu'au bout en tête des audiences avec 3,4 millions de téléspectateurs. En face, sur TF1, Charles Villeneuve boira la tasse avec un score de « seulement » 2,3 millions de curieux. Vu les efforts déployés, l'échec est cuisant.

8. *Ibid.*

Pour peu que l'on additionne les chiffres réalisés en quasi-simultané, les deux émissions ont atteint le chiffre de 61 % de part de marché. Soit un total de près de six millions de personnes concernées : un niveau exceptionnel pour une heure de diffusion aussi tardive. Un mois et demi après le drame, la triste histoire de Marie et Bertrand remue toujours le cœur des Français.

Et ce n'est pas fini. La sortie d'un livre choc de Nadine Trintignant est annoncée dès la mi-septembre dans les médias. Depuis les obsèques de Marie, sa mère s'est plongée dans le montage de *Colette*, mais aussi dans la rédaction de ce qu'elle appelait au départ son « journal de Vilnius ». Manière pour elle de prolonger le dialogue avec sa fille, de continuer les interminables discussions qu'elles adoraient avoir ensemble. Au fil des pages, le texte se mue en un implacable cri de haine contre Bertrand Cantat, doublé d'une tendre et poignante lettre d'amour à Marie.

La sortie en librairie est fixée au 1er octobre. Jusqu'au tout dernier moment, le secret absolu entoure le manuscrit. Tout juste sait-on que les avocats de l'éditeur ont obtenu de Nadine Trintignant qu'elle édulcore certains passages de son texte, jugés diffamatoires ou attentatoires aux droits de la défense. Malgré ces coupes, le texte reste un brûlot. Fayard, qui a déjà publié deux livres de Nadine, dont un évoquant la mort de son frère, Christian Marquand, sait qu'il peut réaliser l'un des gros succès d'édition de la saison. D'autant que l'auteur a fait savoir que ses droits seraient intégralement reversés à ses quatre petits-enfants Roman, Paul, Léon et Jules, à qui l'ouvrage est dédié.

Dans ce court texte, le nom du chanteur de Noir Désir n'apparaît jamais. Elle le désigne quatre-vingt-cinq fois par « ton meurtrier » et deux fois par « ton assassin ». Ses phrases vont droit au but : « Je revis ta dernière nuit. Tu as eu le temps d'avoir peur. Peur de mourir. Tu as dû tenter de t'échapper, mais il était grand et fort, ton meurtrier. Et toi petite et mince. [...] Je suis convaincue que ton meurtrier t'a battue avant ce sale samedi. Oh pardon, ma fifille battue. Je n'ai pas compris. Je le hais [...]. Avant de te tuer, ton meurtrier a tenté de te démolir à force de harcèlement moral. Ce personnage grand et costaud, parlant de paix, insultant à la télévision les grands patrons (avec qui il continuait de respecter ses contrats), était médiatique. Un manipulateur. Il a beau crier son innocence, le fait est là : il t'a tuée. [...] Cette sorte d'homme ne cherche pas les soumises, mais les femmes libres et indépendantes, pour mieux les écraser. Les humilier. Dominer à tout prix [...]. Une sale nuit, une brute a brûlé tes ailes magiques[9]. »

L'entreprise de démolition est totale, sans nuance. La prêtresse du féminisme en croisade contre le « bourreau de Vilnius ». En quelques lignes, l'artiste maudit en quête de rédemption est redevenu la brute machiste, le beau parleur immature, l'être jaloux et possessif qui s'est acharné sur sa fille, avant de la laisser agoniser. Les efforts des proches de Cantat pour défendre son image sont en passe d'être réduits à néant, d'autant que Fayard a prévu un premier tirage – considérable pour l'édition – de 140 000 exemplaires.

Lorsque, quarante-huit heures avant sa sortie en librairie, Olivier Metzner se procure enfin le texte, il est déjà trop tard. L'avocat est abasourdi par la violence des propos de Nadine Trintignant à l'égard de son client. Il lui est inconcevable de voir ainsi bafouée la

---

9. Nadine Trintignant, *op. cit.*

présomption d'innocence de Bertrand Cantat, alors que celui-ci n'a pas encore comparu devant la justice : « En France, réagit-il publiquement, on n'a pas le droit d'écrire que quelqu'un est coupable avant qu'il ne soit jugé. On peut craindre que ce livre ait une incidence sur l'issue du procès, d'autant que la presse lituanienne va s'empresser d'en traduire certains passages[10]. » Comme la police judiciaire, Olivier Metzner a relevé plusieurs points de contradiction entre les éléments du livre et les déclarations de Nadine Trintignant devant la brigade criminelle. « On a accusé la famille de Bertrand d'indécence, poursuit-il, mais où est l'indécence maintenant ? Je constate que Nadine Trintignant s'est mise en réserve pendant deux mois et qu'elle donne maintenant des interviews dans la presse magazine[11]. » Allusion au fait que les deux seuls entretiens accordés par l'auteur pour la sortie du livre l'ont été aux hebdomadaires *Elle* et *Paris-Match*. Deux journaux qui se trouvent compter parmi les filiales du groupe Hachette-Lagardère. Au même titre d'ailleurs que Studio International, la société qui produit le téléfilm *Colette*, et que Fayard, l'éditeur de Nadine Trintignant.

En publiant *Marie, ma fille*, la cinéaste aurait-elle la volonté d'influer sur le cours de la justice, ou celle d'enfoncer un peu plus Bertrand Cantat ? Un peu des deux, sans doute. Cette initiative produira pourtant l'effet inverse. Lorsque le chanteur reçoit un exemplaire du livre dans sa cellule, il ne s'est pas encore remis de l'incendie de sa maison. La lecture de cette confession aux airs de réquisitoire agit comme un électrochoc. « Quand Bertrand a lu le livre de Nadine Trintignant, il l'a très mal vécu, raconte son ami, l'avocat Pierre Hurmic. Pour lui, il s'agit un tissu de

10. Entretien téléphonique avec les auteurs, 30 septembre 2003.
11. *Le Parisien-Aujourd'hui en France,* 1er octobre 2003.

mensonges. Il considère que Nadine Trintignant est emportée par la haine, qu'elle a perdu tout esprit de discernement. Cela a créé chez lui un sentiment de révolte, une volonté de se battre, de relever la tête[12]. »

Tout comme Nadine, Bertrand a noyé son désespoir dans l'écriture. En deux mois de détention, il a reçu énormément de lettres. Quelques-unes d'insultes ou de menaces, mais une majorité de messages de soutien. Il tâche de répondre à tous ses correspondants. « Marie et moi, on s'aimait trop », écrit-il à certains d'entre eux. L'idée que la mère de cette femme qu'il vénérait puisse récrire leur histoire lui est insupportable. Lui, le poète idéaliste, se doit de rétablir la vérité. D'un commun accord avec Olivier Metzner, il décide de demander l'interdiction de l'ouvrage. Au moins jusqu'au procès.

Ce que Cantat considère comme un tissu de mensonges est livré aux libraires dans la matinée du mercredi 1er octobre. Sur la couverture blanche figure une photo de Marie Trintignant prise il y a quelques années pour le journal *Studio Magazine*. « Je t'aime, ma fille chérie, peut-on lire en quatrième de couverture. Peut-être parviendrai-je un jour à ne plus être obsédée par les images horribles de la fin de ta vie. J'arriverai à penser à toi avec douceur. Peut-être. Je ne suis sûre de rien. » *« Je te salue Marie »*, titre joliment *France-Soir* le même jour, tandis que *Le Parisien* s'interroge en une sur *« Le livre de trop ? »*...

Le plan de communication élaboré autour du livre a bien fonctionné. Et la procédure en référé engagée pour le faire interdire viendra compléter cette habile campagne de publicité. Deux jours après la sortie de l'ouvrage, Olivier Metzner et Georges Kiejman se

12. Entretien avec les auteurs, Bordeaux, 20 novembre 2003.

retrouvent donc pour la première fois face à face, en public, devant un tribunal.

La première chambre civile du tribunal de Paris a cette particularité d'être installée dans une salle d'audience aux boiseries dignes d'une cour d'assises. Les deux grands avocats ont compris que la solennité du lieu et la présence massive de journalistes allaient leur offrir une formidable caisse de résonance. Et l'occasion de donner un avant-goût de ce que sera, à Vilnius, le procès Cantat. Le duel tient ses promesses. La passe d'armes verbale atteint une violence rare. Au nom de Bertrand Cantat, maître Metzner ne voit dans l'ouvrage qu'« un cri de haine et de vengeance ». « On veut imposer la vision d'une certaine vérité », déclare-t-il, dénonçant l'emploi répété des termes « meurtrier » et « assassin ». Le premier suppose l'intention de tuer, le second la préméditation. Or Cantat, martèle l'avocat, n'est poursuivi en France ni pour l'un ni pour l'autre. Il est accusé du crime de « violence volontaire ayant entraîné la mort sans intention de la donner » et du délit de « non-assistance à personne en danger ». Il n'empêche que la justice lituanienne, elle, s'interroge sur une éventuelle volonté de donner la mort.

La partie adverse s'engouffre dans la brèche. Georges Kiejman n'a pas l'intention de céder un pouce de terrain. « Le déchaînement de violence de Bertrand Cantat pourrait très bien relever du meurtre, plaide celui qui défendait, voilà bien longtemps, certains mouvements féministes. Il pourrait relever de l'homicide volontaire. Bertrand Cantat est un menteur. Un menteur de droit commun. » Il fixe son confrère Meztner dans les yeux :

— Vous ne voulez pas entendre « meurtrier » ? Quel mot voulez-vous entendre ? Tueur ? Bourreau ? Massacreur ? Votre mot sera le nôtre !

Silence pesant dans la salle. Nadine Trintignant n'est pas présente. Seul son compagnon, Alain Corneau, s'est rendu sur place.

La décision de la justice prise ce jour-là est un nouveau coup dur pour la défense de Cantat, qui veut encore croire à un arrêt de la diffusion du livre. En début de soirée, alors que le chiffre effarant de 90 000 exemplaires vendus en deux jours circule dans les rédactions, le référé-suspension est rejeté par les juges parisiens, conformément à la position du parquet qui a considéré que cet ouvrage ne constituait pas une atteinte « manifeste » à la présomption d'innocence. En clair, *Ma fille, Marie* peut rester en vente. Tel quel. Une décision qui surprend les spécialistes du droit de la presse et de l'édition et confirme le statut très particulier de cette affaire. Vers 22 heures, Olivier Metzner annonce qu'il fera appel de ce jugement.

Le 6 octobre, nouvelle confrontation. Les deux avocats se retrouvent au palais de justice de Paris, mais cette fois devant la quatorzième chambre de la cour d'appel. 146 000 exemplaires du livre ont déjà été écoulés. Une deuxième édition a été imprimée, dans laquelle le mot « assassin » a été spontanément retiré par l'éditeur.

Ce jour-là, l'opiniâtre Olivier Metzner obtient une demi-victoire. Première lueur d'espoir après plusieurs semaines de désillusions. La décision est symbolique, mais ô combien précieuse : les juges de deuxième instance ordonnent à Fayard d'insérer un encart dans tous les livres non encore distribués. Celui-ci devra préciser que « toute personne est présumée innocente tant que sa culpabilité n'a pas été légalement établie par un tribunal ». Ce simple rappel à la loi est considéré par les deux parties comme un compromis acceptable.

Bertrand Cantat apprécie d'autant plus la nouvelle que, le même jour, la troisième chambre du tribunal de Vilnius a décidé de prolonger sa détention jusqu'au 31 décembre.

L'arrêt de la cour d'appel de Paris n'empêchera pas *Ma fille, Marie* de devenir un best-seller. Non seulement en France, mais aussi en Belgique et en Suisse. D'après les chiffres avancés par Fayard fin janvier 2004, l'ouvrage avait dépassé, à cette date, le chiffre vertigineux de 288 000 exemplaires vendus dans les pays d'expression francophone[13]. L'addition est salée pour le chanteur de Noir Désir. Paradoxalement, le succès presque indécent de ce livre intime bénéficiera au chanteur. Les jugements excessifs de Nadine Trintignant susciteront un timide mouvement de sympathie pour Bertrand Cantat, dont la mécanique est justement résumée par un proche du chanteur : « Depuis le début, Bertrand a toujours assumé et revendiqué sa responsabilité dans la mort de Marie. Il semble que cela ne soit jamais suffisant pour les Trintignant. Que veulent-ils de plus ? Cela ressemblait à de l'acharnement et ça, le public l'a très bien perçu. »

---

13. En France, selon une enquête Ipsos / Livres Hebdo, les ventes n'auraient atteint, en 2003, « que » 202 500 exemplaires. *Livres Hebdo* n° 542, 30 janvier 2004.

13

La saison des corbeaux

Qui est vraiment Bertrand Cantat? Est-ce l'homme au tempérament « colérique » mais « jamais violent » décrit par son entourage? Est-il ce récidiviste des violences conjugales montré du doigt par Nadine Trintignant? C'est la parole des uns contre celle des autres. Au fil des pages de son « livre réquisitoire », la mère de Marie porte de lourdes accusations contre le prisonnier de Vilnius : « Ton meurtrier savait si bien se cacher, écrit-elle à sa fille disparue. C'est plus tard, c'est *après* qu'on m'a dit qu'il était violent, aimait se castagner, avait déjà envoyé des femmes (dont la sienne) à l'hôpital. Elles n'ont pas porté plainte et nient aujourd'hui ce passé encombrant. Elles doivent aussi avoir peur[1]. »

Pendant près de trois mois, la brigade criminelle va enquêter sans relâche sur le passé de Bertrand Cantat. Les curieuses confidences de Kristina dans le hall du Radisson, relatées par la maquilleuse Agnès Tassel à son retour de Vilnius, ont semé le trouble chez les enquêteurs. Or l'enjeu est d'importance. Pour les Trintignant, le moindre témoignage sur des violences

1. Nadine Trintignant, *op. cit.*

antérieures permettrait d'enfoncer définitivement Cantat. Pour sa famille et Noir Désir, il s'agit de préserver ce qui peut encore être sauvé de l'image du chanteur.

Le matin du 18 août 2003, alors que tous les regards sont braqués sur le voyage de Nathalie Turquey à Vilnius, deux officiers de la « crime » prennent discrètement le TGV pour le sud-ouest de la France afin d'y interroger deux ex-compagnes du rocker.

À 14 heures, Véronique se présente dans les locaux du SRPJ de Bordeaux. Cette séduisante comédienne de quarante ans a vécu une histoire d'amour « passionnelle » avec Bertrand de 1986 à 1988. Il n'avait pas vingt-cinq ans. Elle décrit spontanément aux policiers parisiens un garçon « mal dans sa peau ». « Il pouvait être violent, dit-elle, mais contre lui... Bertrand n'a jamais trouvé les mots pour exprimer sa souffrance. Il était fort et fragile à la fois... Il ne s'est jamais montré violent physiquement envers moi, mais plutôt contre lui. Lorsqu'on s'engueulait, parfois, il pouvait devenir violent et se faire mal. Du genre à taper du poing à travers une vitre[2]... »

Le lendemain, les enquêteurs ont rendez-vous avec Agnès au commissariat d'Arcachon. Cette femme (aujourd'hui mariée) fut le premier grand amour du leader de Noir Désir. Ils se sont connus en 1981. Lui venait de rencontrer « Sergio » et « Nini », elle était déjà chanteuse dans un groupe de rock. Pendant quatre ans, ils ont vécu ce qu'elle décrit comme « un amour très rock'n roll ». « Il était très romantique et d'une tendresse absolue, assure-t-elle Il était très généreux,

---

2. Audition de Véronique, SRPJ de Bordeaux, 18 août 2003. Le nom de famille, qui figure sur le document original, a été supprimé pour ne pas attenter à sa vie privée.

plein d'attentions. Il m'écrivait souvent et me laissait des mots partout dans la maison. Il était très tourmenté et d'un tempérament très jaloux, notamment quand j'étais chanteuse du groupe Rebecca. J'étais en première ligne mais il ne m'a jamais fait de scène de jalousie. Il ne m'a jamais rien reproché. Sur ce côté-là, il était très discret[3]. » Ce qui ne fait que confirmer la jalousie excessive déjà évoquée par Kristina et son entourage.

La suite des souvenirs de l'ex-rockeuse révèle un aspect plus sombre de celui qui n'était pas encore une star : « Par deux fois, dit-elle, Bertrand a tenté de se suicider. Je pense qu'il s'agissait plus d'appels au secours que de réelles tentatives de suicide. Il avait l'habitude de s'automutiler un peu partout, sur le corps, avec des lames de rasoir. Il n'avait aucune explication à me fournir et me demandait pardon à chaque fois. » Agnès brosse alors un portrait proche de celui esquissé la veille par Véronique : « Bertrand n'a jamais été violent envers quiconque. Il aurait pu, car certaines personnes l'ont cherché. Il n'a jamais répondu. Je me souviens d'une fois où des gitans, l'ayant pris pour quelqu'un d'autre, l'ont violemment frappé. Il ne s'est pas défendu. Bertrand préférait résoudre ses problèmes par la parole. Si Bertrand a déjà été violent, c'est seulement contre lui. »

Ces témoignages sont recueillis deux semaines seulement après les faits. Ils permettent de cerner un homme à la psychologie perturbée, en proie à d'étranges pulsions suicidaires, mais jamais physiquement agressif

---

3. Audition d'Agnès, commissariat d'Arcachon, 19 août 2003. Le nom de famille, qui figure sur le document original, a également été supprimé.

vis-à-vis d'autrui. Pour autant, difficile d'en tirer des conclusions, puisqu'ils ne couvrent que la vie de jeune adulte de Cantat. C'est-à-dire entre seize et vingt-quatre ans. Pour tenter d'en savoir plus sur la véritable personnalité du suspect, Nathalie Turquey va donc concentrer ses efforts sur Kristina. Parce qu'en près de dix ans de vie commune elle est évidemment celle qui connaît le mieux la face intime du chanteur. Et parce que plusieurs éléments laissent penser qu'elle aurait pu subir des violences de sa part.

Il y a notamment, on s'en souvient, la conversation dans le hall du Radisson, à Vilnius. Le 26 septembre, la juge d'instruction organise donc une confrontation entre Kristina, Agnès Tassel et Roman Kolinka. La maman d'Alice et Milo y réaffirme clairement qu'elle n'a « jamais été frappée par Bertrand[4] ». Ce même jour, Roman dit se souvenir d'une autre confidence de Kristina : « Elle m'a dit que Bertrand l'avait poursuivie avec un couteau alors qu'elle avait Milo dans les bras. » Une fois de plus, la Hongroise tente de relativiser : « Effectivement, une fois, alors que Bertrand devait partir en tournée, on s'était engueulés, admet-elle. J'étais derrière lui avec Milo dans les bras. Lui, il était appuyé sur le bar avec son passeport à la main et un couteau dans l'autre. Il faisait une tartine avec son couteau. Il s'est énervé au sujet de son passeport. Le ton est monté. Il a fini par dire qu'il n'allait pas partir en tournée. Moi, j'avais Milo dans les bras et comme je ne pouvais pas supporter cela, je suis partie. Le couteau, il l'avait juste dans la main puisqu'il faisait des tartines. Il ne m'a pas menacée avec. J'ai eu peur qu'il utilise le couteau contre moi ou

4. Procès-verbal de la confrontation entre Kristina Rady, Agnès Tassel et Roman Kolinka, cabinet de la juge Nathalie Turquey, Paris, 26 septembre 2003.

contre lui car je savais que, par le passé, il s'était déjà blessé lui-même[5]. »

Nathalie Turquey n'est guère convaincue. D'autant que lors de leurs auditions, début août, les membres de la famille du rocker ont tenu eux-mêmes des propos troublants. « Avec Kristina, a indiqué Xavier Cantat, pourtant on ne peut plus proche de son frère, il y a eu des échanges physiques. Mais je ne crois pas qu'il y a eu de main courante ni d'admission aux urgences, ni de dépôt de plainte. Bertrand n'a jamais été interné et j'ignore s'il voyait un psy[6]. » Sa mère Danièle Cantat livre aux policiers un souvenir tout aussi intriguant : « J'ai su par personne interposée que Bertrand avait eu une grosse querelle avec Kristina. Je lui ai téléphoné et elle m'a dit qu'il l'avait plaquée contre le mur et lui a dit : *Quand vas-tu arrêter de me casser les couilles ?* Pour se calmer, il est sorti[7]. »

Kristina ne reviendra jamais sur ses positions. Bien au contraire. Le 30 septembre 2003, alors qu'elle se trouve à Vilnius, elle se rend dans les bureaux de la brigade criminelle pour faire une déclaration limpide et définitive : « Bertrand était enclin au dialogue, souligne-t-elle. Il exprimait son opinion. Il n'était pas disposé à la violence. Ce n'est pas une personne cruelle. Il n'a jamais eu la moindre violence envers moi. Il m'est arrivé d'avoir des disputes, de ne pas être d'accord avec lui[8]. » Son refrain n'a pas bougé d'un iota : « Bertrand ne m'a jamais battue. Je ne sais pas s'il avait battu d'autres femmes. Je connais quatre de

---

5. *Ibid.*
6. Audition de Xavier Cantat, brigade criminelle, Paris, 6 août 2003.
7. Audition de Danièle Cantat, brigade criminelle, Paris, 6 août 2003.
8. Témoignage de Kristina Rady, commissariat de Vilnius, 30 septembre 2003.

ses anciennes compagnes et je sais qu'il ne les a jamais battues. » L'image du « macho » cogneur échafaudée par Nadine Trintignant s'estompe au profit de celle d'un homme certes « colérique » et « emporté », mais qui parvient toujours à se maîtriser. Les enquêteurs restent malgré tout perplexes. Ils ignorent qu'en coulisses le passé de Bertrand Cantat va se retrouver au centre d'une bien étrange manœuvre.

Tout commence le lundi 25 août. Soit quatre jours après l'audition de Vilnius où Cantat avait évoqué la supposée « hystérie » de Marie Trintignant. En fin de journée, le téléphone sonne au cabinet parisien de Georges Kiejman. L'avocat, parti à l'étranger, est absent. Un homme se présentant comme Jean-Marc Gouaux, « manager de Noir Désir entre 1991 et 1996 », s'entretient avec sa secrétaire. Sans préciser le motif de son appel, il laisse deux numéros de téléphone – un fixe en Gironde et un portable – pour qu'on le recontacte. Le message ainsi que les deux numéros – 05 56 9… et 06 08 4…[9] – sont scrupuleusement notés dans un cahier prévu à cet effet. Deux semaines plus tard, à son retour de vacances, l'avocat des Trintignant rappelle le mystérieux interlocuteur. Le numéro de fixe n'est pas celui de Jean-Marc Gouaux. Le numéro de portable, lui, fonctionne. « C'était le 3 ou le 4 septembre, écrira Georges Kiejman dans une lettre explicative à la juge d'instruction. Une personne masculine […] m'a indiqué que, avec beaucoup de scrupules et bien qu'ami de Bertrand Cantat, elle pensait qu'elle avait le devoir de témoigner sur les violences exercées par celui-ci. La personne m'a dit à cette occasion que la personne qui

9. Les numéros complets figurent sur le document original. Ils sont ici masqués pour des raisons de confidentialité.

lui avait succédé dans ses fonctions, Mme Fabienne Signat, était [...] également susceptible de témoigner[10]. » Jean-Marc Gouaux – si c'est bien lui au bout du fil – a effectivement été le manager du groupe de 1991 à 1996. Il l'a quitté sans qu'on en connaisse le motif, au terme d'une période de deux ans durant laquelle Noir Désir avait suspendu toute activité. Et il a bien été remplacé par Fabienne Signat, une amie de Bertrand Cantat.

Georges Kiejman alerte donc Nathalie Turquey pour lui demander que Jean-Marc Gouaux soit interrogé. Celui-ci, contacté par les auteurs le 27 janvier 2004, dément fermement avoir téléphoné à l'avocat de la famille Trintignant. « Je n'ai jamais appelé Kiejman, déclare l'ex-manager. Je suis très surpris de la teneur de ce qu'il raconte. S'il persiste, je vais devoir l'attaquer en justice. Honnêtement, je crois qu'il s'est fait avoir et je ne m'explique pas pourquoi. »

La brigade criminelle n'a jamais vérifié les relevés des appels téléphoniques qui permettraient d'attester l'existence de cette surprenante conversation relatée par Georges Kiejman. Entre-temps, un mystérieux « corbeau » a fait son apparition dans la partie d'échecs à laquelle se livrent les deux clans. Et curieusement, ses accusations vont dans le même sens que celui qui, au téléphone, se présentait comme Jean-Marc Gouaux.

Le 23 septembre, une lettre anonyme dactylographiée, postée la veille du centre de tri de Bordeaux-Saint-Jean, arrive au cabinet de l'avocat. Il s'agit clairement d'un courrier de dénonciation :

10. Lettre de Georges Kiejman à Nathalie Turquey, Paris, 6 octobre 2003.

« Monsieur Kiejman.

Dans l'affaire Cantat, il existe un précédent de violences conjugales.

Actuellement toute la défense de Bertrand Cantat, organisée par Kristina Rady, les membres du groupe Noir Désir et Jeanette, leur manageuse, repose sur la préservation de ce secret au détriment de la vérité. Kristina Rady, à l'occasion de ces violences, s'est tournée vers les membres du groupe mais également vers certains proches de Bertrand Cantat : Jean-Marc Gouaux, Fabienne Signat et Emmanuelle qui, eux, n'ont pas été entendus. Cette lettre a été écrite dans un souci de vérité pour la famille Trintignan *[sic !]* et je demande d'utiliser ces renseignements sans faire état de cette lettre[11]. »

Georges Kiejman transmet ce courrier à Nathalie Turquey puis à Nadine Trintignant, qui se dit ravie que « le mur du silence se lézarde enfin ». La mère de Marie croit tenir le moyen de confondre Bertrand Cantat. Elle va vite déchanter, même si la teneur du message anonyme semble indiquer que le « corbeau » connaît bien l'entourage de Bertrand Cantat. Et qu'il est parfaitement au courant des auditions déjà réalisées par la brigade criminelle.

Nathalie Turquey demande à la PJ d'accélérer le mouvement. Le 29 septembre, deux officiers de la « crime » arrivent au commissariat de Bordeaux, où ils ont convoqué les trois témoins potentiels désignés par le « corbeau ». Ainsi que Janick Ruggeri, dite « Jeanette », manageuse de Noir Désir depuis avril 2001, qu'ils interrogent en premier. Ses déclarations semblent calquées, au mot près, sur celles de l'entourage de

---

11. Lettre anonyme datée du 22 septembre 2003, cotée au dossier d'instruction. Le nom de famille d'Emmanuelle, qui figurait sur cette lettre, a été supprimé.

Cantat : « Je n'ai jamais vu Bertrand s'emporter violemment, physiquement, contre une personne. Je l'ai vu s'engueuler avec Kristina. Dans les mots, il pouvait être violent mais c'était des engueulades que tout le monde connaît dans sa vie. À chaque fois que j'ai vu Bertrand dans un conflit, il fallait qu'il parle tant qu'il n'arrivait pas à une solution[12]. »

Le lendemain, c'est au tour de Fabienne Signat de se présenter à l'hôtel de police. Elle a travaillé pour Noir Désir de 1996 à 1999. Les enquêteurs entrent directement dans le vif du sujet : « L'une des raisons de votre séparation d'avec le groupe n'est-elle pas un différend avec Bertrand au sujet de sa vie privée ? » La réponse est parfaitement claire : « Non, dit-elle, absolument pas. Je me suis disputée plusieurs fois avec Bertrand, comme avec les autres membres du groupe. Nous avons tous des caractères entiers. Et, de temps en temps, nous nous disputions sans jamais que ce soit un motif de licenciement. Quant à la vie privée de Bertrand, elle ne regardait que lui. Je ne m'y suis jamais immiscée... Je n'ai jamais été témoin, ni eu connaissance de faits de violence de la part de Bertrand à l'encontre de Kristina ou d'Emmanuelle[13]. »

Le 2 octobre, à 10 heures, c'est à Jean-Marc Gouaux de témoigner. Curieusement, la juge n'a pas mis ses enquêteurs au courant de l'épisode du coup de téléphone à Kiejman. Ils ne lui posent donc aucune question sur ce sujet. L'ex-manager explique qu'en fait il a quitté le groupe à cause d'un « gros différend » avec... Serge Teyssot-Gay : « Je ne pouvais pas continuer à travailler pour le groupe dans ces conditions, explique-t-il.

12. Audition de Janick Ruggeri, hôtel de police de Bordeaux, 30 septembre 2003.
13. Audition de Fabienne Signat-Labèque, hôtel de police de Bordeaux, 1er octobre 2003.

D'un commun accord, nous avons décidé de mettre fin à notre collaboration. Ils s'engueulaient, mais ce n'étaient jamais des violences physiques. Ensuite tout s'arrangeait. » Les enquêteurs insistent : « Avez-vous été témoin de disputes, de scènes au cours desquelles Bertrand Cantat exerçait des violences ? » Nouvelle réponse négative : « Je n'ai jamais été témoin de tels faits[14]. » Cette audition aura duré à peine un quart d'heure.

Emmanuelle, trente-quatre ans, succède à Jean-Marc Gouaux dans le bureau mis à la disposition de la « crime ». La jeune femme a partagé la vie du leader de Noir Désir de 1989 à 1993, avant qu'il ne rencontre Kristina. Sous l'œil un peu las des policiers parisiens, elle dresse un portrait élogieux de son ex-compagnon : « Nous avions des relations amoureuses normales. Il était passionné de culture. Son gros défaut était de parler beaucoup. Il discutait des heures et, certaines fois, j'avais envie d'arrêter tellement j'en avais marre. Il était très sensible, très généreux. Il était fragile, mais comme je ne l'étais pas, sa fragilité n'a jamais trouvé de terrain pour s'exprimer. Je n'ai jamais connu Bertrand dépressif. Il n'était pas jaloux. Il n'avait pas de réaction violente. Il y a seulement eu quelques altercations avec des mots[15]. » Retour à la case départ.

Dans le TGV, les policiers ont le vague sentiment de s'être déplacés pour rien. Ils font un compte rendu à la juge d'instruction qui, à son tour, informe Georges

14. Audition de Jean-Marc Gouaux, hôtel de police de Bordeaux, 2 octobre 2003.
15. Audition d'Emmanuelle, hôtel de police de Bordeaux, 2 octobre 2003.

Kiejman. L'avocat est convaincu de s'être fait piéger. Le 6 octobre, il prend sa plume pour s'en expliquer à Nathalie Turquey. Il lui raconte en détail les appels d'une « personne se présentant comme Jean-Marc Gouaux », revient sur la lettre anonyme et conclut en se disant « victime d'une manipulation ». Depuis, la magistrate n'a lancé aucune investigation pour « remonter » les appels téléphoniques ou tenter d'identifier le « corbeau » bordelais si bien informé. L'avocat de la famille Trintignant n'a pas insisté.

Parallèlement, la brigade criminelle a engagé d'importantes recherches administratives pour retrouver d'éventuelles traces de violences commises par Bertrand Cantat. Les enquêteurs ont consulté les trois volets de son casier judiciaire. Ils ont interrogé le Service de traitement des infractions constatées (STIC), un fichier de la police où figurent toutes les personnes mises en cause dans des infractions pénales. Ils ont demandé à la gendarmerie d'effectuer des recherches dans son propre fichier, baptisé Judex. Ils ont sollicité les greffes des tribunaux de Pau, Bordeaux et Paris, épluchant jusqu'aux dossiers des renseignements généraux de ces trois villes. Sans le moindre résultat.

Enfin, les policiers se sont intéressés aux registres d'admission des hôpitaux, en se limitant à une période comprise entre juillet 1993 et septembre 2001. Celle qui correspond à la vie commune entre Bertrand et Kristina. Trois hôpitaux de l'Est parisien ont été consultés, ainsi que le centre hospitalier universitaire Pellegrin de Bordeaux. En vain.

Nathalie Turquey n'a pas jugé nécessaire, non plus, de délivrer une commission rogatoire internationale afin d'interroger les hôpitaux de Budapest, en Hongrie, où le couple a séjourné pendant plusieurs mois. Cette lacune permet d'entretenir le doute. Doute que les policiers parisiens ne partagent pas. « C'est vrai que Cantat avait des relations difficiles avec les femmes, résume l'un d'eux, sous le sceau de l'anonymat. Cela ne signifie pas qu'il les frappait. Nous n'avons rien trouvé. Rien. Pas la moindre violence physique. » Et, justement, ajoute le même interlocuteur, « c'est très surprenant de la part d'un homme de près de quarante ans qui a frappé sa compagne. En général, les individus de ce genre ont des antécédents, ne serait-ce qu'une bagarre dans un bar, un conflit entre automobilistes qui tourne mal. Là, c'est le vide total. Pour nous, cela signifie qu'un facteur extérieur, exceptionnel, a déclenché le passage à l'acte[16] ». Et le policier d'évoquer une fois de plus l'influence possible de l'alcool et surtout d'une drogue chimique. Question lancinante qui, on l'a vu, ne pourra jamais être tranchée.

L'explication se trouve peut-être, simplement, dans le goût prononcé de Bertrand Cantat pour ces « violences verbales » évoquées par l'ensemble de ses proches. Ces mots qu'il maniait si bien, sa voix puissante et son physique lui suffisaient, en général, pour avoir gain de cause lors des disputes conjugales. En général, mais peut-être pas face au caractère trempé de Marie Trintignant.

Dans la grisaille de l'automne, rumeurs et dénonciations plus ou moins malveillantes viennent également écorner l'image de la comédienne disparue. Olivier Metzner entend discrètement exploiter les informations qui lui parviennent. Il n'a pas le choix. Quand il a dénoncé « l'hystérie » de Marie, l'avocat de

16. Entretien avec les auteurs, Paris, 21 novembre 2003.

Bertrand a dû faire face à une contre-attaque particulièrement violente de la famille Trintignant. Il se doit maintenant de démontrer que ce mot n'a pas été employé à la légère. Qu'il repose sur une réalité – à établir dans le passé de Marie Trintignant. Dès septembre, Olivier Metzner demande à la juge d'instruction d'enquêter sur les antécédents de la comédienne.

Nathalie Turquey ne donne pas suite. Le droit pénal français est très clair à ce sujet : pour toute affaire relevant de la cour d'assises, il faut procéder à des investigations sur le passé et la personnalité de l'accusé. Pas sur ceux de la victime, sauf si cela est nécessaire à la manifestation de la vérité. L'avocat insiste, rappelant à la magistrate qu'elle a accepté de joindre au dossier des témoignages très éloignés des faits, dont le seul objet était de dresser un portrait élogieux de la comédienne. Comme cette lettre de Zoé Chauveau, qui présente son amie défunte comme étant de « nature joyeuse, généreuse, sociable et conciliante ». Dans le même courrier, cette amie très proche de Marie écrit aussi : « Via les médias et la justice, l'entourage de M. Cantat tente de minimiser le geste criminel de celui-ci en essayant de faire passer Mme Trintignant pour une femme violente, passionnée, jalouse et irresponsable, capable d'une conduite hystérique et d'actes de violence. Mme Trintignant a toujours rempli pleinement ses obligations de mère et d'actrice. Elle était parfaitement incapable de s'opposer à la violence autrement que par le repliement sur elle-même[17]. »

Une fois encore, la parution du livre de Nadine Trintignant va indirectement servir la défense de Bertrand Cantat. Nathalie Turquey est plus que troublée par

17. Lettre de Zoé Chauveau à Nathalie Turquey, septembre 2003.

le contenu de l'ouvrage et, plus généralement, par le discours de la mère de la victime. Pour cette jeune magistrate, la médiatisation excessive des accusations de Nadine Trintignant constitue une atteinte délibérée aux droits de la défense. Par souci d'équité, elle cède aux requêtes d'Olivier Metzner. Depuis plusieurs semaines, ce dernier s'est lancé à la recherche d'informations sur le passé de Marie Trintignant. Dès la mi-octobre, un bruit court même selon lequel « quelqu'un de l'entourage de Cantat » chercherait un détective privé pour mener de discrètes investigations sur la vie privée de l'actrice. Il s'agit d'aller « vérifier » les rumeurs les plus folles qui courent sur Marie Trintignant. Le bureau central anti-fraude des assurances, qui emploie des enquêteurs privés triés sur le volet – souvent d'anciens policiers ou gendarmes –, est sollicité de manière informelle. Cette curieuse démarche n'ira jamais à son terme. Informé de ce « bruit » persistant par les journalistes, Olivier Metzner dément catégoriquement : « Je n'ai jamais fait appel, ni ne ferai appel, à des détectives privés, qui sont des gens incontrôlables. Et si quelqu'un prenait cette initiative, je l'en dissuaderais aussitôt[18]. »

Un tel investissement n'apparaît, de toute façon, pas nécessaire. Le tout-Paris bruisse d'assez de « ondit » sur le passé de Marie. Il suffit de tendre l'oreille. Ou de lire les courriers anonymes qui arrivent au cabinet d'Olivier Metzner ou de son confrère Pierre Hurmic.

C'est à cette époque que d'autres « corbeaux » se manifestent. Au début du mois d'octobre, une lettre signée du pseudonyme « Caju » et destinée à « Bertrand C., l'ami numéro un » signale ainsi à Pierre

18. *Le Parisien-Aujourd'hui en France,* 28 novembre 2003.

Hurmic un étrange accident de voiture dont Marie Trintignant aurait été victime « le 5 ou le 6 août 1991, à La Roche-sur-Yon ». Un autre courrier assure qu'en 1987 l'actrice serait arrivée avec un cocard à l'œil lors d'une séance photo organisée pour le magazine *Vogue Homme*. Olivier Metzner distille habilement ces « tuyaux » à quelques journalistes, qui se chargent de les compléter d'informations plus substantielles. L'épisode de la séance photo est confirmé. La maquilleuse qui a masqué les traces sur le visage de la comédienne est rapidement identifiée. De même que le photographe présent ce jour-là. Quant à l'accident de voiture de 1991, il n'a rien d'imaginaire. La presse en avait même parlé à l'époque. Son scénario est le suivant : Marie Trintignant, au volant d'une Renault Clio, est venue rejoindre son compagnon d'alors, François Cluzet, qui achève le tournage du film *Olivier, Olivier* d'Agnieszka Holland à La Roche-sur-Yon, en Vendée. Elle a voyagé avec la première fille de l'acteur, âgée de neuf ans, son fils Roman, quatre ans à l'époque, et un autre garçon d'une dizaine d'années. À l'issue d'un « pot » organisé sur le plateau, Marie part brusquement, très énervée. Quelques instants plus tard, sa Clio percute violemment le véhicule d'un technicien qui roule au milieu de la route. Le choc est rude. Marie n'ayant pas mis sa ceinture, sa tête traverse le pare-brise. Les enfants, assis à l'arrière, ne sont pas blessés. La conductrice ne perd pas conscience. Le visage en sang, elle se rend aux urgences où elle fait un scandale parce qu'on ne peut pas la soigner immédiatement. Les médecins diagnostiquent plusieurs coupures profondes au visage, ainsi que des fractures multiples du nez. Lésions qui nécessiteront une opération de chirurgie esthétique. Une analyse sanguine révèle alors un taux d'alcoolémie très élevé : 2,78 grammes d'alcool par litre de sang. Elle sera d'ailleurs condamnée quelques mois plus tard, par le tribunal correctionnel de La Roche-sur-Yon, à deux mois de prison avec sursis et un an de suspension de permis pour conduite en état d'ivresse.

Si Olivier Metzner s'intéresse à cet épisode, c'est d'abord pour des raisons médicales. On se souvient de la polémique sur la « fracture par écrasement » constatée à l'autopsie de Marie Trintignant. Du côté de l'enquête, on pense toujours que cette blessure ne peut s'expliquer que par un coup de poing ou par un coup de tête infligé par Cantat. Ce qu'il nie. L'avocat voit dans cet accident l'occasion inespérée de relancer un débat aussi embarrassant. « Il s'agit de vérifier, précise-t-il dans les colonnes du *Parisien,* tout ce qui pourrait expliquer la fragilité physique de Marie[19]. » Le 12 novembre 2003, il demande donc par écrit à Nathalie Turquey d'enquêter sur la séance photo de 1987 et l'accident de 1991. Le 26 novembre, la juge rejette en bloc ses demandes. Il décide de faire appel. Courant janvier, le président de la chambre de l'instruction de la cour d'appel de Paris donnera son accord pour que cette requête soit examinée par un tribunal. Ce rendez-vous sera l'occasion, pour Olivier Metzner et Georges Kiejman, d'un nouvel affrontement à coups de formules chocs.

Sans le dire ouvertement, l'avocat de Bertrand Cantat espère que des recherches sur l'accident permettront également d'en savoir plus sur les derniers mois de la relation amoureuse entre François Cluzet et Marie Trintignant. Car tout le petit monde du cinéma sait que leur rupture, en 1992, fut particulièrement agitée. Depuis le début de l'affaire, François Cluzet a fait preuve d'une discrétion absolue. Lors des

19. *Le Parisien-Aujourd'hui en France,* 28 novembre 2003.

obsèques de Marie, il était vêtu d'une veste noire et d'un tee-shirt gris, enfreignant le code vestimentaire « imposé » par les parents de la défunte. Il est également le seul à ne pas avoir confié ses intérêts et ceux de son fils, Paul, à Georges Kiejman, préférant s'en remettre à son avocat habituel, Daniel Voguet. François Cluzet, enfin, s'est distingué en refusant obstinément de témoigner devant la police, puis la justice. Intrigué par ce comportement, Olivier Metzner a insisté auprès de la juge d'instruction pour que le deuxième compagnon de Marie soit interrogé. Sans résultat : François Cluzet s'est constitué partie civile au nom de Paul. Il ne peut donc être contraint à témoigner. Mis en cause à ce sujet dans un article paru dans *Libération* des 20 et 21 décembre 2003, l'acteur a réagi par une lettre publiée quatre jours plus tard, dans le même journal. Une lettre à la fois digne et déroutante, où il se garde bien d'affirmer ou de démentir quoi que ce soit. « Je n'ai pas l'intention de participer au déshabillage en place publique des différents protagonistes du drame, écrit-il, mené par la polémique médiatique qui ne fait que salir l'image de Marie. Paul, notre fils, a commencé un travail de mémoire, de vérité et de justice. Sa vie est totalement bouleversée et je considère que mon premier devoir est de l'aider dans ce chemin difficile, en gardant l'attitude la plus affectueuse et la plus respectueuse pour le souvenir de sa mère. Un jour viendra sans doute où Paul me demandera quelle femme était Marie. C'est à lui seul que je réserve ce que j'ai à en dire[20]. »

Tous les « ex » de Marie ne sont pas aussi réservés. Mathias Othnin-Girard, le père de Léon, conserve une profonde rancœur envers l'actrice, à qui il n'adressait plus la parole. Le récit qu'il a fait de sa relation avec

20. *Libération*, 24 décembre 2003.

Marie, devant la police, est ahurissant. « Marie désirait cet enfant avec moi[21] », conclut-il avant de regretter qu'elle ait ensuite prétendu le contraire. Son épouse, Michèle, a également accepté de témoigner. Elle dresse un portrait plus nuancé de la maman de Léon, même si les Trintignant la soupçonnent aujourd'hui d'avoir des liens avec la famille Cantat : « Les enfants étaient la passion de Marie Trintignant. Elle était très généreuse. Elle était capable d'envoyer de l'argent à des anonymes qui lui en demandaient en raison de sa célébrité. Elle voulait croire que tout était beau. Elle voulait, d'une certaine manière, être aimée de tout le monde mais elle pouvait entrer dans de grandes colères quand elle s'estimait flouée. Sa colère montait vite. Cela n'était aucunement progressif[22]. »

Sur les indications d'Olivier Metzner, Nathalie Turquey demande aussi l'audition comme témoin d'un psychanalyste d'Arles, avec qui Marie aurait eu une brève liaison en 1992. Mais le praticien s'est réfugié derrière le secret professionnel quand il s'est agi de livrer les détails de cette aventure à la police judiciaire.

Le 27 octobre 2003, toujours à la demande du défenseur de Bertrand Cantat, deux enquêteurs de la brigade criminelle se déplacent à Limoges pour y entendre Fabrice. Ce guitariste, ex-ami de Richard Kolinka, aurait vécu, entre 1992 et 1993, une éprouvante histoire d'amour avec la comédienne. La famille Trintignant n'aurait, dit-on, jamais accepté ce garçon. Le 6 novembre, Georges Kiejman écrira à la juge Nathalie Turquey pour lui indiquer que « la famille Trintignant n'a jamais entendu parler de Fabrice ». Ce

21. Audition de Mathias Othnin-Girard, brigade criminelle, Paris, 26 août 2003.

22. Audition de Michèle Othnin-Girard, brigade criminelle, Paris, 26 août 2003.

musicien, aujourd'hui âgé de trente-huit ans, a pourtant vécu pendant un an avec Marie. Son témoignage est saisissant tant il rappelle, par certains aspects, la passion fatale née dix ans plus tard entre l'actrice et Bertrand Cantat. Fabrice évoque d'abord la violence verbale de sa compagne d'alors : « Marie était une femme très jalouse qui s'emportait sur des petits riens qui prenaient des proportions inimaginables, dit-il. En fait, elle n'était pas violente physiquement. Elle s'emportait dans les mots et pouvait devenir extrêmement blessante... Elle pouvait être très méchante. Pour Marie, tout était extrême. » Il souligne aussi le côté épuisant de la relation amoureuse : « Lorsque nous nous sommes séparés, je suis parti avec quelques kilos en moins, et l'aide d'amis m'a été précieuse. L'autre chose qui m'a aidé, c'est que je ne fume pas, je ne bois pas, j'ai toujours su rester serein et simple face à elle. » Le guitariste se souvient, enfin, des exigences excessives de Marie : « Elle s'inventait une vie qu'elle vivait pleinement et m'en inventait une que je ne souhaitais pas. Je devenais un objet pendu à ses désirs... Marie avait une ligne de conduite pour vous. Elle exigeait que je coupe *complètement* avec mon entourage, mes amis, ma famille. Ainsi qu'avec mon entourage professionnel. À cause de cela, notre relation devenait déstabilisante. Elle était terriblement exclusive, exigeante et savait très bien ce qu'elle voulait... Elle était exclusive, ne supportait pas que l'on s'éloigne d'elle[23]. »

Cette histoire date d'une dizaine d'années. Fabrice n'a aucun lien avec les Cantat, ni la moindre relation avec les Trintignant, sinon quelques souvenirs amers. Autant dire que son témoignage est pris au sérieux

---

23. Audition de Fabrice, police judiciaire de Limoges, 27 octobre 2003.

par les enquêteurs de la brigade criminelle. Dès le 29 octobre, le commissaire en charge de l'enquête adresse d'ailleurs une note de synthèse à ce sujet au juge Nathalie Turquey.

À la fin de l'automne 2003, la sordide image d'Épinal de l'été lituanien – la petite princesse du cinéma français battue à mort par le rocker brutal et macho – a commencé à laisser place à une mécanique plus complexe. Une « histoire à deux », comme le répète inlassablement Olivier Metzner. Une histoire intime où l'on découvre que les deux amants n'étaient finalement pas si différents l'un de l'autre, dans leurs défauts comme dans leurs qualités. La jalousie exacerbée, la volonté de posséder l'autre, la surenchère de mots tranchants comme des lames y côtoyaient une immense générosité, des trésors de tendresse et une soif permanente de beauté et d'absolu. Dans la moiteur étouffante de l'été de Vilnius, les aspects les plus noirs de leurs personnalités ont progressivement pris le dessus.

14

« Le vent nous portera »

Fiction ? Réalité ? Voilà plusieurs mois que l'affaire de Vilnius navigue à vue entre les froides rigueurs de la procédure pénale et les aléas de la création artistique. Le tournage d'un film comme scène de crime, des acteurs comme témoins, du Baudelaire sur SMS et l'ombre portée d'un poète déchu : il n'existe rien dans les archives de la brigade criminelle qui ressemble de près ou de loin au dossier n° 269/03/63. L'escalier fatigué du quai des Orfèvres en a vu défiler, des générations d'assassins, de meurtriers et de terroristes... Mais jamais autant de comédiens et d'artistes !

En ce début octobre 2003, le cas Bertrand Cantat n'est plus la priorité du prestigieux service de police. Les enquêteurs ont bien compris que, sauf témoignage de dernière minute, ils n'en sauraient pas davantage sur le passé du chanteur. De leur point de vue, l'enquête est tout simplement bouclée.

Le spectacle doit continuer ! Marie Trintignant a laissé quatre œuvres posthumes, dont deux occupent une place centrale dans la procédure judiciaire. Le téléfilm *Colette*, bien sûr, mais aussi le fameux *Janis et*

John de Samuel Benchetrit. Ce premier long-métrage fait l'objet d'une vaste campagne de promotion. La date initiale de sortie – 15 octobre 2003 – a été maintenue. Marie y partage la vedette avec son ex-compagnon François Cluzet et son père Jean-Louis, auxquels s'ajoutent Sergi Lopez et Christophe Lambert. Elle incarne Brigitte, une femme au foyer dépressive qui se révèle à elle-même en se fondant dans la peau de la chanteuse rock Janis Joplin. Dont elle chante même « Kosmic Blues », plus vraie que nature ! Ce rôle n'est pas étranger à la rencontre entre Bertrand et Marie, ni au contenu du fameux SMS de Samuel Benchetrit. « Marie et moi, on avait plein de projets », confiera le jeune réalisateur au moment de la sortie du film, avant d'ajouter péniblement : « J'ai envie de vivre avec Marie. J'ai des photos d'elle, chez moi. On a souvent tendance à enterrer les morts, mais je crois au contraire qu'il faut les porter. Moi, je n'ai pas le choix. Il faut que j'en parle. Ce film me sauve la vie. Je me planque derrière ces images de bonheur. Ce qui me fait peur, c'est après[1]. »

Malgré tous les ingrédients du film culte, *Janis et John* sera un échec. Avec un peu plus de 330 000 entrées payantes, cette émouvante comédie n'atteindra jamais le score espéré. Un mois plus tard, c'est dans l'indifférence générale que Marie Trintignant resurgit à nouveau sur les écrans dans *Les Marins perdus*, de Claire Devers. Un film adapté d'un roman de Jean-Claude Izzo, tout comme *Total Khéops*, où elle campe une veuve qui recueille un marin errant sur le port de Marseille. Il existe enfin une dernière œuvre de cinéma posthume, encore moins connue que les précédentes. *Ce qu'ils imaginent* est le titre du film d'Anne Théron, où Marie incarne une femme en

1. Interview au *Parisien-Aujourd'hui en France*, 15 octobre 2003.

rupture qui tombe – encore – amoureuse d'un adolescent. Difficile de ne pas y voir une synthèse de ses rôles interprétés dans *Janis* et dans *Colette*. La sortie de ce film d'auteur, tourné justement entre le long-métrage de Benchetrit et l'exil de Vilnius, est programmée pour le 17 mars 2004.

Reste l'inclassable *Colette*. Pendant six mois, les images et la fabrication de ce téléfilm de prestige feront, à la demande de Nadine Trintignant, l'objet d'un embargo total. Il ne sera livré qu'en fin d'année 2003, dans sa version définitive, aux deux principaux diffuseurs associés à la production, France 2 et la RTBF de Bruxelles.

La télévision publique belge francophone, liée à Studio International par un accord de coproduction, ne reçoit le produit fini qu'à la fin du mois de décembre. Dès lors, rien n'empêche plus la première chaîne de la RTBF de diffuser *Colette*. Trois jours plus tard, un communiqué de presse annonce la programmation pour les dimanches 4 et 11 janvier en première partie de soirée, en deux volets intitulés « La femme trahie » et « La femme vengée ». Deux sous-titres à double sens qui n'apparaîtront plus dans la version française.

Nadine Trintignant, son producteur et France 2 se trouvent pris de vitesse par la décision de leurs associés belges. Côté français, il était convenu que le film serait diffusé en avant-première et en compétition – comme prévu initialement – au Festival international de la production audiovisuelle (Fipa) organisé à Biarritz du 20 au 25 janvier 2004. En clair, une programmation prématurée en Belgique réduirait à néant l'effet de surprise souhaité par la réalisatrice. Il faudra quelques négociations entre Paris et Bruxelles pour différer la date de diffusion outre-Quiévrain. Le 19 décembre, en fin de journée, le directeur des programmes de la RTBF finit, pour « respecter la volonté de Nadine Trintignant », par céder aux exigences de ses interlocuteurs français. L'avant-première en France ayant été fixée au vendredi 23 janvier, *Colette* est programmé les dimanches 25 janvier et 1er février. En échange de cette faveur, la chaîne obtient la présence en exclusivité de Nadine Trintignant dans le journal du soir de la RTBF, juste avant la diffusion de la première partie.

Vendredi 23 janvier 2004, début d'après-midi. Derrière l'immense baie vitrée du casino de Biarritz, la tempête gronde sur l'océan déchaîné. À l'entrée de la salle de projection, c'est déjà la bousculade. Beaucoup de journalistes et de festivaliers sont là pour l'événement médiatique du Fipa 2004. Il y a aussi une foule d'anonymes, dont une majorité de personnes âgées, qui mettent la pression sur un service d'ordre visiblement dépassé par les événements. On peste, on crie au scandale, on se marche sur les pieds.

Vers 14 h 30, tout rentre enfin dans l'ordre. Les sept cent cinquante places de la salle de projection sont toutes occupées quand Nadine Trintignant monte sur scène avec son producteur Jérôme Minet et trois interprètes du film, Marie-José Nat, Barbara Schultz et Catherine Jacob. Elle prononce quelques mots pour « remercier le public d'être là » et rendre hommage à la production de l'avoir « laissée libre » de travailler à sa guise.

Pendant près de trois heures trente, la vie de la Colette des Trintignant défile sur grand écran. Ses passions, son immense talent d'artiste, ses amours déçues : tout y passe. Il ne s'écoule jamais plus de dix secondes sans que Marie apparaisse à l'écran, preuve du rythme infernal auquel elle a été soumise lors du tournage en

Lituanie. Certains des dialogues de l'actrice ne font qu'accentuer le malaise déjà perceptible dans la salle. « L'amour, c'est compliqué, tyrannique et encombrant », dit-elle avec son regard faussement ingénu, avant de lancer à son premier mari Willy, alias Vladimir Yordanoff, qu'elle n'est « pas partageuse ». « Je t'aime et tant pis si je dois en souffrir, si je dois en mourir », lui avoue même cette Colette de fiction, décrite ici comme « la femme la plus libre du monde ».

La seconde partie du téléfilm se révèle plus troublante encore. Elle retrace les années où Colette a vécu sa deuxième grande histoire d'amour avec le journaliste Henry de Jouvenel (Lambert Wilson). « Il est impossible de rendre une femme heureuse, dit-il à un moment. Alors, Colette... » Alors Colette va progressivement s'éprendre du fils de ce dernier, le jeune Bertrand de Jouvenel, incarné à l'écran par son propre fils Roman.

Au fur et à mesure du film, Colette/Marie Trintignant apparaît de plus en plus accablée par la vie, par ses relations épuisantes avec ces hommes qui finissent toujours par la trahir. Est-ce un effet de style voulu par la réalisatrice ou bien la conséquence du drame qui s'est noué, en coulisses, sur le tournage de Vilnius ? Mystère. Toujours est-il que, sur la fin de l'œuvre, la comédienne offre un tout autre visage. Marie manifeste en effet un plaisir jubilatoire à chacune des scènes qu'elle joue avec son fils, Roman Kolinka, très convaincant en Bertrand de Jouvenel. C'est-à-dire les scènes filmées durant la semaine précédant le drame.

« L'atmosphère sur le tournage à ce moment-là était très étrange », se souvient la rédactrice en chef à France 2 Geneviève Moll, présente à Vilnius du 22 au 24 juillet pour y tourner un *making of* de *Colette*. « Nadine et Marie étaient fuyantes, comme si elles étaient perturbées. Et quand j'ai interviewé Marie pour lui demander ce que ça lui faisait de tourner avec Roman, elle m'a répondu : "C'est une question que l'on ne pose pas." Je n'ai pas insisté, même si toute cette chape de plomb m'a semblé très bizarre. Les gens du tournage disaient qu'elle vivait une passion très exclusive avec Bertrand Cantat, mais je l'ai trouvée complètement à côté de ses pompes. Quelqu'un, à Vilnius, m'a même confié que leur histoire d'amour n'était pas si idéale que ça. À mon retour en France, j'ai pourtant été surprise d'apprendre ce qui s'était passé[2]. »

Le film s'achève sur une vue de Marie Trintignant, de dos face à la mer Baltique. Une voix *off* lit lentement une citation de Colette : « Puisqu'il faut vieillir, suis le chemin et ne t'y couche que pour mourir. »

Générique de fin. Le public se lève pour applaudir chaleureusement cette œuvre atypique, à mi-chemin entre film testament et vibrant manifeste féministe. Des spectatrices sèchent leurs yeux rougis.

Quelques minutes plus tard, Nadine Trintignant se retrouve face à un parterre de journalistes. Consigne a été donnée de ne lui poser aucune question relative à sa vie privée. On lui demande comment elle est parvenue à filmer des scènes d'intimité entre sa fille et son petit-fils, dont c'est le premier véritable rôle. « Vous savez, répond la réalisatrice, c'est tellement bien de travailler avec tous ses enfants. Et puis Roman m'a toujours dit que c'était bien qu'il commence dans le métier avec sa maman. Comme ça, il aura travaillé au moins une fois avec elle... »

Y penser souvent, n'en parler jamais. Christopher Baldelli, le directeur général de France 2, semble très mal à l'aise quand des journalistes lui demandent, en marge de la conférence de presse, à quelle date le

2. Entretien téléphonique avec les auteurs, 3 février 2004.

film sera diffusé en France. « Autour du printemps », répond-il laconiquement. En fait, la chaîne a décidé, en accord avec Nadine Trintignant, d'attendre que Bertrand Cantat soit définitivement jugé à Vilnius pour programmer *Colette*. Jusqu'au bout, la fiction aura été l'otage de la réalité. Le destin de *Colette* restera à tout jamais lié à la nuit tragique du Domina Plaza. Marie Trintignant recevra le prix d'interprétation féminine du Fipa 2004, à titre posthume, pour sa prestation si singulière dans le rôle de la femme écrivain.

Le rideau retombé sur Colette, un autre combat se profile en coulisses : celui des intérêts civils. Une fois Bertrand Cantat jugé en Lituanie, les avocats de la famille Trintignant et des quatre orphelins comptent aussitôt saisir le juge civil du tribunal de grande instance de Paris. Objectif : obtenir une réparation financière pour le préjudice subi par les parents de Marie, par son frère Vincent et, bien sûr, par ses quatre enfants. Olivier Metzner se prépare à cette échéance. « Les Trintignant ont évidemment la possibilité de réclamer des dommages et intérêts par le biais d'une procédure civile, explique une source proche du dossier. Il existe deux types de préjudices. Le préjudice moral, qui peut varier de 7 500 à 30 000 euros par personne, et le préjudice matériel, qui concerne les enfants et le coût de leur éducation. Cela peut effectivement représenter des sommes importantes[3]. » Un enjeu non négligeable qui peut aussi expliquer la combativité des deux clans.

Bertrand Cantat menait un train de vie modeste au regard de ses revenus. Le succès considérable du dernier album de Noir Désir lui avait rapporté bien plus

3. Entretien avec les auteurs, Paris, décembre 2003.

d'argent qu'il n'en avait besoin pour vivre. Le montant exact des avoirs financiers du chanteur n'est pas connu à ce jour. Mais, dans le courant de l'automne, la compagnie qui assurait le tournage de *Colette* en Lituanie a diligenté une discrète enquête financière sur les comptes bancaires de Cantat. Cette société, filiale française du groupe anglo-australien d'assurances QBE, avait même envisagé, après le drame, de se porter partie civile au côté de la famille Trintignant. Elle estimait alors le préjudice subi, du fait de l'interruption prématurée du tournage, entre 200 000 et 300 000 euros. Une somme que QBE réclamera peut-être dans le cadre de la procédure civile.

La compagnie d'assurances, qui a commandé une enquête à un cabinet parisien d'intelligence économique, a découvert avec un certain étonnement que le chanteur de Noir Désir possédait pas moins d'une dizaine de comptes en banque. « Il avait des comptes dans des banques d'affaires connues pour leurs placements à haut rendement, explique une source proche de ce volet méconnu de l'affaire. M. Cantat avait placé son argent sur des produits financiers dynamiques. Et pas dans de l'épargne de père tranquille. » On est loin des convictions altermondialistes publiquement affichées par le rocker bordelais qui, d'après plusieurs personnes, n'avait jamais un sou en poche.

Reste que l'issue de cette procédure civile, que lanceront sûrement les Trintignant, dépend naturellement du résultat du procès pénal. Un procès dont la préparation s'est révélée particulièrement fastidieuse, en raison notamment des lourdeurs de la coopération judiciaire franco-lituanienne.

Pour préciser les conclusions du premier rapport d'autopsie de Marie Trintignant, établi le 12 août 2003,

Nathalie Turquey ordonne, le 2 octobre, une expertise médico-légale complémentaire. Elle demande au professeur Dominique Lecomte et au docteur Walter Vorhauer, de l'IML, de déterminer si « les lésions constatées sont compatibles avec les déclarations faites par le mis en examen, à savoir des “gifles très fortes” données avec le dos et le plat de la main[4] ». Le 2 octobre, plus de quarante jours se sont écoulés depuis que la juge a entendu Bertrand Cantat à Vilnius. Un délai très long qui s'explique par le fait que la magistrate attendait de recevoir le dossier médical de Marie Trintignant établi lors de son passage à l'hôpital de Vilnius. Nathalie Turquey fournit aussi aux légistes des photos des mains et des bagues de Bertrand Cantat, ainsi qu'un CD-Rom contenant des photos de la victime prises en Lituanie. Le 22 octobre, les deux experts adressent leurs conclusions à la juge. Cette dernière ne les reçoit que le 27 octobre. Il aura fallu encore cinq jours à ce document de neuf pages pour parcourir les trois kilomètres qui séparent l'Institut médico-légal du palais de justice de Paris.

Les légistes établissent d'abord les causes du décès de Marie Trintignant[5]. « La mort, écrivent-ils, est consécutive au traumatisme cérébral avec hématome sousdural et lésions cérébrales importantes et disséminées au scanner... Ces lésions entrent dans le cadre d'un “ébranlement cérébral”, consécutif à des coups multiples portés à la fois sur les côtés gauche et droit de la tête. » Avant d'ajouter : « Les lésions observées sont compatibles avec les dires de M. Cantat, à savoir l'uti-

4. Ordonnance d'expertise médico-légale complémentaire, Nathalie Turquey, 2 octobre 2003.

5. Affaire Trintignant Marie, rapport médico-légal (étude de dossiers) du professeur Dominique Lecomte et du docteur Walter Vorhauer, Paris, 22 octobre 2003.

lisation du plat et du dos de la main dans un violent mouvement d'aller et de retour. » Le chanteur aurait donc dit vrai. Toutefois, la lecture détaillée de ce document révèle des nuances essentielles qui pourraient au contraire suggérer que Bertrand Cantat a minimisé les faits. Les experts expriment d'abord un doute au sujet de la blessure à l'arcade sourcilière qui « pourrait avoir été provoquée par l'une des bagues mais peut également être consécutive à un coup violent sur l'orbite comme peut l'expliquer un coup de poing ». La même incertitude plane sur la blessure au nez. « L'importance des lésions, soulignent les médecins, évoque plus de quatre coups donnés à la victime par le plat de la main, d'autant qu'il existe également une lésion sévère des os propres du nez, avec fracture, éclatement et écrasement, ce qui implique un coup particulièrement violent, donné à la main assimilée à "un battoir". » Un lien avec l'accident de voiture de Marie en 1991 ? Les experts n'en parlent pas.

Dominique Lecomte et Walter Vorhauer sont tout aussi ambivalents lorsqu'ils tentent d'éclairer l'attitude de Bertrand Cantat après la perte de connaissance de Marie. Dans un premier temps, ils justifient la passivité du chanteur. « Les coups violents et multiples reçus ont entraîné immédiatement une perte de conscience suivie d'un coma du fait des lésions cérébrales, d'emblée graves. Ce qui est décrit comme un sommeil par M. Cantat est en réalité un état de coma dont elle n'est jamais sortie. Pour un profane, l'état de coma peut être confondu avec le sommeil, d'autant plus que la respiration est régulière et profonde. » Quelques lignes plus bas, les mêmes experts insistent sur la grande visibilité des blessures, en reparlant, au passage, d'un « coup de poing ». « L'hémorragie nasale due à la fracture écrasement du nez a été immédiate, de même que le saignement de la plaie du sourcil droit. L'hématome orbitaire droit par coup de poing avec plaie du sourcil est très rapidement visible avec une coloration rouge foncé. »

En réalité, les deux médecins se refusent à trancher définitivement. Ces hésitations transparaissent clairement dans les commentaires d'Olivier Metzner et Georges Kiejman, qui ont obtenu une copie du document dès le 28 octobre. « Cette expertise confirme totalement les explications fournies par Bertrand Cantat, se félicite son avocat. Elle prouve qu'il n'a pas menti[6]. » Son adversaire n'est évidemment pas du même avis : « Il était difficile pour Bertrand Cantat de ne pas se rendre compte de l'état de Marie… La seule chose que l'expertise rend plausible, c'est que Marie a été frappée par des gifles très fortes. Mais qu'elle ne l'ait été que par des gifles et seulement au nombre de quatre, cela reste un sujet de discussion… Pour moi, ce n'est pas une excuse. C'est la confirmation complète qu'il a été extrêmement violent. Pour faire du visage de Marie Trintignant la tête d'un pantin désarticulé, il faut que les gifles aient été encore plus violentes que des coups de poing[7]. » La prudence toute scientifique des médecins légistes ne permet pas de résoudre complètement le principal mystère de la suite numéro 35 : Bertrand Cantat s'est-il, oui ou non, acharné sur Marie Trintignant en voulant la faire taire ? C'est à cette question que devra d'abord répondre le tribunal de Vilnius.

Une autre expertise, remise dès le 6 octobre à Nathalie Turquey, jette une ombre sur la personnalité de Marie Trintignant. Il s'agit de l'analyse toxicologique réalisée à Paris par le docteur Gilles Pépin à

6. *Le Parisien-Aujourd'hui en France,* 29 octobre 2003.
7. Georges Kiejman, cité par Frédéric Chambon, *Le Monde,* 29 octobre 2003.
8. Rapport toxicologique de docteur Gilles Pépin, 6 octobre 2003.

partir des échantillons d'urine prélevés sur le corps de Marie Trintignant[8]. Elle révèle des traces importantes de THC (2,2 nanogrammes par millilitre de sang), le principe actif du cannabis, ce qui signifie que l'actrice était une consommatrice régulière de cette drogue « douce ». Le toxicologue a également mis en évidence la présence de morphine et de toute une série d'antidépresseurs et d'anxiolytiques (Valium, Tranxene, Lesanxia, Nordaze, Diazepam) en très petites quantités. Cette découverte suggère que l'actrice se faisait fréquemment prescrire des tranquillisants et indique également une certaine fragilité psychologique.

À la mi-novembre, les rapports médico-légaux français sont transmis, par la voie diplomatique, au parquet de Vilnius. Le 21 novembre 2003, ils arrivent enfin, non traduits, sur le bureau du substitut Vladimiras Serguejevas. Le magistrat lituanien est soulagé. Il va pouvoir boucler son dossier et renvoyer Bertrand Cantat devant un tribunal. Depuis le 30 septembre, et l'audition de Kristina Rady, les enquêteurs lituaniens n'ont plus effectué aucun acte de procédure. Le chef du parquet du district de Vilnius, Ramutis Jancevicius, ne masque pas son agacement. « Là, on ne peut pas dire que les Français se soient dépêchés, proteste-t-il. Pour rédiger l'acte d'accusation, nous devons encore faire traduire et expertiser les derniers rapports médicaux arrivés de Paris. C'est un long travail car les termes scientifiques et juridiques ne sont pas forcément les mêmes chez nous[9]. » Les traductions prirent effectivement un mois et demi. Les versions lituaniennes des rapports d'expertise français n'ont été

9. Entretien avec les auteurs, Prokuratora de Vilnius, 28 novembre 2003.

remises que le 8 janvier 2004 aux légistes locaux désignés par le procureur de Vilnius. Il semble que ce dernier, croyant que Nathalie Turquey lui transmettrait des documents déjà traduits, n'avait pas prévu de budget pour payer des traducteurs. Il a donc dû attendre le début de l'année comptable 2004 !

Par ailleurs, Ramutis Jancevicius s'est retrouvé lui-même dans une situation délicate. Le 20 novembre 2003, l'hebdomadaire français *Paris-Match* publie des photos extraites de la bande vidéo tournée lors de la reconstitution du 30 juillet au Domina Plaza. Des images chocs où l'on peut voir un Bertrand Cantat hagard et effrayant, levant la main sur un mannequin de chiffon. Dès leur publication, Olivier Metzner engage, à Paris et à Vilnius, une procédure pénale pour savoir qui a fourni ces images à la presse. Le procureur général de Lituanie a immédiatement ouvert une enquête interne et porté ses soupçons sur son subordonné Ramutis Jancevicius. Ce dernier est depuis plusieurs mois sur la sellette. Les journalistes lituaniens l'ont du reste surnommé « Maradona » depuis qu'ils ont découvert ses liens avec un membre influent du milieu du football lituanien. Acculé, le procureur Jancevicius a fini par avouer benoîtement avoir lui-même donné à des émissaires de *Paris-Match* les enregistrements vidéo des interrogatoires de Bertrand Cantat... Le magistrat s'est défendu en expliquant que cela ne pouvait plus influer sur le cours de l'enquête puisque celle-ci était terminée ! Il soutient n'avoir reçu aucune contrepartie financière. Il n'a pas été sanctionné. Mais c'est un homme fragilisé qui mènera au tribunal le chanteur de Noir Désir.

Contrairement au procureur Jancevicius, Bertrand Cantat, lui, semble avoir retrouvé quelques forces.

Début novembre, les médecins de la prison de Lukiskiu ont allégé son traitement à base d'antidépresseurs. Il ne les prend désormais qu'une fois par jour, le soir, au lieu de trois auparavant. Très entouré par sa famille, qui se relaie dans l'appartement de Vilnius, le Bordelais semble être sorti de sa phase « dépressive ». Ses lectures ont évolué. Les bandes dessinées – en particulier celles de Tardi – ont remplacé la prose sombre de Federico Garcia Lorca ; les grilles de mots croisés ont succédé aux poèmes désespérés, griffonnés sur des cahiers. « Il a repris ses esprits, confiait son avocat lituanien, Virginijus Papirtis. La vie coule à nouveau en lui. Je lui répète sans cesse : "Bertrand, tu dois être le phénix." Il faut que le procès arrive le plus vite possible[10]. » « Il souhaite se retrouver rapidement devant le tribunal, confirme un de ses proches. Car le procès sera une véritable caisse de résonance. Il permettra de corriger tout ce qui n'a pu être dit. De se rapprocher de la vérité. Bertrand a aussi besoin d'être fixé sur son avenir[11]. » Un avenir délimité par les murs d'une prison.

Le 26 janvier 2004, le tribunal régional de Vilnius a prolongé jusqu'au 29 février la détention provisoire du Bordelais. Lors de ce rendez-vous judiciaire, Bertrand Cantat, rasé de près, mais toujours aussi amaigri, est apparu plus attentif et lucide qu'au cours des mois précédents. Il a déposé, sans illusion, une demande de remise en liberté, expliquant que sa famille disposait d'un logement à Vilnius et qu'il n'avait pas « l'intention de fuir la justice ou de [se] cacher. »

10. Entretien avec les auteurs, Vilnius, 29 novembre 2003.
11. Entretien téléphonique avec les auteurs, novembre 2003.

Le rapport définitif des experts médico-légaux lituaniens devant être rendu au plus tard dans la seconde moitié du mois de février, le parquet délivrera alors son acte d'accusation contre Bertrand Cantat. Dès lors, les avocats des deux parties disposeront d'un délai de deux semaines pour prendre connaissance du dossier. Ils seront ensuite conviés à une audience préparatoire, à laquelle assistera aussi Bertrand Cantat. Cette ultime étape de la procédure permettra de fixer la date d'ouverture du procès, une première liste de témoins et leur ordre d'apparition. Il n'existe pas de cour d'assises ni de jury populaire en Lituanie. Ce seront donc trois juges professionnels, choisis parmi les vingt et un composant le tribunal du district de Vilnius, qui rendront la justice.

Depuis novembre 2003, les modalités pratiques du procès de Bertrand Cantat sont connues. On sait que les débats se tiendront en lituanien, dans le décor imposant du tribunal régional de Vilnius, un grand immeuble du XIXe siècle qui abritait, jusqu'en 1991, les bureaux du KGB. « Les avocats français pourront intervenir, mais ils devront le faire dans notre langue, soulignait malicieusement Ramutis Jancevicius. Nous mettrons évidemment un interprète à la disposition de Bertrand Cantat, qui pourra donc s'exprimer en français. Un autre interprète se chargera de la traduction des témoignages. Tous les mots prononcés à l'audience, ainsi que le verdict, devront être traduits. L'État lituanien prendra en charge le déplacement des témoins venus de France. Bien sûr, ils ne doivent pas s'attendre à voyager en classe affaires ou à être logés dans un cinq étoiles[12] ! »

12. Entretien avec les auteurs, Prokuratora de Vilnius, 28 novembre 2003.

Les Lituaniens ont toujours voulu traiter ce dossier à leur manière, abruptement résumé par l'impatient procureur de Vilnius : « Il s'agit d'une affaire simple. Bertrand Cantat a reconnu les faits. En théorie, ce procès pourrait être bouclé en deux semaines[13]. » Edita[14], une avocate lituanienne expérimentée, spécialisée dans les dossiers de violences intrafamiliales, éclaire les propos du magistrat : « Le parquet analyse ce dossier comme une banale affaire de violences conjugales, très nombreuses en Lituanie. Le tarif habituel, si la conjointe est morte et que l'accusé n'a pas trop d'antécédents, c'est dix années de prison[15]. » Contrairement à ce qui aurait pu se passer devant une cour d'assises en France, la justice lituanienne n'entend pas s'attarder sur le passé de Bertrand Cantat, ni même sur les circonstances qui l'ont amené à frapper Marie Trintignant. Le substitut Vladimiras Serguejevas, qui a dirigé les investigations et soutiendra l'accusation lors du procès, entend se concentrer sur les faits de la nuit du 26 au 27 juillet 2003. Il n'a pas fait procéder, par exemple, à une expertise psychiatrique de Bertrand Cantat. « Ce n'est pas obligatoire en Lituanie, explique Ramutis Jancevicius. Et nous n'avons pas jugé cela nécessaire car nous n'avons pas de doute sur son état psychique. Il est évident que M. Cantat n'est pas fou. Il ne peut donc être considéré comme irresponsable. Cela dit, ses avocats pourront réclamer une telle expertise au tribunal, mais il faut savoir que le délai légal pour la réaliser est d'un mois. Le procès devra alors être suspendu[16]. »

---

13. *Ibid.*
14. Le prénom a été changé à la demande de l'intéressée, qui ne souhaitait pas s'exprimer en son nom sur une affaire non encore jugée. (*N.d.A.*)
15. Entretien avec les auteurs, Vilnius, 29 novembre 2003.
16. Entretien avec les auteurs, Prokuratora de Vilnius, 28 novembre 2003.

Par cette dernière remarque, le magistrat relève une autre spécificité de la procédure lituanienne. Dans ce pays balte, les procès se déroulent à l'anglo-saxonne. La cour reprend toute l'enquête depuis le début et toutes les parties ont la possibilité de demander des actes supplémentaires en cours d'audience. Ce qui peut considérablement allonger la durée des débats. Dès le premier jour, par exemple, les avocats de Bertrand Cantat peuvent réclamer une requalification des faits. Celle d'homicide volontaire ne leur convient évidemment pas, ils tenteront de plaider en faveur d'une transformation en « homicide par imprudence » ou en « homicide sous l'empire de la passion », deux crimes qui permettent de réduire de moitié la peine maximum encourue. Cette question, essentielle pour l'avenir du leader de Noir Désir, suscitera une discussion juridique acharnée et complexe. Pour affronter les trois avocats de la famille Trintignant (Georges Kiejman et ses deux confrères lituaniens), Olivier Metzner a demandé à Virginijus Papirtis de recruter un spécialiste de la procédure pénale. Les deux juristes français ne pourront pas plaider mais ils entendent fixer, en coulisses, la stratégie à suivre. Le défenseur de Bertrand Cantat utilisera toutes les possibilités qui lui sont offertes, quitte à ce que le procès s'éternise. On l'a compris, il ne s'agit pas tant d'éviter une peine de prison à son client que de démontrer qu'il n'a pas tué sa compagne volontairement et qu'il n'est pas ce « macho cogneur » décrit par les Trintignant.

Une fois sa condamnation prononcée, Bertrand Cantat a encore deux possibilités de recours : devant la cour d'appel de Vilnius, puis devant la cour suprême de la République lituanienne. C'est seulement lorsqu'il sera définitivement condamné qu'il pourra demander à être rapatrié en France pour y purger sa peine. Ramutis Jancevicius a déjà indiqué qu'il ne s'opposerait pas à une telle demande ; mais à trois conditions : « Premièrement, explique-t-il, il faut que l'accusé lui-même en exprime le souhait. Deuxièmement, il faut que la justice française s'engage, par écrit, à ce qu'il effectue la totalité de sa peine. Tout aménagement du régime de détention devra être soumis à notre accord. Troisièmement, il faut que, sur cette base, les autorités lituaniennes donnent leur accord[17]. »

---

17. *Ibid.*

ÉPILOGUE

L'enfant prodigue du rock français paiera sa faute. C'est privé de liberté qu'il entame la seconde moitié de sa vie. Quand il sortira de prison, il sera un homme mûr. Le groupe Noir Désir n'existera sans doute plus mais ses disques continueront de se vendre. L'œuvre du groupe rapportera toujours des droits d'auteurs à Bertrand Cantat, qui se réfugiera sans doute dans le Sud-Ouest auprès de ses proches. L'ancien taulard se lancera peut-être dans l'écriture. « De toute manière, il a toujours été plus écrivain que musicien », souligne un de ses proches.

Au cimetière du Père-Lachaise, les promeneurs s'arrêteront toujours devant la tombe de Marie Trintignant. De temps à autre, on reverra à la télévision le joli visage tourmenté de l'actrice disparue.

Les amants tragiques de Vilnius seront alors comme deux fantômes. Lui vivant, mais reclus. Elle morte, mais ressuscitée par la magie de l'image. Deux fantômes qui seront là pour nous rappeler l'extrême fragilité des rapports humains, et de la passion amoureuse en particulier.

Remerciements

Merci à Maurice Achard, Marie Affortit, François Ausseil, Dominique Besnehard, Gilles Bornais, Caroline Brun, Jean-Paul Bury, Sébastien Catroux, Emmanuelle Cohen, Alexandras Davidonis, Laurent Doulsan, Jean-Marc Ducos, Serge Grangé, Alain Grasset, Jacques Hennen, Suzanne Jammet, Bruno Jeudy, Stéphane Joahny, Pierre Hurmic, Arnaud Leblin, Thomas Legrand, Philippe Maitre, Muriel Margueritat, Emmanuelle Maurel, Valérie Montmartin, Myriam Multigner, Karim Nedjari, Marie Ottavi, Mindaugas Peleckis, Jérôme Pescheux, Violaine Petite, Sandrine Robinet, Marine Roche, Élise Rouet, Migle Rudminiene, Marie Sauvion, Michèle Sebbag, Myriam Semmar, Michel Taran, Geoffroy Tomasovitch, José Torrel, Jean-Jacques Vannier, Pierre Vavasseur, Joseph Vebret, François Vey, Christian de Villeneuve ainsi qu'à toutes celles et ceux qui se reconnaîtront ici.

Table

Cet ouvrage a été composé
par Atlant'Communication
aux Sables-d'Olonne (Vendée)

Impression réalisée sur CAMERON par

BRODARD & TAUPIN

GROUPE CPI

La Flèche (Sarthe)
en février 2004

Imprimé en France
N° d'impression : 22848